BESONDERE LEISTUNGSFESTSTELLUNG 2013

Deutsch 10. Klasse

Aufgaben mit Lösungen
Gymnasium
Thüringen

2008–2012

STARK

ISBN 978-3-8490-0243-5

8. ergänzte Auflage
www.stark-verlag.de

Inhalt

Aufgaben der Besonderen Leistungsfeststellung

Autoren:

Kerstin Axthelm: Übungsaufgabe 8
Ulrike Blechschmidt: Übungsaufgaben 1, 5, 7
Jennifer Bröcher: Prüfungsaufgaben 2 und 4/2012
Karin Klett: Prüfungsaufgabe 1/2012
Birgit Raida: Prüfungsaufgabe 3/2012
Sunnihild Schmidt: Hinweise; Übungsaufgaben 2, 3, 4, 6, 9, 10; Prüfungsaufgaben 2008, 2009
Christian Walther: Prüfungsaufgaben 2010
Renate Zeuner: Prüfungsaufgaben 2011

Vorwort

Liebe Schülerin, lieber Schüler,

dieses Buch soll Ihnen helfen, sich auf die **Besondere Leistungsfeststellung im Fach Deutsch in der Klasse 10** des Gymnasiums vorzubereiten.

Zunächst werden die allgemeinen **Grundlagen** zur Durchführung der Besonderen Leistungsfeststellung und die Anforderungen speziell im Fach **Deutsch** beschrieben, damit Sie wissen, was Sie in der Prüfung erwartet. Außerdem erhalten Sie **Hinweise zu Ihrer eigenen Arbeitsorganisation** während der Prüfung. Zu den verschiedenen Aufgabentypen finden Sie wichtiges **Basiswissen**, das zur erfolgreichen Bearbeitung notwendig ist.

Der Band enthält insgesamt **zehn Übungsaufgaben im Stil der Prüfung** und die **Prüfungsaufgaben** der Jahre **2008 bis 2012**, jeweils mit **Lösungsvorschlägen.** Allen Lösungsvorschlägen gehen – durch Rauten gekennzeichnet – konkrete **Bearbeitungshinweise** voraus, die Ihnen hilfreiche Tipps für die Gestaltung Ihres Aufsatzes geben.

Für die **Arbeit mit diesem Buch** bieten sich mehrere Möglichkeiten an:

- Sie versuchen, die Aufgaben gänzlich selbstständig zu lösen.
- Sie erarbeiten sich auf der Grundlage des jeweiligen Basiswissens und/oder der Bearbeitungshinweise zuerst eine Aufsatzgliederung und schreiben dann den Aufsatz.
- Sie vergleichen Ihre Lösungen mit den Musterlösungen und suchen nach Verbesserungen Ihrer Aufsätze.
- Sie trainieren einzelne Aufsatzteile gezielt und vergleichen dann Ihre Teillösungen mit den Lösungsvorschlägen im Buch.
- Sie benutzen das Basiswissen und die Aufgabenlösungen zur unmittelbaren Prüfungsvorbereitung.

Sollten nach Erscheinen dieses Bandes noch **wichtige Änderungen** für die Besondere Leistungsfeststellung 2013 vom Kultusministerium bekannt gegeben werden, erhalten Sie **aktuelle Informationen** dazu im **Internet** unter:
www.stark-verlag.de/info.asp?zentrale-pruefung-aktuell

Viel Erfolg bei der Besonderen Leistungsfeststellung!

Die Autoren

Hinweise und Tipps

1 Die Besondere Leistungsfeststellung

Mit der Einführung der Besonderen Leistungsfeststellung (BLF) hat das Kultusministerium des Freistaates Thüringen seit dem Jahr 2003 eine zusätzliche Qualifikation im Werdegang eines Gymnasiasten geschaffen. War es vorher so, dass bei einer Nichtzulassung zur Abiturprüfung oder beim endgültigen Nichtbestehen des Abiturs der Schüler nach 12 oder gar 13 Schuljahren mit dem Hauptschulabschluss gehen musste, ist nun die Situation durch die Teilnahme an der BLF wesentlich entschärft.
Alle Schülerinnen und Schüler der 10. Klasse an einem Thüringer Gymnasium haben die Pflicht, sich der Besonderen Leistungsfeststellung zu unterziehen. Bestehen sie die Prüfung, steht der Aufnahme in Klasse 11 nichts mehr im Wege. Wer jedoch scheitert, muss die Klasse 10 wiederholen.
Es gibt für die BLF einen Haupttermin, der jedes Jahr neu und zentral festgelegt wird, sodass alle Prüflinge am selben Tag die Aufgaben bearbeiten. Für erkrankte Schüler gibt es die Möglichkeit, die Prüfung nachzuholen, ebenfalls mit zentral gestellten Aufgaben, die bis zu einem eventuellen Abruf der Schule beim Schulamt unter Verschluss bleiben.
Mit der bestandenen BLF hat der Schüler einen Abschluss erreicht, der mit der Abschlussprüfung an der Regelschule zu vergleichen ist und als solcher auch akzeptiert wird.
Grundlage für alle Entscheidungen und Vorgehensweisen sind die Thüringer Schulordnung in der jeweils geltenden Fassung, der gültige Lehrplan (1999) für das Gymnasium sowie die Bildungsstandards in den einzelnen Fächern für den Mittleren Schulabschluss.

2 Inhalt der Prüfung im Fach Deutsch

Im Fach Deutsch werden Sie aufgefordert, einen Aufsatz zu schreiben, also etwas zu tun, was Ihnen seit vielen Jahren vertraut ist. Die zur Bearbeitung vorgesehene Zeitspanne beträgt 3,5 Stunden (210 Minuten). In diesem Zeitraum wählt der

Prüfungsteilnehmer **eine** von vier zentral gestellten Aufgaben aus und verfasst einen entsprechenden Lösungstext.

Folgende Aufgabentypen sind dabei möglich:
1. Nichttextgebundene Erörterung/Problemerörterung,
2. Textgebundene Erörterung,
3. Interpretation literarischer Texte.

Dabei stehen zur Interpretation sowohl ein Gedicht als auch ein Prosatext zur Auswahl, sodass zu Punkt 3 zwei Aufgaben angeboten werden. Für das Jahr 2009 ergänzt der Gesetzgeber für den Punkt 3: „... außer Dramenauszügen". Diese Einschränkung muss jedoch nicht immer gelten.

3 Hinweise zu den einzelnen Aufgabenstellungen

3.1 Die nichttextgebundene Erörterung

Die nichttextgebundene Erörterung verlangt die Auseinandersetzung mit einem Ausspruch, einem Zitat oder einer Problemstellung in umfassender und aussagekräftiger Form. Hierfür ist es notwendig, dass Sie zum jeweiligen Thema über ein gewisses Faktenwissen verfügen, also an den Zusammenhängen interessiert sind und Zeitungsberichte verfolgt haben. In der Ausarbeitung sollten Sie die verschiedenen möglichen Aspekte und Sichtweisen der Problemstellung verdeutlichen, diese mit Beispielen aus dem eigenen Erfahrungsbereich oder der Literatur belegen und entsprechende Schlussfolgerungen ziehen, die in einem Fazit oder einer Zusammenfassung deutlich gemacht werden. Dabei gibt es zwei verschiedene Formen der Erörterung: die **dialektische** oder die **lineare/steigernde**.
Meist ergibt sich aus der Aufgabenstellung, welche Form der Erörterung notwendig ist. Ein Beispiel für eine Aufgabenstellung, die eine lineare Erörterung verlangt, ist die freie Erörterung von 2012: „Erörtern Sie, inwiefern die Aussage von Ernst Reinhardt zutrifft." Dagegen läuft eine Themenstellung wie die folgende auf eine dialektische Erörterung hinaus: „Diskutieren Sie die Behauptung: Sport ist heute ein Geschäft wie jedes andere!"

In beiden Fällen ist Ihre **Argumentation** das zentrale Element. Beachten Sie die Dreiteilung eines Arguments in: These – Beweis/Begründung – Beispiel(e). Um die Gültigkeit Ihrer Behauptungen zu festigen, gibt es verschiedene Möglichkeiten der Beweisführung:

- **Faktenargument**
  Eine These wird durch eine unbestreitbare Tatsachenaussage untermauert.
  Beispiel: „Immer mehr Eltern und Lehrer wollen sich und ihren Kindern das ‚Schaulaufen' rechtsgesinnter Schüler [...] ersparen. Einige Berliner Schulen

haben in den vergangenen Monaten entsprechend ihre Schulordnungen ergänzt und das Tragen derartiger Kleidungsstücke verboten."

- **Autoritätsargument**
  Eine These wird dadurch fundiert, dass sich der Autor auf einen anerkannten Fachmann beruft, der sich zum betreffenden Thema geäußert hat.
  Beispiel: „Professor Henning Haase, Markt- und Kommunikationspsychologe, weiß, warum Statussymbole für junge Menschen so wichtig sind: ‚Solche Symbole signalisieren: Ich bin wer. [...]' ".
- **Normatives Argument**
  Eine These wird gestützt, indem der Autor sie mit allgemeinen oder weithin akzeptierten Wertmaßstäben (Normen) verknüpft. (Beachten Sie: In der Gesellschaft gibt es verschiedene und zum Teil voneinander abweichende Normen.)
  Beispiel: „Ich lehne den ‚Freiwilligen Wehrdienst' ab. Denn ich möchte auf keinen Fall in die Lage kommen, jemanden töten zu müssen. Für mich gilt das christliche Gebot ‚Du sollst nicht töten' immer und in jedem Fall."
- **Indirektes Argument**
  Eine These wird durch Aufzeigen des Gegenteils als nicht stichhaltig entkräftet.
  Beispiel: „Der Meinung, dass Hausaufgaben wenig sinnvoll seien, kann ich mich nicht anschließen, denn das Erledigen der Hausaufgaben verlangt ein konzentriertes Wiederholen, was das Vergessen des Stoffs verhindert."
- **Erfahrungsargument**
  Hier wird auf gemeinsame Erfahrungen Bezug genommen.
  Beispiel: „Die junge Generation muss sich heute Schlüsselqualifikationen aneignen anstatt ein Wissen mit immer kürzerer Halbwertszeit. Dazu gehören ganz selbstverständlich umfassende Computerkenntnisse."

Bei der **dialektischen Erörterung** haben Sie in Ihrem Aufsatz sowohl Argumente für die Aussage als auch dagegen zu finden. Sie müssen sich bei dieser Art der Erörterung nicht von Anfang an für eine Seite entscheiden, sondern Sie diskutieren den Fall, indem Sie **Pro und Kontra** abwägen.
Häufig ist ein Zitat oder der kurze Ausschnitt aus einem Text Grundlage der freien Erörterung. Ebenso denkbar ist ein Sprichwort oder ein Aphorismus.
Bei der Entscheidung für dieses Thema und die kontroverse Erörterung ist zu bedenken, ob man ausreichend Argumente für beide Seiten des Problems findet. Es gilt immerhin, einen Aufsatz zu schreiben, der als umfangreich zu bezeichnen ist. Der Text soll im Durchschnitt etwa 800–1100 Wörter umfassen, auch wenn es dafür keine genauen Angaben gibt.
Sie sollten also gut überlegen und per Stoffsammlung Ihre Argumente sortieren, um einen Überblick zu erlangen. In diesem Fall ist es sehr sinnvoll, die Beispiele aus verschiedenen Erfahrungsbereichen zu wählen, also etwa Schule, Privatleben, Gesellschaft, Literatur, Politik.

Sehr gut sind Argumente, die Sie anhand von Beispielen aus Ihrer persönlichen Lektüre belegen. Dabei kommt es gerade in der dialektischen Erörterung darauf an, dass Sie verdeutlichen, wie Sie sich selbst positionieren, zu welchen Handlungsweisen, Einsichten und Erkenntnissen Sie durch das Verhalten von Figuren aus der Literatur oder anderen Bereichen gelangt sind. Zudem sollten Sie stets darauf achten, dass der Aufsatz sprachlich und stilistisch auf dem gleichen Niveau bleibt und nicht in die Umgangssprache abgleitet. Eine Ausnahme ist allenfalls möglich, wenn Sie ein Zitat einbeziehen möchten, das wichtig erscheint.
Die Anordnung der Argumente, Beispiele und Erkenntnisse muss stets nachvollziehbar und in der Abfolge aufeinander abgestimmt sein. Achten Sie auf die Textverknüpfung, eine korrekte und abwechslungsreiche Satzbildung, den intentionsgerechten Ausdruck, Wortvielfalt und sprachliche Originalität.

Als Einführung Ihrer kontroversen Gedanken können Sie zum Beispiel folgende Formulierungsansätze verwenden:

- dennoch
- (da) aber
- jedoch
- wenngleich
- dem gegenüber
- bedenkenswert ist jedoch auch
- einerseits – andererseits
- allerdings ist es …
- außerdem
- ergänzend
- es spricht daher …
- durchaus denkbar ist …
- ohne Einschränkung gilt …
- einschränkend ist zu sagen …
- hinzufügen muss man jedoch …
- auch wenn … möglich erscheint …

Dies sind nur einige Anregungen, die verdeutlichen, dass es sich hier um eine Erörterung handelt, die sowohl zustimmende als auch ablehnende Argumente und Einsichten enthält.

Besondere Bedeutung erhält in diesem Zusammenhang auch Ihr Fazit. Überlegen Sie gut, womit Sie grundlegende Erkenntnisse verdeutlichen. Wenn möglich, gehen Sie auf Ihren Aufsatzbeginn ein, sodass Ihr Text eine abgerundete Einheit darstellt. Vielleicht beginnen Sie mit einem Beispiel, auf das Sie wieder zurückkommen. Oder Sie stellen eine Frage, die den Lesenden zum Weiterdenken anregt. Bedenken Sie dabei: Derjenige, der die Aufsätze korrigiert, hat eine große Anzahl von Texten zu den gleichen Themen zu lesen. Ihm wird das Besondere auch als solches gefallen. Nehmen Sie sich also Zeit, um die Schlusspassage möglichst zu einem inhaltlichen und sprachlichen Höhepunkt zu gestalten.

Ist in der Aufgabenstellung die Bearbeitungsrichtung des Themas schon vorgegeben, geht es also nur darum, entweder Pro-Argumente oder Kontra-Argumente zu sammeln und sinnvoll steigernd anzuordnen, müssen Sie sich für die **lineare/steigernde Erörterung** entscheiden. Hier reihen Sie immer gewichtigere Aussagen zu einem Problem aneinander, um Ihre Ansichten zu verdeutlichen. Die

Entscheidung wird also in diesem Fall nicht mehr „diskutiert“, sie ist bereits gefällt: **Pro oder Kontra**? Hier geht es also darum, eine von vornherein feststehende Position zu begründen.
Die Schwierigkeit dieser Erörterungsform liegt darin, sich argumentativ nicht ständig zu wiederholen. Wichtig ist also die Vielzahl von Argumenten, die von ihrem Aussagewert her steigernd angeordnet werden sollten. Stellen Sie sich eine Bergbesteigung vor, bei der Sie zum Schluss immer mehr Kraft brauchen, um den Gipfel zu erreichen. Ihre Aussagen sollten Sie interessant aufbauen und Beispiele aus vielen verschiedenen Erfahrungsbereichen verwenden, um glaubhaft zu erscheinen. Stilistisch gilt auch hier, dass der Aufsatz ein einheitliches Niveau aufzuweisen hat. Achten Sie besonders im Schlussteil darauf, da häufig am Ende einer Prüfung die Konzentration nachlässt und man dazu neigt, oberflächlich zu werden. Ebenso sollten Sie die Schlusspassage der linearen/steigernden Erörterung interessant und fesselnd gestalten.

Einige Beispiele für die gelungene Einleitung eines Arguments in der linearen Erörterung sind:

- daher
- in diesem Fall
- besonders
- hervorzuheben ist …
- es zeigt sich wiederum …
- umso mehr muss man …
- auch/ebenso
- daraus kann man schlussfolgern …
- unweigerlich führt dies zu …
- es ist unerlässlich, dass …
- dafür spricht …
- diskussionslos
- ausnahmslos
- keinesfalls

3.2 Die textgebundene Erörterung

Hier steht die **Auseinandersetzung mit einem Text** im Vordergrund. Deshalb ist die oberste Grundregel: Arbeiten Sie mit dem vorliegenden Material, beziehen Sie es in die Argumentation ein. Zitieren Sie immer dann, wenn es Ihnen wichtig ist, die Position des Verfassers zu verdeutlichen oder sie polarisierend gegen Ihre eigene zu stellen. Sie sollten klären, was Sie für richtig, für diskussionswürdig oder für falsch halten und warum. Zu Ihren getroffenen Feststellungen müssen Sie natürlich – genau wie bei der nichttextgebundenen Erörterung – Thesen formulieren, Fakten, Belege und Beispiele suchen und logisch schlussfolgern (zum Argumentieren vgl. Seite II f.). Es handelt sich also in der Erörterung immer um eine Auseinandersetzung zwischen der Position des Verfassers eines Zitates bzw. eines Textes und derjenigen des Schreibenden.

Als **Textgrundlage** werden häufig Zeitungsartikel verwendet, also Texte, die mehr oder minder aktuell sind. Die Textgrundlagen können aus völlig verschiedenen Bereichen stammen (Gesellschaft, Jugendleben, Politik …). Es kann sich um wissenschaftliche Texte handeln, jedoch genauso gut um einen Redeausschnitt, einen Kommentar, eine Kolumne oder eine Stellungnahme, häufig in der Form eines Leserbriefes. Man unterscheidet Zeitungstexte (bzw. Sachtexte) im Allgemeinen nach der Absicht des Verfassers:

- informierende Textsorten: Nachricht, Bericht, Reportage, Interview;
- kommentierende Textsorten: Kommentar, Glosse, Kritik, Rezension;
- appellative Textsorten: Leserbrief, offener Brief, Werbung, Rede/Aufruf.

Es ist auch möglich, dass Ihnen als Grundlage der textgebundenen Erörterung ein literarischer Text begegnet, also zum Beispiel eine Fabel oder eine Parabel. Achten Sie also darauf, ob es sich um einen fiktionalen (literarischen) Text oder einen nicht-fiktionalen (Zeitungstext/Sachtext) handelt, denn Ihre Aussagen werden auch auf die Herkunft des Textes eingehen und entsprechend unterschiedlich zu gestalten sein. Ziehen Sie für Ihre Aussagen die Zitate aus der Textgrundlage heran. Achten Sie auf eine große Vielfalt von Formulierungen und vermeiden Sie Wiederholungen.
Häufig finden Sie in der Aufgabenstellung zu einer textgebundenen Erörterung auch eine Kombination aus einem Text und einer Statistik, einer tabellarischen Übersicht oder einem Diagramm. Diese Materialien sollten Sie in Ihre Ausführungen als Beweismittel durchgängig einbeziehen. Sie bieten die Möglichkeit, eigene Sichtweisen zur Thematik des Textes zu unterstützen oder auch zu hinterfragen. Bei der Einbeziehung derartiger Materialien sollten Sie logisch und geordnet vorgehen, sodass Ihren Aussagen ein nachprüfbarer Wert zukommt. Achten Sie dabei auf besondere Informationen, wie zum Beispiel Jahreszahlen, Befragungsart, Anteil der angegebenen Daten in Hinblick auf die Gesamtheit usw. Meistens enthält das Zusatzmaterial in Fußnoten oder in der Überschrift relevante Hinweise, die Sie unbedingt miteinbeziehen müssen. Sehen Sie in einer solchen grafischen Veranschaulichung der Thematik eine Chance, die eigenen Gedanken zu erweitern und Beweise nachprüfbarer zu machen.

3.3 Interpretation literarischer Texte

Bei dieser Aufgabenstellung nähern Sie sich dem Verfasser mehr als in der Erörterung. Als Prüfling sollen Sie erkennen, welche Botschaft der Text transportieren möchte. Sie befinden sich gewissermaßen als „Detektiv“ auf der Spur des Dichters/Schriftstellers und überlegen, welchen Gehalt der vorliegende Text hat. Dabei müssen Sie natürlich bedenken, in welcher Zeit und unter welchen Umständen er entstand. Ebenso ist es Ihre Aufgabe, die Sprache intensiv zu betrachten und herauszufinden, wie diese die Aussage des Werkes unterstreicht (Sprachniveau, Stil, Stilmittel, Reimformen …). Schließlich muss es Ihnen gelingen, Inhalt und Form als Einheit zu sehen, denn ein Text „lebt“ durch seine sprachliche Form.

Für die Gestaltung einer Interpretation ist die folgende **Anordnung** hilfreich:

1. Einordnung des Textes (Titel, Verfasser, Erscheinungsjahr, literarische Epoche, biografische Fakten (falls bekannt), Textart, Thema)
2. Inhaltliche Zusammenfassung in kurzer, angemessener Form
3. Punktuelle Arbeit an wichtigen Textaussagen (Was wird wo wie transportiert?)
4. Einbeziehung wichtiger textimmanenter Mittel bei

   lyrischen Texten
   - lyrischer Sprecher/lyrisches Ich
   - lyrische Stimmung
   - Aufbau
   - direkte/indirekte Bilder
   - Reime, Rhythmen
   - Strophen, Verse
   - sprachliche Mittel

   epischen Texten
   - Erzählperspektive, Erzählhaltung
   - Handlung
   - Aufbau
   - Personencharakteristik
   - Darstellung von Ort und Zeit
   - Konflikte und ihre Entwicklung
   - sprachliche Mittel
5. Zusammenfassung der Erkenntnisse

Dabei ist es unbedingt notwendig, Aussagen zum Inhalt mit den entsprechenden sprachlichen Erscheinungsformen zu kombinieren. Literatur ist Sprache und existiert nicht „neben" ihr. Sie dürfen auf keinen Fall Inhalt und Sprache getrennt bearbeiten. Fügen Sie also immer Textausschnitte/Zitate ein und zeigen Sie damit, dass Sie am und mit dem Text und seiner sprachlichen Form arbeiten können. Als Textgrundlage fungieren in diesem Aufgabenbereich Prosatexte und Gedichte.

Im Bereich der **Prosa** kann es sich um unterschiedliche Textformen handeln. Zu rechnen ist mit einer Kurzgeschichte, einer Fabel, einer Anekdote, einer Kalendergeschichte, einer Satire oder einem Ausschnitt aus einer längeren Erzählung bzw. Novelle. Hierbei sollte man die entsprechenden Merkmale dieser Gattungen kennen und sie am Text nachweisen.

Bei **Gedichten** sind viele Formen und Arten möglich. Häufig tauchten in den vergangenen Prüfungsjahrgängen moderne Fassungen auf, die mit freien Rhythmen experimentieren und ohne Reimform sind. Teilweise wirken sie durch die äußere Form besonders interessant und sprechen junge Menschen mehr an als die traditionelle Lyrik. Denkbar sind Texte der Gedanken- und Ideenlyrik, der Liebes- und Stimmungslyrik, politische Gedichte oder auch Balladen. Volksliedhafte Formen sind ebenfalls vorstellbar. Hier ist es notwendig, dass Sie die Formen und Genres in ihren Merkmalen beschreiben und diese am vorgegebenen Beispiel nachweisen können.

Ob Sie sich der Interpretation eines Prosatextes zuwenden oder den lyrischen Text vorziehen, ist sicher eine Frage persönlicher Vorlieben. Grundsätzlich sind die Arbeitstechniken jedoch die gleichen und unterscheiden sich nur in den zu betrachtenden Aspekten (s. o.).

4 Arbeitsschritte

Bei der Bearbeitung der Aufgaben müssen Sie konzentriert und planmäßig vorgehen, sich also die verfügbare Zeit gut einteilen.
Der erste Arbeitsschritt besteht in der **Entscheidung für ein Thema**. Hier spielen persönliche Neigungen und Interessen sowie Vorlieben für bestimmte Aufgabenarten mit Sicherheit eine Rolle. Dennoch ist jeder gut beraten, nicht voreilig zu handeln, sondern mehrfach sorgfältig die Formulierungen der Fragen zu lesen, sie zu durchdenken und erst nach Abwägung der Vor- und Nachteile eine Entscheidung zu fällen. Steht fest, welche der vier angebotenen Aufgaben gelöst werden soll, geht es an die Planung und Arbeit. Hier helfen Unterstreichungen sowohl in der Aufgabenstellung als auch im zugehörigen Text gut weiter.
Im Anschluss erarbeiten Sie eine **Gliederung**, nach der Sie sich im Arbeitsprozess stets richten können. Wichtig ist eine logische, klare Strukturierung, ein „roter Faden", der sich durch die gesamte schriftliche Darstellung zieht.
Es hat sich gezeigt, dass das Erstellen eines vollständigen Entwurfes mit anschließender Reinschrift zeitlich nicht zu bewältigen ist. Sinnvoll aber ist in jedem Fall eine ausreichende **Stoffsammlung**, deren Material man den einzelnen Gliederungspunkten zuordnet. Erst dann beginnen Sie mit dem **Schreiben des Aufsatzes**.
Das als Hilfsmittel zugelassene Wörterbuch zur deutschen Rechtschreibung sollte bei Unsicherheiten genutzt werden. Ebenso müssen Sie Zeit einkalkulieren, um den Gesamtaufsatz noch mindestens einmal auf Fehler durchlesen zu können.

5 Inhalt des vorliegenden Bandes

Dieser Band enthält die **Prüfungsaufgaben** aus den vergangenen Jahren jeweils mit Lösungsvorschlägen. Außerdem finden Sie **Übungsaufgaben** zu den einzelnen Aufgabentypen.
Für beide Fälle gilt, dass die **angebotenen Lösungsaufsätze** keine endgültigen Musterlösungen darstellen, an die Sie sich sklavisch halten müssen. Selbstverständlich können jeweils auch andere Aspekte und Meinungen angeführt werden.
Allen Aufgaben sind **Bearbeitungshinweise** vorangestellt. Diese sollen Ihnen die ersten Schritte beim Durchdringen des Themas erleichtern und Sie auf zentrale Gesichtspunkte aufmerksam machen. Außerdem deuten diese Hinweise Schwerpunkte der Bearbeitung an und ersetzen zu einem gewissen Teil eine Gliederung. Sie dienen Ihnen als ein Gerüst, das Sie durch das Thema führt. Dabei gehen die Bearbeitungshinweise immer von der Aufgabenstellung aus und versuchen, diese zu verdeutlichen.

Thüringen – Besondere Leistungsfeststellung Deutsch
Übungsaufgabe 1: Nichttextgebundene Erörterung

Jeden Tag liest man in der Zeitung, dass Hauswände beschmiert, Bänke zerstört oder Wohnungen ausgeraubt werden. Oft sind es jugendliche Täter, die ihr Leben nach der Verurteilung zu einer Geld- oder Bewährungsstrafe nicht zum Positiven ändern. Ein neuer Versuch, Jugendliche zu erziehen, besteht in der Einrichtung von Bootcamps. Das sind Lager, in denen es militärisch rau zugeht. Das Leben verläuft nach festen Regeln, die bei Strafe nicht gebrochen werden dürfen.

Arbeitsauftrag

Was halten Sie von solchen Bootcamps? Können es die Erzieher dort schaffen, Jugendliche von der schiefen Bahn abzubringen, so dass sie danach ein „normales" Leben führen?

Lösungsvorschlag

Diese Übungsaufgabe wird Sie reizen, wenn Sie sich für Probleme von Jugendlichen interessieren und ab und an Beiträge darüber in der Zeitung lesen bzw. im Fernsehen anschauen. Die Aufgabenstellung gliedert sich in einen informierenden und einen fragenden Teil. Sie werden sicher die Fakten, die im ersten Teil genannt werden, bestätigen und können eigene Beispiele in der Einleitung verwenden. Bestimmt haben auch Sie schon einmal darüber nachgedacht, wie Täter bestraft werden müssten, damit sie danach ein geregeltes Leben führen. Für diejenigen, die von „Bootcamps" noch nichts gehört haben, wird der Begriff kurz erklärt. Aus dem Englischunterricht wird Ihnen das Nomen „boot" für Stiefel schon bekannt sein und durch die Beschäftigung mit dem Computer das Verb „booten" für das Hochfahren des PC. Booten im Sinne von „jemandem einen Fußtritt geben" lässt sich ableiten. Deshalb brauchen Sie vor dem zunächst unbekannten Wort nicht zurückzuschrecken. Der Frageteil verlangt von Ihnen eine begründete Stellungnahme zur Einrichtung von „Bootcamps" sowie eine Einschätzung von deren Nutzen. Der Hauptteil kann mit der Begriffsdefinition beginnen und mit der Beschreibung von Bootcamps in Amerika, deren Philosophie und Methoden. Es folgt dann die Erörterung deutscher Versuche, Jugendliche in Lagern oder Trainingscamps zu erziehen, wobei hier deren therapeutische Angebote, die strengen Regeln, Strafen und auch das Personal thematisiert werden sollten. Pro und Kontra müssen sorgfältig abgewogen und begründet, die Chancen für den Erfolg oder Misserfolg dargestellt sowie der Nutzen der Camps beurteilt werden. Ein konkretes Beispiel wie das von Gut Kragenhof wertet den Aufsatz auf. Als Abschluss bieten sich das Thema Prävention und persönliche Erfahrungen, etwa aus der Lektüre, an.

Einleitung
Aktuelle Beispiele

Kosmetik geklaut – Handy beim Schreiben einer SMS geraubt – Sachschaden von 2 000 Euro durch Graffiti-Schmierereien – Sitzgruppe am Lagerfeuer verbrannt. Das sind die Meldungen über Straftaten an einem einzigen Tag in einer Kleinstadt. Wenn sie überhaupt aufgeklärt werden, dann sind die Täter oft Jugendliche oder sogar Kinder, die kaum Konsequenzen zu spüren bekommen. Junge Menschen, die nicht zum ersten Mal erwischt werden, die offenbar unbelehrbar bleiben. Sie reihen sich ein in eine große Gruppe von jungen Straftätern, wie Zahlen belegen: Mehr als 140 000 Kinder in Deutschland haben nach Ermittlungen der Polizei im vergangenen Jahr ein Delikt begangen.

Das Erschreckende ist, die Täter werden immer jünger, das Einstiegsalter in ernstere Formen der Kriminalität sinkt. Das könnte daran liegen, dass Kinder bis 14 Jahre nicht mit strafrechtlichen Folgen rechnen müssen. Deshalb werden in Gangs die Jüngsten zum Stehlen oder Autoknacken vorgeschickt. Über die auferlegte Betreuung durch das Jugendamt lachen die Täter nur, weil sie nicht mehr ist als eine oberflächliche Kontrolle. Bis zur Strafmündigkeit haben die Kids oft schon mehr Aktenvermerke als Lebensjahre und beste Kontakte zur Unterwelt. Der Staat reagiert mit so genannten „Bootcamps".

Immer jüngere Täter

Der Begriff „booten" kommt aus dem Englischen und bedeutet jemandem einen Fußtritt geben oder einen Computer hochfahren. „Bootcamps" existieren unter diesem Namen nur in Amerika und bezeichnen Lager, in denen straffällig gewordene Jugendliche, sowohl Jungen als auch Mädchen, zu besseren Mitgliedern der Gesellschaft erzogen werden sollen. Der derbe Schubs soll sie in ein geregeltes Leben befördern. Als Alternative zur Freiheitsstrafe in einem gewöhnlichen Gefängnis werden ihnen 120 Tage in einem dieser Camps angeboten. Damit erhält der Jugendliche eine Chance, früher wieder in Freiheit zu sein, und die staatliche Kasse wird entlastet. Die dort angewandten Methoden jedoch, die von der US-Militäreinheit der Marines übernommen wurden, sind mehr als zweifelhaft. Dazu gehören Sport, Erniedrigung und seelische Grausamkeiten, welche die Insassen an die Grenzen ihrer Belastbarkeit führen. Die Philosophie, Willen zu brechen, um ihn später wieder aufzubauen, ähnelt derjenigen der Elite-Kampftruppen. Kritiker behaupten, dass das Ergebnis einer solchen Erziehung eher für den Krieg als für das Zivilleben geeignet sei. Die Vorgesetzten in den Lagern würden Menschen abrichten und die Methoden führten häufig zu Unterwerfungs- und Minderwertigkeitskomplexen. Nach den 120 Tagen Aufenthalt sind die Jugendlichen erst recht nicht in der Lage, ein geregeltes Leben zu führen. Sie wurden gedrillt, nicht erzogen. Sie kehren in ihre Viertel zurück, und der Kreislauf aus dem Verüben von Straftaten, Erwischt- und Verurteiltwerden geht von vorn los. Solche Bootcamps lehne ich ab, denn das Grundrecht des Menschen auf die Unantastbarkeit seiner Würde wird in höchstem Maße verletzt.

Hauptteil
Begriff

Bootcamps in Amerika

Methoden

Philosophie

Deutsche Behörden bzw. Ämter richten ihren Blick nach Amerika und wollen im Umgang mit jugendlichen Verbrechern etwas abschauen. So wurden auf die schiefe Bahn Geratene sechs Monate ins Ausland oder in Kurzarreste geschickt, um sie zu wertvollen Mitgliedern der Gesellschaft zu erziehen, leider bisher ohne nachhaltigen Erfolg. Allmählich entstehen nach dem Vorbild der amerikanischen Bootcamps, allerdings in entschärfter Form, Lager für Jugendliche, in denen sie ein normales Leben wieder oder überhaupt erst einmal lernen sollen. Die Basis ist ein strukturierter Tagesablauf, von dem nicht abgewichen wird und bei dem die Jugendlichen so gut wie keine Minute sich selbst überlassen sind. Alles ist streng geregelt. Alkohol und Drogen sind absolut tabu. Zum ersten Mal in ihrem Leben stehen die Betroffenen regelmäßig früh um sechs Uhr auf und treiben Frühsport. Um die Zeit sind sie sonst häufig erst betrunken und bekifft in irgendwelchen Absteigen ins Bett gefallen. Das Wecken geschieht mit Trillerpfeifen, die schrill in den Ohren gellen. Nach dem Sport ist Frühstück angesetzt, dann verschiedene Arbeiten, Säubern der Zimmer und wieder Sport. Besuch erhalten zu dürfen, müssen sie sich verdienen. Diese alltäglichen Tätigkeiten, die regelmäßig wiederkehren, geben den Jugendlichen ein Gefühl der Sicherheit. Sie müssen hier nicht ums Überleben kämpfen wie auf der Straße. Es wird ihnen allerdings auch die Verantwortung für sich selbst abgenommen, die sie im Leben draußen benötigen, denn dort steht keiner mit der Trillerpfeife am Bett oder treibt sie zur Arbeit. Ich kann mir daher nicht vorstellen, dass sie tatsächlich auf ein selbstbestimmtes Leben zum Vorteil der Gesellschaft vorbereitet werden.

Versuche in Deutschland

Lager für Jugendliche

Strenge Regeln

Neben der körperlichen Arbeit sind Therapiestunden vorgesehen, in denen Anti-Gewalt- und Kommunikationstraining auf dem Programm stehen. Dabei werden die Zöglinge ähnlich wie in Amerika an die Grenzen ihrer Belastungsfähigkeit geführt. Sie müssen durch Schlamm robben, sich einen Abhang hinaufkämpfen, in einer Pfütze Liegestütze machen, Baumstämme tragen. Großer Wert wird auf die Entwicklung der Teamfähigkeit gelegt, was ich als sinnvoll erachte. Die Gruppen bekommen Aufgaben, die sie nur zusammen ausführen können. Keiner kann sich ausklinken, alle müssen am Schluss gemeinsam fertig sein. Der Aspekt, dass sie dadurch Kameradschaftlichkeit entwickeln, steht im Vordergrund. Wer an einem dünnen Seil über

Therapie

einen reißenden Bach gehangelt ist und sich auf die helfenden Hände der anderen in der Gruppe verlassen konnte, baut Vertrauen auf und Aggressionsbereitschaft ab, so das Kalkül.

Strafen

Hält sich einer nicht an die Regeln, wird er bestraft. Es kann sein, dass die ganze Gruppe über die Art der Strafe entscheidet, z. B. eine Woche Toiletten putzen, und deren Ausführung kontrolliert. Es kann auch sein, dass die Strafe, die einer herausgefordert hat, alle aus der Gruppe trifft. Das soll die gegenseitige Erziehung unter den Jugendlichen fördern. Wer würde es sich schon noch einmal trauen, durch Zu-spät-Kommen zum Frühstück zehn Runden Laufen um den Sportplatz für alle zu provozieren? Ich könnte mir aber vorstellen, dass dadurch auch weitere Aggressionen geschürt werden und der Verursacher heimlich von der Gruppe mit Prügeln bestraft wird. Somit würde man genau das Gegenteil erreichen. Es wäre ein Irrglaube, dass aus aufsässigen Jugendlichen über Nacht fromme Lämmer werden. Viele gehen nur widerwillig ins Lager, weil alles besser ist als Gefängnis.

Misserfolge

Sie halten dem strengen Leben zum Teil nicht stand, versuchen abzuhauen, Drogen einzuschmuggeln oder widersetzen sich den Erziehern. Manche müssen das Camp verlassen, weil sie sich einfach nicht integrieren können und ein Bleiben der ganzen Gruppe schaden würde.

Schlechte Kindheit

Es ist kein Wunder, dass nicht alle therapierbar sind. Sie kommen zumeist aus zerrütteten Elternhäusern, haben schon als Kinder nichts als Gewalt kennen gelernt und mussten sich früh um sich selber kümmern. Oft geraten sie in eine Bande, die stiehlt, Autos aufbricht und Leute überfällt. Dennoch können sich diese Jugendlichen nicht ein Leben lang auf ihre schlechte Kindheit berufen und ihre Taten hiermit entschuldigen, denn aus Kindern werden Erwachsene, die für ihr Fortkommen selbst verantwortlich sind. Chancen, etwas zum Positiven zu verändern, erhalten sie genug. Sie sollten sie auch nutzen. Oft hört man die Meinung, dass mit ihnen viel zu milde umgegangen bzw. dass für sie zu viel Geld ausgegeben werde. Man solle sie in ein Arbeitslager stecken. Der Staat hat jedoch auch für gestrauchelte Mitglieder der Gesellschaft eine Verantwortung und es wäre leichtfertig, die Jugendlichen einfach abzuschieben, damit sie aus dem Blickfeld sind.

Die Erzieher

Die Erzieher in den Lagern sind oft Personen, die in ihrem Lebenslauf selbst dunkle Punkte aufweisen. Sie waren entweder auch schon im Gefängnis, haben Drogendelikte begangen oder sind anderweitig auf die schiefe Bahn geraten. Das sehen sie aber als großen Vorteil in der Arbeit mit den jungen Gestrauchelten, weil sie die Probleme aus eigener Erfahrung kennen. Sie vermitteln die Erkenntnis, dass es nie zu spät ist, seinem Leben eine andere Richtung zu geben, und dass es tatsächlich möglich ist, aus dem Sumpf, in dem die meisten stecken, auf Dauer herauszukommen. Selbstverständlich haben sie an Weiterbildungen teilgenommen, in denen sie sich das theoretische Rüstzeug für ihre Tätigkeit aneigneten. In der Tat setzen die meisten der Jugendlichen großes Vertrauen in die neuen Respektspersonen, vielleicht aber auch nur, weil sie so etwas wie ein letzter Strohhalm sind.

Beispiel Gut Kragenhof

Der Chef des Trainingscamps Gut Kragenhof bei Kassel, über das ich einen Beitrag im Fernsehen gesehen habe, ist z. B. ein ehemaliger Profi-Boxer. Die Erzieher, die Respekttrainer heißen, sind ausgebildete Streetworker. Einer äußerte sich zu seiner Klientel so: „Hier landen die, die keiner mehr will." Die Trainer haben sich dort ein besonderes Ritual ausgedacht: Die Jugendlichen beerdigen symbolisch und ganz real ihre Vergangenheit. Sie bekommen auf dem weitläufigen Gut eine Fläche zugewiesen, auf der sie ein Loch schaufeln, in den Abmessungen eines Grabes. Mit dem Spaten umzugehen, ist für einige auch eine neue Erfahrung. Dann legen sie etwas hinein, was für sie die Vergangenheit am besten symbolisiert. Ein Junge tat seine Jeans hinein, die er bei den Beutezügen immer trug, ein anderer hatte einen Brief geschrieben. Das Loch wird zugeschaufelt und auf das Grab kommt ein Kreuz mit dem Namen des Delinquenten. Ich fand beeindruckend, mit welcher Ernsthaftigkeit die Jungen dieses Ritual für sich annahmen. In dem Moment, als sie ihren Namen auf dem Kreuz lasen, glaubten sie wirklich daran, dass sie es schaffen können, ihr Leben vollständig umzukrempeln. Aber die meisten schaffen es nicht, wie Statistiken belegen. Die Rückfallquote sei „gigantisch", habe ich in der Zeitung gelesen.

Ritual

Nutzen der Camps

Das Anliegen dieser Lager, Jugendliche umzuerziehen, ist zu begrüßen. Leider scheitert der hohe Anspruch an der Realität. Solange sich die Zöglinge im Lager oder Trainingscamp befinden, mögen sie die Regeln einhalten, arbeiten, Sport treiben, teamfähig sein. Sobald sie ins wahre Leben treten, ist vieles davon vergessen. Sie treffen ihre alten Kameraden und sind sofort wieder in der Szene integriert. Immerhin schaffen es einige wenige, ein geregeltes straffreies Leben zu führen. Sie können sich aus der Klammer der alten Verbindungen befreien, finden eine Partnerin/einen Partner und gründen sogar eine Familie. Man kann nur hoffen, dass sie nicht die Fehler ihrer Eltern in der Erziehung der eigenen Kinder wiederholen. Ob sich für diese wenigen Gewandelten der Aufwand lohnt, kann ich nicht einschätzen. Fakt ist, dass der Staat Kinder, die durchs Raster fallen, in geeigneter Weise auffangen muss. Bootcamps oder besser Trainingscamps wie das bei Kassel könnten ein Anfang sein.

Prävention

Vielleicht muss aber auch mehr Geld in die Prävention investiert werden, damit Kinder oder Jugendliche gar nicht erst so tief in die Misere hineingeraten. Eltern, die mit ihren Kindern überfordert sind, müsste frühzeitig Hilfe angeboten werden, die sie in die Lage versetzt, die Erziehung besser zu meistern.

Schluss

Buch „Löcher“

Die Bilder des Fernsehbeitrags über Gut Kragenhof, als die Jungen Gräber für ihre Vergangenheit schaufeln, erinnern mich an ein Buch, in dem es auch um ein Bootcamp geht: „Löcher“ von Louis Sacher. Die Hauptfigur Stanley Yelnats landet völlig unschuldig im Jugendstraflager „Camp Green Lake“, wo ihn harte Arbeit erwartet, er muss in der heißen Sonne Löcher in die Wüste graben. Die Campleitung meint, dass dabei aus schlechten Jungs gute Jungs werden. Der Jugendroman wurde überschwänglich gelobt und mit höchsten Auszeichnungen bedacht. Er ist eine Mischung aus „schräger Familiengeschichte und spannendem Abenteuer, aus Krimi und Märchen“, wie auf dem Buchumschlag nachzulesen ist. Am Ende wird für Stanley alles gut, wie sich das für ein Märchen gehört. In der Realität dagegen gibt es selten ein Happy End.

Thüringen – Besondere Leistungsfeststellung Deutsch
Übungsaufgabe 2: Nichttextgebundene Erörterung

Anpassung ist notwendig – Anpassung ist gefährlich.

Arbeitsauftrag

Zu welcher dieser Aussagen tendieren Sie? Begründen Sie!

Lösungsvorschlag

Drei Leitbegriffe prägen das Thema: „Anpassung", „notwendig" und „gefährlich". Wichtig ist nun die genaue Deutung des Begriffes „Anpassung". Was heißt es, sich anzupassen? Man kann Anpassung etwa als das Befolgen von Gesetzen und Normen definieren, ohne deren Einhaltung unser Leben nicht möglich wäre. Diese grundlegenden Vereinbarungen einer zivilisierten Gesellschaft sind notwendig. Hier begegnen wir dem zweiten wichtigen Begriff: der „Notwendigkeit". Definiert man dieses Wort, so kommt man bestimmt auf eine Aussage, die mit dem Begriff der Not zu tun hat. Wir tun also etwas, weil es unbedingt erforderlich ist. Nun bleibt uns noch das Wort „gefährlich". Alles, was wir damit verbinden, kann uns schaden in unterschiedlichem Umfang und entsprechend der Situation. Es handelt sich hier also um einen durchweg negativ geprägten Begriff. Damit wird deutlich, innerhalb welcher Bandbreite der Begriff der Anpassung zu untersuchen ist und welche Spannung zwischen den entgegengesetzten Adjektiven „notwendig" und „gefährlich" besteht.

In der Einleitung des Aufsatzes können anhand von Beispielen das Verständnis des Begriffs „Anpassung" verdeutlicht und die beiden Thesen des Themas eingeleitet werden. Anschließend wird dargelegt, welche Fakten und Grundlagen es gibt für die Anpassung oder die Gefahren, die daraus entstehen. Hierzu sind entsprechende Beispiele aus dem eigenen Leben, der Geschichte, Politik und Literatur zuzuordnen. Am Ende steht ein resümierendes Fazit. Die hier wiedergegebene Lösung geht davon aus, dass keiner der beiden Aussagen pauschal zugestimmt werden kann, sondern je nach der Situation eine entsprechende Entscheidung zu fällen ist.

Heute Morgen war es mal wieder so weit: Die Schüler der 9. Klasse standen im weiten Kreis um einen Mitschüler, den sie häufig ärgern. Von allen Seiten kamen hämische Bemerkungen, die kränkend und beleidigend waren. Ein Teil der Herumstehenden lachte, andere sahen teilnahmslos zu. Nein, dachte ich mir, nein, du kannst nicht länger zusehen, dich anpassen, nur damit solche Typen ihren Spaß haben. Das ist Unrecht, was da passiert, und da muss man etwas dagegen tun. Ganz langsam durchschritt ich den Kreis, ging auf den Jungen zu, der in der Mitte des Kreises stand und angestrengt versuchte, sich seine Angst nicht anmerken zu lassen. Ich verwickelte ihn in ein Gespräch und ließ mich auch von den Zwischenrufen der anderen nicht beirren. Langsam schob ich ihn, immer weiter Fragen stellend und antwortend, aus der Runde.

Einleitung
Beispiel

Dieses Beispiel zeigt, dass die Anpassung an das Verhalten einer Gruppe nicht unbedingt richtig ist und eine innere Stimme einem sagt, wie man handeln muss. Allerdings gibt es auch Fälle, wo diese innere Stimme einem am Morgen zuflüstert, doch lieber im Bett zu bleiben statt in die Schule zu gehen. Schnell macht man sich jedoch klar, dass ein heilloses Durcheinander entstünde, wenn jeder tun und lassen würde, was er gerade möchte, und sich nicht an vorgegebene Rahmenbedingungen und Regeln hält. Wie man sieht, sind Anpassung und ihr Gegenteil unmittelbarer Bestandteil unseres täglichen Lebens.

Wertung

Die Themafrage zielt nun darauf ab, ob diese Anpassung notwendig oder gefährlich ist. Dies ist nicht einfach so zu beantworten.

Hauptteil
Themafrage

Es ist in bestimmten Situationen notwendig, sich anzupassen, die Normen des Zusammenlebens zu respektieren, da sonst eine zivilisierte Gesellschaft undenkbar wäre. Dass diese Anpassung nicht immer gemäß unserem Willen passiert, ist auch jedem klar. In manchen Situationen wird uns diese leichter fallen, in anderen schwerer. Das hängt nicht nur von der entsprechenden Sachlage ab, sondern in hohem Maße auch von unseren persönlichen Vorstellungen von Anstand, Moral und dem Befolgen von Gesetzen.

Pro: Anpassung ist notwendig

Ohne die Anpassung würde unser Leben in der Gesellschaft nicht möglich sein und im Chaos enden. Wenn wir dabei das Beispiel des Straßenverkehrs betrachten, so wird es einem Außenseiter, der sich also nicht an die Gegebenheiten einer Straßenverkehrsordnung hält, sicher schlecht bekommen, oft

Beweise

auch anderen Verkehrsteilnehmern, was noch verwerflicher ist. Manchmal scheint also Anpassung die Einsicht in das Notwendige zu sein. Gleiches gilt im Umgang miteinander. Wenn wir hier immer nur den eigenen Wünschen folgen, auf andere keine Rücksicht nehmen und uns egoistisch verhalten, so wird unsere mangelnde Anpassung sicher bald dazu führen, dass wir ausgeschlossen sind und im schlimmsten Fall auch bleiben. Das wäre ein sehr schlechtes Resultat, das aus Egoismus und Eigensinn entstehen würde.

Schlussfolgerung

Zivilisierte Menschen verhalten sich nicht so. Das gilt für nahezu alle Situationen des menschlichen Zusammenlebens. Wir müssen uns also nicht in erster Linie fragen, was uns ein Verhalten bringt, sondern sind angehalten, auch darüber nachzudenken, inwieweit wir anderen mit unserem Tun schaden könnten oder Nutzen bringen. Sicher muss nicht immer der Gedanke an den anderen im Sinne von Vorteil für ihn im Vordergrund stehen, wir sind schließlich eine eigene Person mit Bedürfnissen und einem eigenen Leben. Aber gleichzeitig darf man den Blick auf das wichtige Allgemeine, das, was uns zum Teil eines Ganzen macht, nicht vergessen.

Kontra

Beispiel

Natürlich kann Anpassung auch gefährlich sein. Dies zeigt sich insbesondere, wenn wir die Geschichte betrachten, und zwar die unseres eigenen Landes. Hätten sich nicht zu viele Menschen den Faschisten und ihrem Gedankengut angepasst, so wäre es nie zu den grausamen Ereignissen der Judenverfolgung oder des Zweiten Weltkrieges gekommen. Fragt man heute Überlebende aus dieser Zeit, so geben sie häufig an, aus Angst mitgemacht zu haben. Anpassung aus Furcht also vor den Folgen des Widerstandes ist gefährlich.

Schlussfolgerung

Dies gilt nicht nur für damals. Auch in der heutigen politischen Situation ist es wichtig, nicht zu allem einfach resignierend Ja zu sagen. Sicher ist es bequemer, die Dinge als gegeben hinzunehmen, aber wir sollten uns in jeder Situation fragen, ob unser Geist und unser Gewissen nicht raten, etwas länger darüber nachzudenken, was wir tun und wem wir zustimmen.

Literarische Bezüge

Ebenso wie die Geschichte oder die Politik liefert die Literatur Beispiele für beide Verhaltensweisen. So ist die Anpassung Julias in Shakespeares Tragödie „Romeo und Julia“ an die Wünsche ihrer Eltern zeitweise zwingend notwendig, da sonst ihr Verhältnis zu und mit Romeo entdeckt und sofort beendet worden wäre. So fügt sich Julia oberflächlich den Vorstellungen

der Eltern bezüglich ihres zukünftigen Lebens. Äußerlich akzeptiert sie die geplante Hochzeit. Auch Romeo unterwirft sich den Forderungen des Fürsten.
Dass Anpassung gefährlich ist, zeigt der Roman „Die Welle" von Morton Rhue. Auf einer wahren Begebenheit beruhend, stellt diese Geschichte anhand eines Schulexperiments dar, zu welchen Auswüchsen es führen kann, wenn sich eine manipulierbare Mehrheit von Menschen einer zweifelhaften Strömung wie der „Welle" anschließt und selbstständig Denkenden unter Androhung von Gewalt das Recht auf Selbstbestimmung streitig macht.

Jeder muss letztlich nun für sich entscheiden, wo Anpassung notwendig oder gefährlich ist. Dass das keine leichte Frage ist, haben wir an den gezeigten Beispielen gesehen. Die Entscheidung darüber, ob wir mitmachen oder aufbegehren, uns aus einer Situation aus gutem Grund zurückziehen, ist nicht immer leicht und schnell zu treffen. Oft sind wir dabei äußeren Zwängen und Festlegungen unterworfen, die wir hinnehmen müssen. An anderer Stelle sind Mut, Nachdenken und Entscheidungen gefragt. Fazit

Und so sollte man bei der nächsten Auseinandersetzung mit den Eltern über die Lautstärke der eigenen Musik vielleicht an die Notwendigkeit von Anpassung denken. Wenn jedoch ein Mitschüler vor unseren Augen gequält oder gemobbt wird, dann müssen wir es als Gefahr sehen, uns der schweigenden und betreten zu Boden schauenden Menge anzupassen. Es bleibt uns also die Hoffnung, dass wir in den entsprechenden Situationen richtig entscheiden. **Schluss**

Die Seuche im Netz

Spam-Mails werden immer mehr zur Plage für Internet-Nutzer

Innerhalb von nur einem Jahr hat sich die Verbreitung von Spam-Mails von einer Randerscheinung im Internet zu einer regelrechten Seuche entwickelt. Auf eine wirksame Eindämmung warten die genervten Empfänger bislang vergebens.

Zwei Drittel aller weltweit verschickten E-Mails sind Spam[1], hat die Firma „Message Labs“ in einer Untersuchung ermittelt. Als Spam werden Mails bezeichnet, die der Empfänger unaufgefordert von ihm unbekannten Absendern erhält. Sie können ebenso unerwünschte Werbung zum Inhalt haben wie Virus-Programme oder sinnlose Texte bis hin zu Drohungen oder Beschimpfungen. Sogar auf 79 Prozent Spam-Anteil am weltweiten E-Mail-Verkehr kommt inzwischen eine Untersuchung des US-Sicherheitsunternehmens Postini.

Besonders Besorgnis erregend ist die rasant wachsende Zahl solcher Mails, die manche Empfänger-Postfächer zum Überquellen bringen. Laut Andreas Koch von der Tübinger Firma Transtec betrug die Spam-Quote vor einem Jahr noch zehn Prozent. Heute hat Koch selbst regelmäßig über 50 solcher unerwünschten Mitteilungen pro Tag im Mail-Eingang. Jetzt schon befürchtet Koch, demnächst vom Wegklicken der Spam-Mails „Gicht in die Finger oder eine Sehnenscheidenentzündung“ zu bekommen. Eine „echte Horrorvorstellung“ ist für ihn jedoch ein weiteres ungebremstes Wachstum des Internet-Mülls. Bleibt es noch einige Zeit bei den jetzigen Steigerungsraten, wird bald ein großer Teil der Arbeitszeit an vielen Computer-Arbeitsplätzen für die elektronische Müllbeseitigung draufgehen.

Ein Gesetz in den USA, das den Versand von Spam-Mails unter Strafe stellt, hat bislang keinerlei Wirkung gezeigt. Für Koch ist es unverständlich, dass es bislang bei einzelnen nationalen Vorstößen blieb und in Deutschland beispielsweise keinerlei Aktivitäten von Seiten des Gesetzgebers erkennbar sind. Koch fordert von der Politik, das Übel an der Wurzel zu packen und drastische Strafen für die Vermüllung des Internet vorzusehen. Auch einen Vorschlag von Microsoft-Chef Bill Gates hält der Computerexperte für überlegenswert: Demnach sollen E-Mails grundsätzlich kostenlos bleiben. Schickt jedoch ein Empfänger eine unerwünschte Mail ungelesen an den Absender zurück, könnte von diesem eine Art Porto erhoben werden. Doch zumeist ist es kaum möglich, die Urheber der Massen-Post ausfindig zu machen. […]

In: Gokeler, Stephan. Die Seuche … Schwäbisches Tagblatt, Online-Ausgabe 11. 02. 2004, (gekürzt).

Erläuterungen

1 Spam Aufgrund eines Sketches der britischen Komikertruppe Monty Python, in dem „spiced ham" (gewürzter Schinken) eine wichtige Rolle spielt, verwendet man heute für unerwünschte Mail-Nachrichten den Begriff Spam, der aus den genannten beiden englischen Wörtern zusammengesetzt ist.

Arbeitsauftrag

Setzen Sie sich mit dem Inhalt des Textes „Die Seuche im Netz" auseinander und gehen Sie auf mögliche Probleme im Zusammenhang ein!

Lösungsvorschlag

Eine textgebundene Erörterung verlangt, dass man sich intensiv mit dem vorliegenden Material befassen muss. Außerdem sollte man rechtzeitig entscheiden, welche der möglichen Formen der Erörterung benutzt wird, um die Aufgabe umfassend zu lösen. Der Text „Die Seuche im Netz" ist so angelegt, dass jeder Internetbenutzer nur zustimmen kann. Die aufgeführten Argumente sind logisch und nachvollziehbar. So sollte man sich für eine steigernde/lineare Erörterung entscheiden, die Argumente so auflistet, dass sie in ihrer Gesamtheit zu einer textbejahenden Aussage gelangen. Hierbei ist es wichtig, immer wieder den Text einzubeziehen, also häufig zu zitieren. Diese Textbezüge sollten so gewählt werden, dass sie selbstständig ein Argument darstellen oder solche des Artikelverfassers unterstreichen. Es ist sinnvoll, sich hier für eine in der Intensität steigende Anordnung zu entscheiden, um die Ausführungen spannend zu gestalten. Dabei muss man sich bemühen, deutlich werden zu lassen, dass eigene Erfahrungen mit in die Wertung einfließen. Es erscheint auch wichtig, sich für einen durchgehenden „roten Faden" zu entscheiden, der den Abschnitten des Textes folgt und somit ein ständiges Hin- und Herspringen im Zeitungsartikel vermeidet. Die textgebundene Erörterung lässt aber auf jeden Fall soviel Spielraum, dass man eigene Auffassungen oder Anregungen einarbeiten kann.

Impfstoff gesucht!

Einleitung

Was kann man gegen eine weit verbreitete Krankheit tun? Sicher gibt es mehrere Möglichkeiten. Man könnte hoffen, sich nicht anzustecken, und darum den Kontakt meiden. Andererseits ist es auch interessant, Neues zu erfahren und zu wissen, wer was von uns will. Diese Neugier kann jedoch im vorliegenden Fall zu schweren Konsequenzen führen.

Hauptteil
Inhalt des Textes

In dem Artikel „Die Seuche im Netz" von Stephan Gokeler, der am 11. 02. 2004 in der Zeitung „Schwäbisches Tagblatt" erschienen ist, beschäftigt sich der Autor mit einer äußerst unangenehmen Zeiterscheinung: der Zunahme von Spam-Mails, die jeder Internetbenutzer zur Genüge kennt. Das Problem wird im Text nicht nur beschrieben, sondern es werden auch Vorschläge zur Eindämmung vorgestellt.

Eigene Erfahrung, Beispiele

Öffnen wir unser Postfach, so sehen wir sie täglich wieder, die Angebote von angeblichen Banken mit Zinssätzen von über 20 % oder die völlig unbedenklichen Möglichkeiten, Musik herunterzuladen, Kontakte mit anderen Teenagern zu knüpfen oder

sich mal schnell per Kredit eine kleine Auszeit von Schule und Stress in Form eines ganz preiswerten Urlaubs zu gönnen. Heilsbotschaften und Bettelrufe erreichen uns zu etwa gleichen Teilen. Und jeder von uns fragt sich: Wie kam derjenige, der sie abgeschickt hat, an meine E - Mail-Adresse?
Die meisten von uns mögen diese ungebetene Post nicht und ihre Provider haben mit Sicherheit auch Filter vorgeschaltet, da sonst die Postfächer überquellen würden und unbeherrschbar wären. Das Problem ist hier aber so ähnlich wie im Märchen vom „Hasen und Igel“: Wer ist schneller – der Spam-Versender oder die Neueinstellung der Filtersysteme und Spamblocker der Freemail-Anbieter?

Erklärung des Begriffes „Spam“

Geprägt wurde die Bezeichnung „Spam“ von der britischen Komikertruppe Monty Python und ist eigentlich eine Abkürzung für den englischen Ausdruck „spiced ham“, was „gewürzter Schinken“ bedeutet. Das Wort „Spam“ geht zurück auf den gleich lautenden Markennamen eines amerikanischen Dosenfleisches und wird in einem Sketch der Monty Pythons, der in einem Lokal spielt, übermäßig häufig verwendet. Deswegen spricht man auch von „Spam“ im Zusammenhang mit massenhaft versendeten E-Mail-Nachrichten, insbesondere von Werbung.

Risiken von Spam

Das Ganze wäre eigentlich nur ein lästiges, aber harmloses Spiel, hätten diese Mails nicht auch beträchtliche Risiken. Um nur einige aufzuzählen, sei hier an Dialer-Programme erinnert, die durch Anhänge an Spam-Mails geöffnet werden können und die nächste Rechnung in Schwindel erregende Höhe treiben. Oder jemand versucht, uns zu erklären, dass er als unsere „Bank“ unbedingt zur Aktualisierung Geheimnummern und Kontendaten braucht. Gehen wir hierauf ein, so wird sich unser Konto kaum vom Raub erholen, der es treffen wird. Ähnlich ist es mit den so genannten Web-Bugs, die als winzige, unsichtbare Minigrafik in die unerwünschte Mail eingebaut sind. Öffnet man sie nun, so weiß der Versender, dass man unerbetene Mails liest, und kann dann im nächsten Versuch die „Dialernummer“ unterbringen.

Menschliche Neugier als Ursache des Problems

Sehr nützlich scheint den Versendern der ungeliebten Mails dabei unsere menschliche Neugier zu sein, denn ohne sie würden wir doch nie einen Brief öffnen, den wir nicht erwarten oder dessen Absender uns völlig unbekannt ist.

Der Verfasser des Artikels verweist auf die rasante Entwicklung: „Innerhalb von nur einem Jahr hat sich die Verbreitung von Spam-Mails von einer Randerscheinung im Internet zu einer regelrechten Seuche entwickelt“ (Z. 1 f.). Hierbei müssen wir erkennen, dass es sich um eine schwerpunktmäßige Verschiebung der Wertigkeit und Belastung mit diesem Abfall für den User handelt. Eine Randerscheinung ist etwas, das uns allenfalls bei näherem und intensivem Betrachten auffällt, das wir oft nicht einmal wahrnehmen.

Zunahme von Spam-Mails, Bezug zum Text

Andreas Koch, Mitarbeiter der Tübinger Firma Transtec, fand heraus, dass besonders besorgniserregend die „rasant wachsende Zahl“ (Z. 12) sei. Noch vor einem Jahr habe diese bei etwa 10 % gelegen, bezogen auf eingehende Nachrichten, heute seien es mindestens 50 pro Tag. Hier erscheint dem Leser der Artikel allerdings etwas ungenau, denn wir wissen nicht, wie hoch die Zahl seiner gesamten Maileingänge pro Tag ist, können also nicht abschätzen, wie viel mehr diese 50 als die vorherigen 10 % sind.

Expertenmeinung als Beleg

Kritik am Text

Besonders ansprechend, ironisch und damit gleichzeitig hintergründig ist seine Äußerung, dass er sich fürchte, durch die damit verbundene körperliche Aktivität „Gicht in die Finger oder eine Sehnenscheidenentzündung“ (Z. 17 f.) zu bekommen.

Stilistische Wertung eines Zitats

Was er meint, ist natürlich weniger die Gefahr einer Fingerarthrose oder ähnlicher Erkrankungen, sondern der steigende Unmut darüber, dass sich ungebetene Gäste in unseren Postfächern ausbreiten.

Erläuterung des Zitats

Man kann der Feststellung des Textes nur zustimmend folgen: Wenn diese Epidemie, gegen die offensichtlich kein Mittel gefunden werden konnte, sich weiter in diesem Maße und in der gleichen Geschwindigkeit ausbreitet, dann wird „bald ein großer Teil der Arbeitszeit an vielen Computer-Arbeitsplätzen für die elektronische Müllbeseitigung draufgehen“ (Z. 20–22).

Eigene Stellungnahme

Hier ergeben sich zusätzliche Fragen und Probleme: Wer soll im Arbeitsprozess diese Zeit, die ja in keinem Fall produktiv ist, bezahlen? Gibt es nicht wichtigere Dinge für uns zu tun? Zu wie viel Arbeitsaufwand kann es im schlimmsten Fall kommen? Und für den Schüler einer 10. Klasse, der noch kein eigenes Einkommen hat, stellen die unerwünschten Nachrichten eben auch eine indirekte Belastung der Finanzen der Eltern dar. Denn diese bezahlen ja die Zugangsgebühren, die sich durch die not-

Zusätzliche Fragen zum Problem

Beispiel

wendig gewordene längere Verweildauer im Internet zum Abrufen, Sichten und Löschen der Mails zusätzlich erhöhen.

Lösungsvorschläge im Text

Wo sind die Lösungen und was kann jeder von uns tun? Auch hierzu nimmt der Text Stellung, indem er auf zwei bisher mit wenig Erfolg genutzte Möglichkeiten hinweist, allerdings mit Aussagen, die kaum Mut machen. Denkbar sind ohne weiteres mehrere Varianten der Vermeidung, es ist die Frage, ob diese gewollt sind.

USA und Deutschland als Beispiele für unzureichende Maßnahmen

Es gibt seit längerem in den USA ein Gesetz, das Spam-Mails verbietet. Allerdings hält sich keiner dran und offensichtlich passiert demjenigen nichts, der dagegen verstößt. Daneben existieren ein paar zaghafte Ansätze in anderen Ländern, jedoch sind „in Deutschland beispielsweise keinerlei Aktivitäten von Seiten des Gesetzgebers erkennbar“ (Z. 25 f.). Das ist traurig und zeigt auf der einen Seite mangelndes Interesse, auf der anderen die Scheu oder gar Angst, sich mit dem Thema zu befassen.

Zustimmung zur im Text erhobenen Forderung nach politischem Eingreifen

So fordert Andreas Koch von der Politik, „das Übel an der Wurzel zu packen und drastische Strafen für die Vermüllung des Internet vorzusehen“ (Z. 27 f.). Diesem Aufruf kann man sich nur anschließen.

Lösungsvorschlag Von Bill Gates im Text

Auch der Beitrag des Microsoft-Chefs Bill Gates ist zu erwägen: Jede Mail bleibt an sich weiterhin kostenfrei, nur das Zurücksenden von unerbetener Post im ungelesenen Zustand an den Versender soll Letzterem etwas kosten (vgl. Z. 28–32).

Problem: Die Absender lassen sich nicht ermitteln

Natürlich wird diese Variante problematisch, wenn ich den Absender nicht kenne und auch nicht ermitteln kann, die Mail also immer wieder in meinem Account landet. Dabei ist auch zu beachten, dass die meisten der angegebenen E-Mail-Anschriften nicht stimmen oder nicht existent sind, ca. 80 % dieses Schrotts werden von so genannten Zombie-Rechnern verschickt und diese sind mit Trojanern verseucht.

Fazit/Zusammenfassung

Als Fazit bleibt festzustellen: Wir alle werden von etwas belästigt, was wir nicht wollen. Steht ein ungebetener Gast vor unserer Tür, würden wir diese kaum öffnen. Warum fällt niemandem ein, wie das Problem zu lösen sei? Steckt da eventuell die Idee dahinter, dass einige Leute daran recht gut und kontinuierlich verdienen? Der Versuch, die Situation mit den so genannten Spamblockern zu bessern, ist allenfalls halbherzig. Das wird uns spätestens dann auffallen, wenn der Liebesbrief der Freundin/des Freundes dort landet, wo er nicht hingehört, im Spam-

Bereich. Die Blocker arbeiten unzuverlässig und sind ganz einfach zu überrumpeln.

Schluss
Eigener Vorschlag

Vielleicht sollte man aber einen Wettbewerb internationaler Art installieren, um das Problem langfristig zu lösen. Schließlich wird auf medizinischem Gebiet auch immer wieder ein neuer Impfstoff auf internationaler Ebene entwickelt gegen neue Seuchen, die unsere Welt bedrohen. Wo ist er also, der Impfstoff Anti-Spam-06?

Eltern müssen sich aktiv einbringen

Interview mit dem Präsidenten des Berufsverbandes der Kinder- und Jugendärzte, Dr. Wolfram Hartmann, für „Lesen in Deutschland“ (20. 04. 2009)

Stiftung Lesen:
Herr Doktor Hartmann, der Berufsverband der Kinder- und Jugendärzte engagiert sich schon lange im Bereich der Leseförderung; zuletzt haben Sie die bundesweite Lesestart-Initiative unterstützt und nun sind Sie Partner im Projekt „Medientipps fürs Kinderzimmer“. Warum machen Sie sich gerade in diesem Feld stark?

Dr. Hartmann:
Wir Kinder- und Jugendärzte sehen in unseren Praxen in zunehmendem Maße Kinder aus Familien, denen eine Grundförderung fehlt. Das sind Kinder, die teilweise sozial verwahrlost sind, das sind Kinder, deren Eltern keine Erziehungskompetenz haben. Diese Kinder werden nicht entsprechend ihren Möglichkeiten, insbesondere im Vorschulalter, gefördert. Folgen dieser fehlenden Förderung sehen wir dann im Schulalter, teilweise in Form von psychosomatischen Erkrankungen, teilweise in Form von Aggressivität oder in Form von Lernstörungen – das sind die sogenannten neuen Morbiditäten, mit denen wir uns in zunehmendem Maße in unseren Praxen auseinandersetzen müssen.

Stiftung Lesen:
Im Alltag von Familien spielen Medien eine große Rolle. Ohne Frage ist bei kleinen Kindern das Bilderbuch das geeignete Medium, die Welt zu erklären. Aber schnell kommen die anderen Medien dazu, die heute zum Alltag gehören. Wie wichtig ist es da, Hilfestellung für die Familien zu leisten? Wann sollte die mediale Erziehung der Eltern einsetzen? Sollten sie sich dem Thema eher vorsichtig nähern oder offensiv damit umgehen?

Dr. Hartmann:
Den Punkt der Medienerziehung haben wir in unser Vorsorgeprogramm eingebaut, das heißt, unser Verband hat neben dem gesetzlichen Vorsorgeprogramm einen Katalog entwickelt, der über Fragebögen auch Medienkompetenz und Medienverhalten abfragt. Da stellen wir mit Erschrecken fest, dass bereits Kinder unter drei Jahren bis zu drei Stunden täglich vor dem Fernsehapparat sitzen, bei Kindern im Alter von sechs bis zehn Jahren kommt dann bereits der Computer dazu. Manche Kinder sitzen also fast vier bis fünf Stunden täglich außerhalb von Kindergarten oder Schule am Computer oder am Fernseher. In der Zeit bewegen

sie sich nicht, haben teilweise dann auch keine sozialen Kontakte und sind auf dem Weg, dort im Grunde sozial zu verwahrlosen.

In: Hartmann, Wolfram / Bonewitz, Sabine: Eltern müssen sich aktiv einbringen. Im Internet unter: http://www.lesen-in-deutschland.de/html/content.php?object=journal&lid=885 (Stand: 23. 06. 2009).

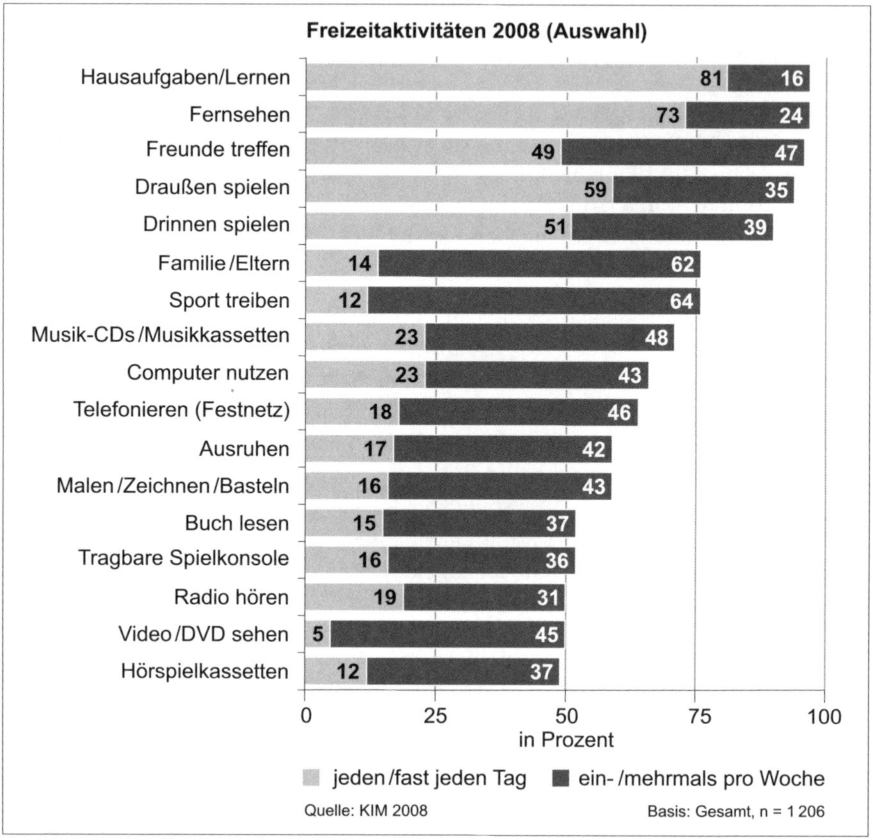

Aus: KIM-Studie 2008, © Medienpädagogischer Forschungsverbund Südwest. Im Internet unter: http://www.mpfs.de/index.php?id=138 (Stand: 23. 06. 2009)

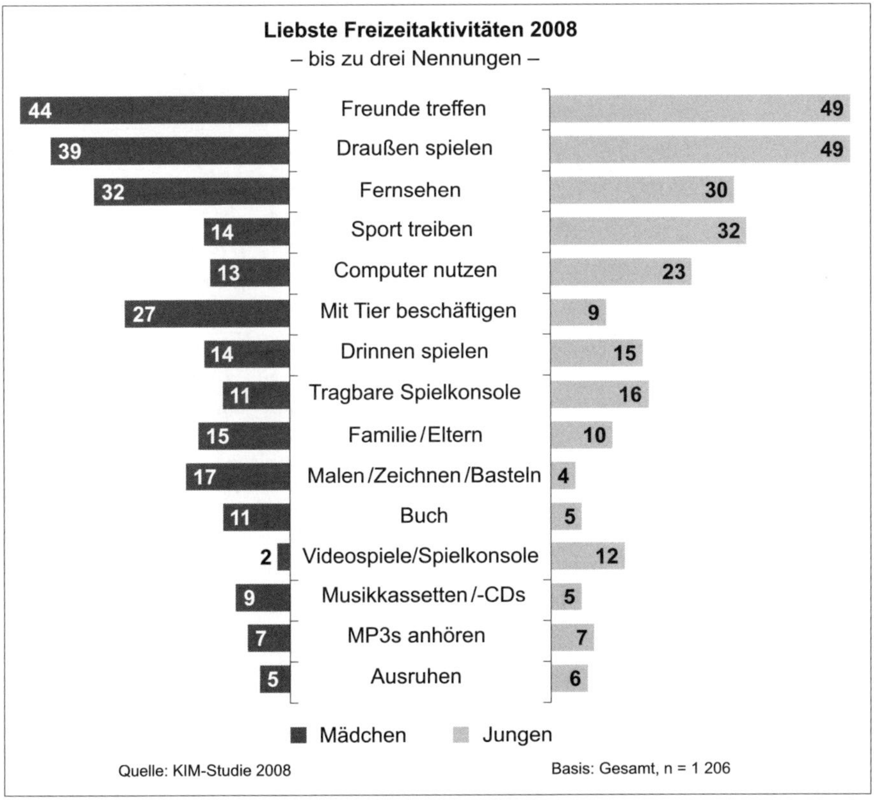

Aus: KIM-Studie 2008, © Medienpädagogischer Forschungsverbund Südwest.
Im Internet unter: http://www.mpfs.de/index.php?id=138 (Stand: 23. 06. 2009)

Arbeitsauftrag

Der vorliegende Ausschnitt aus einem aktuellen Interview und die beigefügten Grafiken geben einen Einblick in das Verhältnis junger Menschen zu Computer und Lesen.
Diskutieren Sie die gelieferten Argumente und formulieren Sie Ihre Erkenntnisse als einen Brief an Herrn Dr. Hartmann!

Lösungsvorschlag

Lesen Sie sich die Aufgabenstellung genau durch. Dabei fällt Ihnen sicherlich auf, dass eine Vielzahl von Tätigkeiten von Ihnen erwartet wird. Sie sollen einen Text lesen und begreifen, zusätzlich dazu Grafiken auswerten und aus Ihren Ergebnissen einen Brief mit Ihrer eigenen Meinung formulieren, der zudem eine angemessene Form aufweisen muss.
Ausgehend von der Aufgabenstellung beginnen Sie mit dem Lesen des Textes. Markieren Sie hierbei wesentliche Aussagen durch Unterstreichungen.
Anschließend betrachten Sie die beiden Grafiken und gewinnen einen Eindruck davon, was diese an Aussagewert enthalten. Beachten Sie dabei genau, wer befragt wurde und wozu. Welche Ergebnisse liefert die Befragung Ihnen als Leser? Versuchen Sie auch, zu erkennen, ob es widersprüchliche Aussagen gibt, die man aus der Gegenüberstellung von Text und Übersichten ableiten kann.
Machen Sie sich zu den beiden Arbeitsschritten Notizen, die Sie später in Ihren Brief einarbeiten. Dieser stellt die dritte und umfangreichste Phase der Arbeit dar. Teilen Sie sich Ihre Zeit also genau ein, sodass Sie den Brief im Anschluss an das Schreiben nochmals Korrektur lesen können.
Achten Sie beim Verfassen des Briefes auf einen angemessenen Stil.

Hermstadt, den 17. 5. 2011 — **Ort, Datum**

Sehr geehrter Herr Doktor Hartmann, — **Anrede**

Einleitung
aktueller Anlass

als ich heute Nachmittag im Internet nach Pressemitteilungen zum Thema „Lesen“ suchte, traf ich per Zufall auf ihren interessanten Beitrag zum Thema „Kinder und Medien“. Mein Auftrag für den Deutschunterricht war es eigentlich, Anregungen zu finden, die Schüler zum Lesen bringen könnten. Ich habe mich daher ausführlich mit Ihrer Meinung auseinandergesetzt und auch die zugehörigen Grafiken studiert. Beides fand ich sehr interessant, auch wenn ich bei Weitem nicht immer mit Ihnen derselben Meinung bin.

Hauptteil
Unverzichtbarkeit, Selbstverständlichkeit des Medienumgang

Fest steht natürlich auch für mich als Schüler einer 10. Klasse des Gymnasiums, dass Medien immer mehr Einfluss auf unser Leben nehmen. Ich selbst kann mir einen Tag ohne Fernsehen, Computer, Internet kaum noch vorstellen, genauso wenig wie einen ohne unsere technischen Hilfsmittel, wie den elektrischen Herd, die Waschmaschine oder den Trockner. Nun kann man einerseits sagen, dass das ja schlimm sei. Ich empfinde dies aber nicht so und sehe in all der für uns selbstverständlichen Technik persönlich eher eine Hilfestellung, unsere täglichen Aufgaben schneller und präziser zu meistern, als dass sie mich in meiner persönlichen Entwicklung behinderte.

Vielleicht mag dies auch daran liegen, dass ich ein Elternhaus habe, in dem man darauf achtete, was ich tat und wie lange ich mich zum Beispiel vor dem Fernsehgerät aufhielt. Auch stellt in unserer Familie, seit ich denken kann, das Lesen eine beliebte Freizeitbeschäftigung dar. Das hat mich geprägt: Ich besitze eine Vielzahl von eigenen Büchern und lese selbst gern und häufig. Dabei bevorzuge ich spannende Literatur; aber auch Werke, die wir im Unterricht lesen, interessieren mich, wie zum Beispiel Kleists „Das Erdbeben in Chili“ oder Schillers „Kabale und Liebe“. Es fiel mir auf, dass die dort beschriebenen Probleme eigentlich auch die unseren sind, nur dass wir eben in einer „technisierteren“ Welt leben als die klassischen Dichter.

persönliche Erfahrung

Sie selbst engagieren sich seit Langem in der Leseförderung, unterstützen auch die bundesweite Leseinitiative. Das finde ich gut und bemerkenswert, denn wie aus der Grafik über die Freizeitaktivitäten der Jugendlichen hervorgeht, gehört das Lesen nicht zu den am häufigsten genutzten Beschäftigungsmöglichkeiten. Nur 52 % geben an, überhaupt zu lesen, davon nur 15 % täglich. Das ist zu wenig, ich stimme Ihnen zu.

Behauptung: geringe Lesebereitschaft

Nun erklären Sie in dem vorliegenden Interview, dass Sie in den Praxen der Jugendärzte zunehmend Kinder sehen, die „aus Familien [kommen], denen eine Grundförderung fehlt“ (Z. 8). Für mich ergibt sich die Frage nach dem Warum. Liegt es an unserer Gesellschaft oder ist der Einzelne schuld, in dem Fall also die Familie? Muss man mehr von staatlicher Seite Einfluss nehmen? Für mich als Schüler sind sicherlich nicht alle diese Fragen schlüssig zu beantworten, aber ich denke schon, dass ein Großteil des Problems in mangelnder Einflussnahme der Eltern auf das Verhalten der Kinder zu suchen ist.

Behauptung: fehlende Grundförderung bei Kindern

Sie sagen, dass die Kinder „teilweise sozial verwahrlost sind, […] deren Eltern keine Erziehungskompetenz haben“ (Z. 8–10). Ich frage mich, woran Sie persönlich eine soziale Verwahrlosung festmachen. Ist es der Tatbestand, dass jemand keine oder wenige Bücher liest oder dass jemand nicht mit anderen Menschen umgehen kann? Beides kann sicher unterschiedliche Ursachen haben. Mit Sicherheit aber muss ich aus meiner Sicht sagen, dass nicht unbedingt eine soziale Verwahrlosung vorliegt, wenn man nicht gern liest. Mein Bruder zum Beispiel inte-

Gegenargument: mangelnde Lesebegeisterung ≠ soziale Verwahrlosung

ressiert sich trotz der Anregungen meiner Eltern fast gar nicht für das Lesen, verwahrlost ist er deshalb nicht. Vielmehr spielt er gern draußen und baut tolle Geräte mit seinen Technikbaukästen. Im Übrigen deckt sich sein Verhalten perfekt mit der Aussage der zweiten Grafik, die Ihren Beitrag illustriert. Jugendliche – sowohl Mädchen als auch Jungen – geben zu jeweils 44 bzw. 49 % an, dass es ihre liebste Freizeitbeschäftigung ist, Freunde zu treffen, gefolgt von einem ähnlich großen Anteil, der sich gern draußen aufhält.

Natürlich geben ich Ihnen Recht, wenn Sie sagen, dass Kinder mit einer fehlenden Förderung häufig „Form[en] von psychosomatischen Erkrankungen, teilweise in Form von Aggressivität oder in Form von Lernstörungen – das sind die sogenannten neuen Morbiditäten" (Z. 12–14) aufweisen. Damit wäre aber allen Jugendlichen, die viel fernsehen und wenig lesen, schon vorherbestimmt, an den genannten Symptomen zu erkranken.

Behauptung: Störungen aufgrund mangelnder Förderung

In unseren Schulklassen gibt es mit Sicherheit von der ersten Klasse an eine Vielzahl von Schülern, die diese Symptome aufweisen. Nur denke ich, dass es diese und ähnliche Störungen schon immer gegeben hat – auch ohne das heute tatsächlich große Medienangebot. Macht man es sich nicht zu leicht, Aggressivität und Lernstörungen allein auf ungenügende Erziehungskompetenz oder einen Mangel an Lesen zurückzuführen? Unsere Gesellschaft hat heutzutage mit so vielen Problemen zu kämpfen, dass eine ungenügende Zuwendung von Eltern ihren Kindern gegenüber nicht immer ein Mangel an Kompetenz sein muss. Vielleicht plagt Vater und Mutter einfach die Sorge, wie sie ohne Arbeit die Familie durchbringen können. Oder einer der beiden hat einen weiter entfernten Arbeitsplatz und ist deshalb wochentags nicht zu Hause. Ist er oder sie nur deswegen ein schlechter Vater oder eine schlechte Mutter, weil er bzw. sie nicht die Gelegenheit hat, durchgehend Einfluss zu nehmen?

Gegenargument: einseitige, oft ungerechte Schuldzuweisung

Sie erwähnen, dass „manche Kinder [...] fast vier bis fünf Stunden [...] außerhalb von Kindergarten oder Schule am Computer sitzen", dass sie „keine sozialen Kontakte [haben] und [...] auf dem Wege [sind], [...] sozial zu verwahrlosen" (Z. 30–33).

Behauptung: Verwahrlosung aufgrund hohen Medienkonsums

In manchen Fällen mag Ihre Befürchtung zutreffen, dass es zur sozialen Verwahrlosung führen kann, wenn Jugendliche wenig lesen, aber viel Zeit vor dem PC verbringen. Es ist aber fraglich, ob diese Verwahrlosung zum einen wirklich nur am Medienkonsum festgemacht und zum anderen allein durch eine Förderung

Gegenargument: Medienkonsum als oberflächliche Messgröße

der Lesegewohnheiten bekämpft werden kann. Familien, in denen Kinder verwahrlosen, haben meist ganz andere Probleme, die es zuerst zu beseitigen gilt. Außerdem ist hoher Medienkonsum nicht automatisch negativ zu bewerten. Schließlich gibt es auch in meiner Klasse eine Vielzahl von Schülern, die täglich Stunden vor dem Fernseher oder dem Computer verbringen, ohne verwahrlost zu sein. Und jemand, der sich aufgrund dieser intensiven Beschäftigung zum Beispiel gut mit dem PC auskennt, kann es später gerade deswegen weit bringen – etwa als Informatiker. Es ist meiner Meinung nach nicht hilfreich, nur schwarz-weiß zu denken und die Medien generell zu verteufeln, während das Lesen als Allheilmittel angesehen wird.

Beim Vergleich der vorliegenden statistischen Erhebungen fiel mir zudem ein gravierender Widerspruch auf, was die Rolle der Medien im Leben Jugendlicher angeht: So bringt die Grafik 1 zum Ausdruck, dass das Fernsehen die zweithäufigste Freizeitbeschäftigung darstellt, jedoch wird in Grafik 2 angegeben, dass „Freunde treffen" und „Draußen spielen" eigentlich die beliebtesten Aktivitäten wären. Vielleicht ist das Problem also gar nicht so sehr, dass Kinder unreflektiert mit Medien umgehen; sie würden ja offenbar andere Beschäftigungen dem Fernsehen vorziehen. Möglicherweise sollte man also eher hier ansetzen und Eltern und Kindern Hilfestellungen geben, wie gemeinsame Unternehmungen mit Freunden oder Spiele und Bewegung an der frischen Luft gefördert werden können. Denn das Lesen stellt natürlich eine Alternative zum stundenlangen Fernsehen und Computerspielen dar – aber auch an der frischen Luft und in einem sozialen Miteinander lernt man wichtige Dinge fürs Leben und tut zudem etwas für seine Gesundheit. Wenn Kinder bereits „unter drei Jahren bis zu drei Stunden täglich vor dem Fernsehapparat sitzen" (Z. 28), ist das nicht gut und nicht förderlich. Mir macht jedoch Mut, dass die Jugendlichen viele Alternativbeschäftigungen positiv bewerten. Gerade der Sport auf Platz 4 der liebsten Freizeitaktivitäten gibt doch Anlass zu Hoffnung.

Synthese
Überbewertung der Rolle der Medien

Ich möchte Ihnen danken, dass Sie sich in Ihrer Arbeit mit den Ursachen von Fehlentwicklungen beschäftigen, Sie jedoch auch ermutigen, etwas optimistischer in die Zukunft zu sehen. Ich jedenfalls tue es und mit mir sicher Tausende von Schülern.

Fazit

Mit freundlichen Grüßen

Gruß

Max Meier

Unterschrift

Julia Franck: Streuselschnecke

Der Anruf kam, als ich vierzehn war. Ich wohnte seit einem Jahr nicht mehr bei meiner Mutter und meinen Schwestern, sondern bei Freunden in Berlin. Eine fremde Stimme meldete sich, der Mann nannte seinen Namen, sagte mir, er lebe in Berlin, und fragte, ob ich ihn kennenlernen wolle. Ich zögerte, ich war mir nicht sicher. Zwar hatte ich schon viel über solche Treffen gehört und mir oft vorgestellt, wie so etwas wäre, aber als es soweit war, empfand ich eher Unbehagen.

Wir verabredeten uns. Er trug Jeans, Jacke und Hose. Ich hatte mich geschminkt. Er führte mich ins Café Richter am Hindemithplatz und wir gingen ins Kino, ein Film von Rohmer. Unsympathisch war er nicht, eher schüchtern. Er nahm mich mit ins Restaurant und stellte mich seinen Freunden vor. Ein feines, ironisches Lächeln zog er zwischen sich und die anderen Menschen. Ich ahnte, was das Lächeln verriet.

Einige Male durfte ich ihn bei seiner Arbeit besuchen. Er schrieb Drehbücher und führte Regie bei Filmen. Ich fragte mich, ob er mir Geld geben würde, wenn wir uns treffen, aber er gab mir keins, und ich traute mich nicht, danach zu fragen. Schlimm war das nicht, schließlich kannte ich ihn kaum, was sollte ich da schon verlangen? Außerdem konnte ich für mich selbst sorgen, ich ging zur Schule und putzen und arbeitete als Kindermädchen. Bald würde ich alt genug sein, um als Kellnerin zu arbeiten, und vielleicht würde ja auch noch eines Tages etwas Richtiges aus mir.

Zwei Jahre später, der Mann und ich waren uns immer noch etwas fremd, sagte er mir, er sei krank. Er starb ein Jahr lang, ich besuchte ihn im Krankenhaus und fragte, was er sich wünsche. Er sagte mir, er habe Angst vor dem Tod und wolle es so schnell wie möglich hinter sich bringen. Er fragte mich, ob ich ihm Morphium besorgen könne. Ich dachte nach, ich hatte einige Freunde, die Drogen nahmen, aber keinen, der sich mit Morphium auskannte. Auch war ich mir nicht sicher, ob die im Krankenhaus herausfinden wollten und würden, woher es kam. Ich vergaß seine Bitte.

Manchmal brachte ich ihm Blumen. Er fragte nach dem Morphium, und ich fragte ihn, ob er sich Kuchen wünsche, schließlich wusste ich, wie gerne er Torte aß. Er sagte, die einfachen Dinge seien ihm jetzt die liebsten – er wolle nur Streuselschnecken, nichts sonst. Ich ging nach Hause und buk Streuselschnecken, zwei Bleche voll. Sie waren noch warm, als ich sie ins Krankenhaus brachte. Er sagte, er hätte gerne mit mir gelebt, es zumindest gern versucht, er habe immer gedacht, dafür sei noch Zeit, eines Tages – aber jetzt sei es zu spät.

Kurz nach meinem siebzehnten Geburtstag war er tot. Meine kleine Schwester kam nach Berlin, wir gingen gemeinsam zur Beerdigung. Meine Mutter kam nicht. Ich nehme an, sie war mit anderem beschäftigt, außerdem hatte sie meinen Vater zu wenig gekannt und nicht geliebt.

In: Franck, Julia: Bauchlandung. Geschichten zum Anfassen. Köln: DuMont 2000.

Arbeitsauftrag

Interpretieren Sie den Text „Streuselschnecke“ von Julia Franck (geb. 1970)!

Lösungsvorschlag

Der Titel „Streuselschnecke“ macht neugierig auf die Geschichte, die sich dahinter verbirgt. Man denkt an das süße Backwerk und liest von einem Mädchen, das schon mit vierzehn Jahren allein in Berlin lebt, neben der Schule arbeitet und per Telefonanruf einen Mann kennen lernt. Der Mann wird krank und stirbt. Erst am Schluss stellt sich heraus, dass er ihr Vater war. Diese geheimnisvolle Sicht können Sie nur beim ersten Lesen haben, schon beim zweiten Mal werden Sie die Geschichte ganz anders lesen, weil Sie die Pointe kennen. Das muss in der späteren Interpretation eine Rolle spielen. Sie werden sicher über das Thema der Geschichte etwas länger nachdenken und darauf kommen, dass es um das „Erwachsenwerden“ der Hauptfigur geht. Nun ist ein wichtiger Grundstein gelegt, und Sie können den Text nach bestimmten Kriterien der Textbeschreibung, wie Figuren (Tochter, Vater), Erzählperspektive (Ich-Erzählperspektive), Textsorte (kurze Erzählung), Satzbau (viele Sätze nach dem Schema Subjekt – Prädikat – Objekt, indirekte Rede), sprachliche Mittel (Pars pro toto, Metapher, Polysemie, Gegensätze, Symbol) und Zeitgestaltung (Raffung) analysieren. In der Deutung sollten Sie auf den Titel eingehen, begründen, warum die Autorin den Leser auf eine falsche Fährte führt und worin die Pointe besteht, sowie die Entwicklung der Figuren und deren Beziehung nachzeichnen. In der Einleitung und im Schluss könnten Sie über herkömmliche bzw. aktuelle Familienmodelle nachdenken und darüber, wie es wäre den leiblichen Vater erst kennen zu lernen, wenn man schon fast erwachsen ist. Auf das Recht der Kinder, zu erfahren, wer ihre Blutsverwandten sind, kann verwiesen werden.

Einleitung

Meine beste Freundin Theresa und ich besuchen uns häufig gegenseitig. Wir machen dann Hausaufgaben oder reden bei einem Cappuccino über Gott und die Welt. Kürzlich war ich wieder bei ihr zu Gast. Sie hat zwei kleine Schwestern, Lina und Anja. Diese wollen sich immer gerade dort aufhalten, wo wir sind. Erst gingen sie mir auf die Nerven, aber dann schaute ich einmal bewusst ihrem Treiben zu. Sie spielten das uralte Spiel „Vater – Mutter – Kind“. Lina, die Ältere, stand an einem imaginären Herd und kochte das Essen. Zwischendurch beugte sie sich zu ihrem Kind, einer Puppe, in den Wagen hinab und beruhigte es mit lieben Worten. Dann kam Anja als Ehemann von der Arbeit nach Hause, begrüßte seine Frau mit tiefer Stimme und einem Kuss. Er nahm sein Kind aus dem Wagen und wiegte es im Arm. Die Mutter hatte inzwischen den Tisch gedeckt, alle drei setzten sich hin, um Kaffee zu trinken und

Ein uraltes Spiel: Vater – Mutter – Kind

Kuchen zu essen. Die Mädchen freuten sich darüber, dass der Kuchen echt und der Kaffee Fanta war, und verwandelten sich wieder in Lina und Anja. Ich fragte Theresa, die auch zugeschaut hatte, in wie vielen Familien es zugeht wie in dem Rollenspiel ihrer Schwestern. Sie wusste es auch nicht, aber wir schätzten, dass mindestens die Hälfte der Schüler in unserer Klasse mit nur einem Elternteil aufwächst oder mit einem Stiefvater bzw. einer Stiefmutter. Die klassische Konstellation Vater – Mutter – Kind wird immer seltener. Die Protagonistin aus der Geschichte „Streuselschnecke" von Julia Franck, die erst mit vierzehn Jahren ihren leiblichen Vater kennen lernt, teilt das Schicksal vieler Kinder.

Hauptteil
Thema, Inhalt

Die Geschichte, die das Thema „Erwachsenwerden" am Beispiel eines Mädchens behandelt, das sich zur jungen Frau entwickelt, beginnt mit einem Anruf bei der weiblichen Hauptfigur, die allein in Berlin lebt. Dass der Anrufende ihr Vater ist, den sie bis dahin nicht kennen gelernt hat, erfährt man später. Das Mädchen nimmt das Angebot an, sich mit ihm zu treffen. Sie besuchen ein Café, gehen ins Kino, später nimmt er sie mit ins Restaurant und stellt sie seinen Freunden vor. Sie besucht ihn bei seiner Arbeit, aber eine echte Beziehung erwächst daraus nicht. Zwei Jahre später gibt es eine Wendung, der Mann wird todkrank. Er möchte Morphium, das sie ihm nicht besorgen kann oder will. Sie bringt ihm Blumen ins Krankenhaus und bäckt Streuselschnecken. Der Mann stirbt. Die Hauptfigur und ihre kleine Schwester nehmen an seiner Beerdigung teil, jedoch nicht die Mutter der beiden, die beschäftigt sei, den Vater zu wenig gekannt und nicht geliebt habe.

Hauptfigur
– ist 14 Jahre alt
– ist zuhause ausgezogen
– wohnt in Berlin

Die Hauptfigur ist ein Mädchen, das am Anfang der Geschichte vierzehn Jahre alt ist und namenlos bleibt. Am Schluss hat sie gerade ihren siebzehnten Geburtstag gefeiert. Ein recht eindeutiger Hinweis darauf, dass es sich um eine weibliche Person handelt, findet sich in den Zeilen acht und neun: „Ich hatte mich geschminkt." Sie wohnt „seit einem Jahr" (Z. 1) nicht mehr bei der Mutter und den Schwestern, d. h., sie ist schon mit dreizehn Jahren ausgezogen und bei Freunden in Berlin untergekommen. Man kann davon ausgehen, dass sie reifer und selbständiger gewesen ist als andere Jugendliche in diesem Alter. Aus welchen Gründen sie sich so früh vom Elternhaus abgenabelt hat, kann man nur vermuten. Vielleicht hat sie sich nicht genug beachtet gefühlt, denn am Schluss wird die Mutter indirekt kritisiert, als sie nicht zur Beerdigung erscheint, durch die Vermutung der Ich-Erzählerin, sie wäre „mit anderem beschäftigt" (Z. 39). Darin liegt der Vorwurf, was wohl wichtiger sein kann, als einem Menschen, den man einmal geliebt haben muss, die letzte Ehre zu erweisen.

Vielleicht hat es auch oft Streit mit der Mutter gegeben, denn dieser kann nicht verborgen geblieben sein, wie sich ihre Tochter, vaterlos aufgewachsen, entwickelt. Sie scheint schon recht früh engeren Kontakt mit Männern gehabt zu haben, denn sonst könnte sie beim ersten Treffen mit dem Vater nicht so selbstbewusst bzw. geradezu herausfordernd auftreten.

– ist vaterlos aufgewachsen

Das Mädchen lebt in Berlin nicht in den Tag hinein, sondern geht zur Schule, putzt für andere Leute und beaufsichtigt Kinder. Später möchte sie als Kellnerin arbeiten und träumt davon, dass vielleicht „eines Tages etwas Richtiges" (Z. 20 f.) aus ihr wird. Dass sie nicht, wie viele andere Jugendliche, die früh das Elternhaus verlassen haben, abrutscht und zum Straßenkind wird, ist bemerkenswert. Sie hat Freunde, die Drogen nehmen.

– Tätigkeiten

– Wunsch

Ihren Vater lernt sie in Berlin mit vierzehn Jahren kennen und sie haben nur drei mehr oder weniger gemeinsame Jahre, bis er stirbt. Die Protagonistin scheint sensibel und nachdenklich zu sein, denn sie macht sich über andere Menschen Gedanken und analysiert Situationen, in die sie gerät. Sie findet ihren Vater beim ersten Treffen nicht unsympathisch, eher schüchtern. Sie ahnt, was sein ironisches Lächeln bedeutet, als er sie seinen Freunden vorstellt und traut sich nicht, ihn um Geld zu fragen. Ganz deutlich wird diese Gabe, sich in andere Leute hineinzuversetzen, als ihr Vater, den sie inzwischen zwei Jahre kennt, todkrank wird. Sie besucht ihn im Krankenhaus, geht auf seine Wünsche ein und überlegt ernsthaft, ob sie ihm Morphium besorgen könne. Sie bäckt ihm Streuselschnecken, die auch die Überschrift des Textes bilden. Das Mädchen macht in den vier Jahren, die die Geschichte umfasst, eine enorme Entwicklung durch und wird zur jungen Frau.

– lernt Vater kennen

– Krankheit des Vaters

Der Vater, den die Ich-Erzählerin bis kurz vor Schluss der Erzählung nur „Mann" nennt, lässt sich vierzehn Jahre Zeit, bis er telefonischen Kontakt mit seiner Tochter aufnimmt. Er scheint eher ein legerer Typ zu sein, denn er trägt beim ersten Treffen „Jeans, Jacke und Hose" (Z. 8). Sein Geld verdient er mit dem Schreiben von Drehbüchern und dem Regieführen bei Filmen, man könnte auch sagen, als „Künstler". Er scheint nicht beson-

Vater

– Kleidung

– Berufe

ders kleinlich zu sein, denn er lädt die Tochter ins Café, ins Kino und in ein Restaurant ein. Allerdings ist er auch nicht allzu großzügig, da sie sich nicht traut, ihn um Geld zu bitten und er ihr auch von sich aus keins gibt.

Einen zwiespältigen Eindruck macht er, als ihn seine Krankheit trifft. „Er starb ein Jahr lang" (Z. 23) kann bedeuten, die Beschwerden werden immer schlimmer, aber auch, er jammert in einem fort. Einerseits hängt er am Leben und hat Angst vor dem Tod, andererseits will er es so schnell wie möglich hinter sich bringen. Er scheint große Schmerzen zu haben, weil er um Morphium bittet, das bekanntermaßen Schmerzen betäubt. Dabei denkt er nicht daran, in welch schwierige Situation er seine Tochter bringt, die sich, wenn sie die Droge tatsächlich besorgen würde, strafbar macht. Andererseits könnte der Wunsch auch ein Vertrauensbeweis sein, denn um einen solchen Gefallen würde man nicht jeden bitten.

– sein Sterben

– Bitte um Morphium

Über die Beziehung zu einer Frau wird nichts bekannt, aber wenn es eine Partnerin gäbe, dann wäre diese am Krankenbett erschienen. Zur Mutter der Hauptfigur scheint er jegliche Kontakte abgebrochen zu haben.

Genau wie die Protagonistin macht der Vater eine Entwicklung durch. Am Anfang der Geschichte ist er der schüchterne, vielleicht von einem schlechten Gewissen geplagte Vater, der sich seiner neuen Rolle noch nicht bewusst ist. Am Schluss bedauert er, dass es zu spät für ein Zusammenleben mit der Tochter sei, er hätte gern mit ihr gelebt, „es zumindest gern versucht" (Z. 35).

– Entwicklung

Der Text ist keine klassische Kurzgeschichte, wie man glauben könnte, wenn man nur den Anfang liest, der den Leser ins Geschehen wirft: Jemand bekommt einen Anruf. Bezeichnend für eine Kurzgeschichte wäre noch die Pointe, die sich daraus ergibt, dass die Identität des „Mannes" bis zum Schluss ein Geheimnis bleibt. Weitere typische Merkmale treffen nicht zu: Der Text umfasst nicht nur einen kleinen Ausschnitt aus dem Leben einer oder mehrerer Figuren, sondern immerhin vier Jahre. Die Figuren sind keine starren Typen, sondern sie entwickeln sich. Am Schluss ist dann tatsächlich die Geschichte des Versuchs der beiden Beteiligten, eine Beziehung herzustellen, abgeschlossen. Denn der eine Partner stirbt. Man könnte den Text deshalb als kurze Erzählung bezeichnen.

Textsorte

Das spiegelt sich auch in der Sprache wider. Sie ist nicht, wie es typisch wäre, knapp und aufs Äußerste reduziert, sondern die Autorin entwickelt das Geschehen und lässt den Leser auch in die Gedanken der Ich-Figur sowie aus deren Sicht in die des Vaters hineinblicken. Allerdings wahrt sie Distanz, zumindest scheinbar, und trägt Überlegenheit zur Schau. Ihr Satzbau ist zum Teil monoton, Hauptsätze reihen sich aneinander in der gleichen Form: Subjekt – Prädikat – Objekt, wodurch Parallelismen entstehen. Aufgelockert wird die Struktur durch Satzgefüge und durch die häufige unpersönliche Wiedergabe von Gesprächen oder Gesprächsteilen im Konjunktiv, angekündigt durch signalisierende Verben des Sagens, wodurch wichtige Informationen transportiert werden. Am Anfang sind die Sätze kurz, mit der Entwicklung des Verhältnisses der beiden Figuren werden sie länger. Erzählt wird im Präteritum, vorzeitiges Geschehen im Plusquamperfekt: „Ich hatte mich geschminkt" (Z. 8) und „[…] außerdem hatte sie meinen Vater zu wenig gekannt und nicht geliebt." (Z. 39 f.) Durch die Verwendung des Konjunktivs II in „Bald würde ich alt genug sein, um als Kellnerin zu arbeiten" (Z. 19 f.) wird der Wunsch der Hauptfigur, wie sie ihre Zukunft gestalten will, ausgedrückt.

Sprache

Ich-Perspektive

Satzbau

Die Autorin setzt sprachliche Bilder sparsam ein. Ein Pars pro toto verwendet sie in „Eine fremde Stimme meldete sich" (Z. 2 f.), denn die Stimme steht für den Menschen am anderen Ende der Leitung. Eine Metapher ist in „Ein feines, ironisches Lächeln zog er zwischen sich und die anderen Menschen" (Z. 11 f.) erkennbar. Hier wird ein Lächeln in den Raum gezogen, wie man eine Linie auf ein Blatt zeichnet. Mehrdeutigkeit (Polysemie) liegt bei „Er starb ein Jahr lang" (Z. 23) vor, was einerseits heißt, es dauert ein Jahr von der Diagnose bis zum Tod. Andererseits bezeichnet die Formulierung den Prozess des Verfalls mit den sich verschlimmernden Symptomen und Schmerzen. Schließlich ist da noch die symbolische „Streuselschnecke" aus der Überschrift, die in der Pluralform „Streuselschnecken" (Z. 33) später mit ins Krankenhaus genommen werden. Gegensätze wie alt – jung, gesund – krank, allein – gemeinsam, Tod – Leben spielen eine wichtige Rolle.

Sprachliche Bilder:
– Pars pro toto
– Metapher
– Polysemie
– Symbol
– Gegensätze

Die Geschichte wird zeitgerafft erzählt und umfasst insgesamt vier Jahre. Am Anfang ist die Protagonistin vierzehn Jahre alt und blickt auf die einjährige Dauer ihres Aufenthaltes fern der Mutter und der Schwestern in Berlin zurück. Dann werden Be-

Zeitgestaltung

gebenheiten der nächsten zwei Jahre wiedergegeben, in denen sich Vater und Tochter etwas kennen lernen bis zu dem einschneidenden Ereignis, welches durch einen Zeitsprung eingeleitet wird: „Zwei Jahre später […] sagte er mir, er sei krank.“ (Z. 22 f.). „Er starb ein Jahr lang“ (Z. 23) ist die nächste Zeitangabe. Wiederum werden einzelne schlaglichtartige Episoden aus diesem Jahr mitgeteilt, bis der Vater kurz nach dem siebzehnten Geburtstag der Tochter stirbt. Trotz der verschiedenen Zeitangaben und -sprünge bleibt der Text überschaubar und der Leser weiß immer, wann das Erzählte gerade spielt.

Deutung
Assoziationen

Die Überschrift erweckt sofort Assoziationen. Eine Streuselschnecke ist ein rundes Hefebackwerk mit süßen Streuseln darauf, die besonders gut schmeckt, wenn sie frisch gebacken ist. Als „Schnecke“ wird salopp ein junges Mädchen bezeichnet, meist von männlichen Personen. Eine Schnecke ist auch häufig das Symbol dafür, sich abzukapseln, sich ins Schneckenhaus zurückzuziehen, allein mit allem fertig werden zu wollen. Die Streuselschnecke hat kleine Buckel, die sich nach außen wölben, sie krümelt beim Essen, klebt an den Fingern, sie schmeckt süß und macht satt. Könnte die Autorin mit ihrem Titel schon einen Hinweis auf die Protagonistin gegeben haben, die sich mit dem Backwerk vergleichen ließe? Darauf komme ich später zurück.

Vorbereitung der Pointe

Die Autorin führt den Leser auf die falsche Fährte, indem sie die Ich-Erzählerin bis zum Schluss verschweigen lässt, dass es sich bei dem „Mann“ (Z. 3, 22) um ihren Vater handelt, und bereitet so geschickt die Pointe vor. Vielmehr denkt man an irgendeinen Mann, wobei sich Zweifel regen, ob das für das junge Mädchen von vierzehn Jahren nicht viel zu früh ist, sich telefonisch mit einem Fremden zu verabreden und ihn zu treffen. Sie beschreibt diesen nicht, wie eine Tochter ihren Vater beschreiben würde: „Unsympathisch war er nicht, eher schüchtern“ (Z. 10), sondern wie eine Frau ihr Blind Date. Sie will positiv und vielleicht auch älter auf den Mann wirken und schminkt sich. Das Kalkül gelingt, sie wird ins Café, ins Kino, ins Restaurant ausgeführt und den Freunden des Vaters vorgestellt. Dabei wird der Hauptperson bewusst, wie weiblich sie wirkt, weil sie bemerkt, wie stolz der Vater auf sie ist, denn „Ein feines, ironisches Lächeln zog er zwischen sich und die anderen Menschen“ (Z. 11 f.). Sie „ahnte, was das Lächeln verriet“ (Z. 12 f.). Es könnte sein, dass der Vater bei der Vorstellung nicht gesagt hat, dass sie seine Tochter sei. Nun glauben die Freunde, sie sei seine Freundin und sind zumindest erstaunt, wenn nicht sogar neidisch auf seinen Erfolg bei so jungen Frauen. Man hört sie förmlich anerkennend durch die Zähne pfeifen. Das Spiel wird weitergetrieben. Vor dem inneren Auge des Lesers entwickelt sich die Beziehung der beiden Menschen, die sich doch seltsam fremd bleiben. Schließlich nimmt man Anteil an dem Sterben des Mannes, ist traurig darüber, dass die beiden so wenig Zeit zusammen hatten, bis man in der letzten Zeile erfährt, dass er ihr Vater war.

Zweifel

Zweifel über dessen Identität kommen dem Leser jedoch schon eher, z. B. als die Ich-Erzählerin äußert, sie „durfte [...] ihn bei seiner Arbeit besuchen“ (Z. 14), was nicht sehr typisch ist für ein Mann-Frau-Verhältnis. Man fragt sich auch, was das für eine Beziehung werden soll, wenn die Hauptperson erwägt, um Geld zu bitten. Spätestens, als die Schwester mit zur Beerdigung geht, die dazu eigentlich keine Veranlassung hat, wird einem klar, dass der Mann anders zur Protagonistin stehen muss, bis das Rätsel ganz einfach aufgeklärt wird.

Entwicklung zur jungen Frau

Der Text zeichnet die Entwicklung eines Mädchens zur jungen Frau nach. In diesen vier Jahren widerfahren der Hauptfigur einschneidende Erlebnisse: Sie lernt endlich ihren biologischen Erzeuger kennen und verliert am Schluss den Vater. Dazwischen liegen Stufen des Kennenlernens. Am Anfang gewinnt sie den ersten Eindruck durch eine fremde Stimme am Telefon. Vor dem ersten Treffen hat sie Bedenken, wie dieses verlaufen würde, denn sie hatte „schon viel über solche Treffen gehört und [sich] oft vorgestellt, wie so etwas wäre, aber als es soweit war, empfand [sie] eher Unbehagen“ (Z. 5–7). Nachdem sie sich getroffen haben, beschreibt sie ihn als nicht unsympathisch, eher schüchtern. Später findet sie es nicht schlimm, dass er nicht selbst auf die Idee kommt, ihr Geld zu geben: „[...] schließlich kannte ich ihn kaum, was sollte ich da schon verlangen?“ (Z. 17 f.). Auch zwei Jahre später scheint er dem Mädchen „immer noch etwas fremd“ (Z. 22). Die Zeit der Krankheit des Vaters wirkt offensichtlich intensiver, denn immerhin weiß die Tochter inzwischen, „wie gerne er Torte aß.“ (Z. 31 f.) Sie bäckt Streuselschnecken, die er sich gewünscht hat, ein Aufwand, den man nur für liebe Menschen betreibt, und trägt sie noch warm ins Krankenhaus. Mit der Wärme der Gebäckstücke bringt sie die eigene Herzenswärme zum kranken Vater. Dies ist der

Stimme am Telefon

Zwei Jahre später

Streuselschnecken

Höhepunkt der Geschichte. Dem Vater seien „die einfachen Dinge [...] jetzt die liebsten" (Z. 32). Dies zeugt von einer wirklichen Weiterentwicklung seinerseits. Jenseits von schicken Restaurantbesuchen oder der spektakulären Filmarbeit besinnt er sich auf solche fast schon biederen Momente im Kreise der Lieben bei Kaffee und Streuselschnecken. Jedoch kommen seine väterlichen Gefühle gegenüber der Tochter zu spät, nämlich im Angesicht des Todes.

Harte Probe

Auf eine harte Probe stellt sie der Kranke mit seinem Wunsch nach Morphium. Eine Tochter soll dazu beitragen, ihren Vater vom Leben in den Tod zu befördern. Erstaunlich ist, dass sie ernsthaft darüber nachdenkt. Die Gefühle, die das Mädchen dabei gehabt haben muss, werden völlig ausgespart. Man kann nur ahnen, welche widerstreitenden Gedanken ihr durch den Kopf gegangen sein müssen. Aber sie bleibt auf dem Boden der Realität, indem sie sich fragt, „ob die im Krankenhaus herausfinden wollten und würden, woher es [das Morphium] kam" (Z. 28 f.) Sie möchte keine Straftat begehen. Es könnte auch sein, dass sie für den Wunsch des Vaters Verständnis hat, der die Qualen eines langsamen und schmerzvollen Sterbens nicht durchmachen möchte. Als das Verhältnis vertrauensvoll geworden ist, der Vater äußert: „[...] er hätte gerne mit [ihr] gelebt, es zumindest gern versucht" (Z. 35), verliert sie ihn. Ob der Wunsch nach einem Zusammenleben auch ihrerseits bestanden hätte, erfährt man nicht. Am Schluss erweist sie ihm die letzte Ehre und bekundet mehr Größe als ihre Mutter, die aus unbestimmten Gründen nicht zur Beerdigung kommt. Am Grab des Vaters steht eine erwachsene junge Frau.

Vater stirbt

Bezug zum Titel

Es mag sein, dass die Ich-Erzählerin am Anfang so eine „Streuselschnecke" ist: süß, ein bisschen aufmüpfig, aber auch warmherzig. Am Ende ist sie eine gereifte junge Frau, die die ersten Schicksalsschläge im Leben schon hinter sich hat. Ich denke, dass „etwas Richtiges" (Z. 21) aus ihr wird, denn sie lässt sich nicht treiben, sondern nimmt ihre Geschicke in die eigenen Hände. Sie arbeitet, hat Pläne und Ziele, kann sich auf andere Menschen einlassen, ist zuverlässig und gütig. Sie übernimmt freiwillig Verantwortung für einen Menschen, auf den sie eigentlich schlecht zu sprechen sein müsste, da er sich erst nach vierzehn Jahren daran erinnert hat, dass er eine Tochter hat. Das ist keine „Schnecke"! Das ist eine selbstbewusste junge Frau.

Schluss

Aufwachsen ohne Vater

Wie viele Kinder mag es geben, die ihren Vater nicht kennen, mit einem Stiefvater oder sogar wechselnden Partnern der Mutter leben müssen und sich schließlich als Erwachsene auf die Suche nach dem großen Unbekannten machen. Viele! Die heile Welt mit Vater – Mutter – Kind existiert nur noch selten. Wenn man seinen Vater nicht kennt, führt eine Wurzel ins Leere. Es bleibt eine Leerstelle im Kopf des Kindes und späteren Erwachsenen. Jeder hat ein Recht darauf, zu wissen, wer seine Blutsverwandten sind. Mütter, die ihren Kindern dieses Wissen vorenthalten, glauben, etwas Gutes zu tun. Sie wollen dem Sohn oder der Tochter Kummer ersparen, ihn/sie nicht durcheinander bringen, wenn ein neuer Partner da ist. Aber Kinder können viel mehr an Wahrheit aushalten, als man glaubt. Bedeutend schlimmer ist es, zu lügen. Dass etwas nicht in Ordnung ist, liegt in der Luft, das spüren sie. Die Tatsache kommt doch irgendwann heraus und dann ist die Enttäuschung groß. Ob die Ich-Erzählerin aus der Geschichte darunter gelitten hat, ohne Vater oder mit einem neuen Partner der Mutter aufgewachsen zu sein, und warum erst vierzehn Jahre vergehen mussten, ihn kennen zu lernen, wird nicht gesagt. Auch nicht, was ihre Mutter daran gehindert hat, eher einen Kontakt zum Vater herzustellen und liebevoller mit ihrer Tochter umzugehen. Den Vater hatte sie nur drei kurze Jahre, aber trotzdem würde ich von einem Happy End sprechen, denn das Mädchen steht am Anfang seines Lebens und die Chancen, etwas Anständiges daraus zu machen, stehen gut.

Gute Chancen

Margret Steenfatt: Im Spiegel (1984)

„Du kannst nichts", sagten sie, „du machst nichts", „aus dir wird nichts." Nichts. Nichts. Nichts.

Was war das für ein NICHTS, von dem sie redeten und vor dem sie offensichtlich Angst hatten, fragte sich Achim, unter Decken und Kissen vergraben.

Mit lautem Knall schlug die Tür hinter ihnen zu.

Achim schob sich halb aus dem Bett. Fünf nach eins. Wieder mal zu spät. Er starrte gegen die Zimmerdecke. – Weiß. Nichts. Ein unbeschriebenes Blatt Papier, ein ungemaltes Bild, eine tonlose Melodie, ein ungesagtes Wort, ungelebtes Leben.

Eine halbe Körperdrehung nach rechts, ein Fingerdruck auf den Einschaltknopf seiner Anlage. Manchmal brachte Musik ihn hoch.

Er robbte zur Wand, zu dem großen Spiegel, der beim Fenster aufgestellt war, kniete sich davor und betrachtete sich: lang, knochig, graue Augen im blassen Gesicht, hellbraune Haare, glanzlos. „Dead Kennedys" sangen: „Weil sie dich verplant haben, kannst du nichts anderes tun als aussteigen und nachdenken."

Achim wandte sich ab, erhob sich, ging zum Fenster und schaute hinaus. Straßen, Häuser, Läden, Autos, Passanten, immer dasselbe. Zurück zum Spiegel, näher heran, so nahe, dass er glaubte, das Glas zwischen sich und dem Spiegelbild durchdringen zu können. Er legte seine Handflächen gegen sein Gesicht im Spiegel, ließ seine Finger sanft über Wangen, Augen, Stirn und Schläfen kreisen, streichelte, fühlte nichts als Glätte und Kälte.

Ihm fiel ein, dass in dem Holzkasten, wo er seinen Kram aufbewahrte, noch Schminke herumliegen musste. Er fasste unters Bett, wühlte in den Sachen im Kasten herum und zog eine Pappschachtel heraus, in der sich einige zerdrückte Tuben fanden. Von der schwarzen Farbe war noch ein Rest vorhanden. Achim baute sich vor dem Spiegel auf und malte zwei dicke Striche auf das Glas, genau dahin, wo sich seine Augenbrauen im Spiegel zeigten. Weiß besaß er reichlich. Er drückte eine Tube aus, fing die weiche ölige Masse in seinen Händen auf, verteilte sie auf dem Spiegel über Kinn, Wangen und Nase und begann, sie langsam und sorgfältig zu verstreichen. Dabei durfte er sich nicht bewegen, sonst verschob sich seine Malerei. Schwarz und Weiß sehen gut aus, dachte er, fehlt noch Blau. Achim grinst seinem Bild zu, holte sich das Blau aus dem Kasten und färbte noch die Spiegelstellen über Stirn und Augenlidern.

Eine Weile verharrte er vor dem bunten Gesicht, dann rückte er ein Stück zur Seite, und wie ein Spuk tauchte sein farbloses Gesicht im Spiegel wieder auf, daneben eine aufgemalte Spiegelmaske.

Er trat einen Schritt zurück, holte mit dem Arm weit aus und ließ seine Faust in die Spiegelscheibe krachen. Glasteile fielen herunter, Splitter verletzten ihn, seine Hand fing an zu bluten. Warm rann ihm das Blut über den Arm und tröpfelte zu Boden. Achim legte seinen Mund auf die Wunden und leckte das Blut ab. Dabei wurde sein Gesicht rot verschmiert.

Der Spiegel war kaputt. Achim suchte sein Zeug zusammen und kleidete sich an. Er wollte runtergehen und irgendwo seine Leute treffen.

In: Augenaufmachen. 7. Jahrbuch der Kinderliteratur, Hg. von Hans-Joachim Gehlberg. Weinheim/ Basel: Beltz 1984, S. 218–219.

Arbeitsauftrag

Interpretieren Sie den Text!

Lösungsvorschlag

Es handelt sich um die Interpretation eines Prosatextes, der 1984 entstand. Da die Aufgabenstellung eine enge Auseinandersetzung mit Inhalt und Sprache der Kurzgeschichte verlangt, ist es sinnvoll sich zuerst einen die Aussageabsicht betreffenden Überblick zu verschaffen. Nach dem gründlichen Lesen muss also eine Strategie zum Aufbau des Aufsatzes gefunden werden. Hier eignet sich besonders gut das Ausgehen von der Überschrift, da sie mehrdeutig zu sehen ist. Außerdem sind die einführenden Sätze so prägnant, dass man im ersten Teil der Interpretation unbedingt auf sie eingehen sollte. Anschließend wendet man sich dem Inhalt der Geschichte zu, erklärt diesen, geht dabei immer wieder auf die sehr gezielte Verwendung der Sprache ein, beschreibt Besonderheiten – wie die intensive Auseinandersetzung der Hauptfigur mit sich selbst – und belegt die getroffenen Feststellungen mit den entsprechenden Zitaten am Text. Es muss auf jeden Fall deutlich werden, dass die Kurzgeschichte ringförmig angelegt ist und ein zum Genre passendes offenes Ende hat. Dabei bleibt es dem Verfasser des Aufsatzes überlassen, ob er dieses als positiven Schluss wertet oder als Vorausdeutung eines letztlich negativen Endes sieht.

Einleitung

Sich im Spiegel zu betrachten, dient oft der Selbstvergewisserung und der Erkenntnis, dass wir uns schön oder eben nicht schön finden, vielleicht sogar hässlich. Wir können zu dick, zu dünn, zu groß oder klein sein, ganz zu schweigen von unserer Nase! Dann aber gibt es Situationen, wo man im Spiegel beinahe deutlich und unmissverständlich den eigenen Charakter zu erkennen vermag, auch wenn es uns nur so scheint. Ob wir sehen, was wir uns wünschen? Oder überprüfen wir das Bild, das wir und andere von uns haben?

Hauptteil
Texteinführung

Margret Steenfatts Kurzgeschichte trägt den Titel „Im Spiegel" und befasst sich mit beiden in der Einleitung genannten Perspektiven, die ein Spiegelbild eröffnet: mit dem Blick auf das Äußere und in das Innere einer Person.

Gehalten in einer einfachen Sprache mit weitgehend parataktischem Satzbau, wird eine Situation geschildert, die täglich geschehen kann. Achim, die Hauptperson der Kurzgeschichte, bekommt zu hören, was vielen Teenagern von ihren Eltern gesagt wird: „Du kannst nichts, […] du machst nichts, aus dir wird nichts" (Z. 1). Mit dieser deutlichen Aussage beginnt die Kurzgeschichte. Es ist ein scheinbar endgültiges, durch nichts mehr zu veränderndes Urteil, das über Achim – „unter Decken und

Problem

Kissen vergraben“ (Z. 4) – gefällt wird. So endgültig, dass man alle Hoffnungslosigkeit bezüglich des Sohnes, seines Tuns und seiner Aktivitäten aus der Sicht der Sprechenden förmlich hören kann. Gleichzeitig bereitet diese Aussichtslosigkeit den Eltern „offensichtlich Angst“ (Z. 3 f.). Eine Angst, die der Sohn spürt und die ihn zum Nachdenken bringt.

Textarbeit

Entsprechend der unterstellten Antriebslosigkeit sind Achims Bewegungen zunächst nur halbherzig. Er „schob sich halb aus dem Bett“ (Z. 6), zu einem wirklichen Aufstehen reicht es nicht. Dem Satz ist der Unwille anzumerken, mit dem der Junge sich bewegt. Begriffe wie „starren“ (Z. 7), „zu spät“ (Z. 6), „tonlose Melodie“ (Z. 8) oder „ungelebtes Leben“ (Z. 8 f.) vermitteln dem Leser ein trostloses Bild von seiner Verfassung. Dass er Musik einer Hardcore-Punkband schätzt, die den ebenfalls wenig lebensbejahenden Namen „Dead Kennedys“ (Z. 14) trägt, passt ebenfalls zu Achims Charakterisierung. Er wird als das schwarze Schaf der Familie, als der Loser dargestellt. Wie ein „unbeschriebenes Blatt Papier“ (Z. 7 f.) liegt nicht nur die Zimmerdecke weiß ausgebreitet, sondern auch sein Leben vor den Augen Achims.

Hinterfragen des Problems

Die im Text zitierte Passage aus einem Lied der Dead Kennedys macht den Widerstand gegen die Erwartungen der Eltern deutlich und bietet als Lösung das Aussteigen und Nachdenken an (vgl. Z. 14 f.). Ohne dass die Gedanken Achims im Einzelnen wiedergegeben werden, also eine personale Erzählsituation vorliegen würde, scheint der Rest der Geschichte eine geistige Auseinandersetzung mit den Vorwürfen der Eltern und seinem Selbstbild zu sein.

Wertung

Erzählzeit/ erzählte Zeit

Die aus personaler Perspektive erzählte Situationsbeschreibung, in der er das Aufstehen mit Hilfe der Musik der Dead Kennedys bewältigt, zum Fenster geht und sich dann dem Spiegel zuwendet, diesen mit einer Clownsmaske seines eigenen Gesichtes versieht und schließlich einschlägt, umfasst höchstens einen Zeitraum von 15 Minuten. In dieser sehr kurzen Zeitspanne erfahren wir unendlich viel über den Jungen mit seinem fahlen Gesicht und dem antriebslosen Verhalten, wobei die Autorin diesen ohnehin überschaubaren Zeitraum auf eine Geschichte verdichtet, deren Erzählzeit einen Umfang von etwa fünf Minuten ausmacht.

Der Spiegel dient hier sowohl als Motiv des möglichen zweiten Bildes, also der Widerspiegelung des Realen, als auch als Metapher für das, was wir im Innern gerne sein möchten. Motiv / Metaphorik

Achim nimmt sich im Spiegel als „glanzlos“ (Z. 14) und mit „blasse[m] Gesicht“ (Z. 13 f.) wahr. Und so sucht der Protagonist in seinem Kramkasten nach Schminke.

Er nimmt vor dem Spiegel Aufstellung und versieht diesen mit einer schwarz-weiß-blauen Kopie seines Gesichts, ganz so, als wolle er seinem glanzlosen Gesicht Farbe verleihen und sich gleichzeitig dahinter verbergen, um den Angriffen der anderen nicht mehr schutzlos ausgeliefert sein.

Aus dem Leben kennen wir die Situation, dass man sich nicht nur im Fasching hinter einer Maske verstecken möchte. Oft sind wir der Clown, bringen andere zum Lachen, obwohl es uns selber nicht gut geht. Wir wahren nach außen die Form, geben uns nicht zu erkennen. So baut sich auch Achim ein „Versteck“, hinter dem er sich für kurze Zeit verbergen kann und so vor Angriffen sicher ist. eigenes Beispiel

Nach Abschluss der Bemalung, die zu seiner Zufriedenheit ausfällt, macht er einen Schritt zur Seite und betrachtet die „Spiegelmaske“ (Z. 36), sein bleiches Gesicht daneben.

Und da begreift er, dass die Maske nicht von Nutzen ist, der Spiegel doch die blasse und angeblich nichtsnutzige Wahrheit zeigt. So holt er aus und schlägt die Faust in die Spiegelscheibe. Einsicht

Er lässt sie „in die Spiegelscheibe krachen“ (Z. 38), was an den Knall vom Anfang der Kurzgeschichte erinnert, als die Eltern die Tür seines Zimmers zuwarfen. Begann mit diesem Knall der Prozess der Auseinandersetzung mit den Vorwürfen seiner Eltern, dass er ein „Nichts“ sei, findet er mit dem krachenden Zersplittern des Spiegels seinen Abschluss. Aber nicht nur akustisch, sondern auch farblich wird der Wendepunkt in der Geschichte markiert: Aus der Wunde an der Hand, mit der Achim den Spiegel zerschlagen hat, rinnt Blut. Als er sich dieses ableckt, „wurde sein Gesicht rot verschmiert“ (Z. 41) und ist damit nicht mehr fahl und „blutleer“. Er benötigt keine Schminke mehr und kein Spiegelbild, das er nach den Wünschen seiner Eltern zu gestalten versucht, er besitzt Leben in sich, was das Blut zum Ausdruck bringt. Die lebendige rote Farbe hat der eher tristen „Spiegelmaske“ gefehlt. Ringkomposition / Metaphorik

Schluss

Das Ergebnis dieser Selbstvergewisserung ist, dass er, der sich am Anfang nur halb aus dem Bett zu schieben vermochte, sich

am Ende ankleidet, damit er „runtergehen und irgendwo seine Leute treffen kann“ (Z. 43). Es findet also eine Art Aufbruch statt, der zwar nicht ganz so verläuft, wie seine Eltern sich das vielleicht vorgestellt haben, aber Bewegung in Achims Leben bringt. Er weiß, was er tut. Zwar ist das Ende der Kurzgeschichte offen, aber wir verlassen die Hauptperson mit einer gewissen Hoffnung.
Trotzdem bleiben auch bange Fragen: Wer sind diese Leute, die er treffen will? Wie wird es mit Achim weitergehen? Könnte mir selbst diese Situation auch zustoßen? Alles offen, alles ohne wirkliches, definitives Ende.
Wie schade! Oder? Welch ein Glück! So bleibt uns die Hoffnung, alles könnte sich zum Guten wenden, wenngleich wir auch wissen, dass dies im wirklichen Leben nicht immer geschieht.

Wolfgang Borchert (1921–1947):
Der Kuss

Es regnet – doch sie merkt es kaum,
weil noch ihr Herz vor Glück erzittert:
Im Kuss versank die Welt im Traum.
Ihr Kleid ist nass und ganz zerknittert

und so verächtlich hochgeschoben,
als wären ihre Knie für alle da.
Ein Regentropfen, der zu Nichts zerstoben,
der hat gesehn, was niemand sonst noch sah.

So tief hat sie noch nie gefühlt –
so sinnlos selig müssen Tiere sein!
Ihr Haar ist wie zu einem Heiligenschein zerwühlt –
Laternen spinnen sich drin ein.

In: Borchert, Wolfgang: Das Gesamtwerk.
Hamburg: Rowohlt 1949, S. 21.

Arbeitsauftrag

Interpretieren Sie das Gedicht!

Lösungsvorschlag

Wolfgang Borchert lebte nur 26 Jahre, kam schwer krank aus dem verhassten Zweiten Weltkrieg zurück, der ihn um Hoffnungen, Ideale und um sein Leben betrogen hatte. Er verarbeitete das Schreckliche in Erzählungen und Dramen in melancholischer, oft satirischer Form. Und nun gibt es da sein Gedicht „Der Kuss", das auf verblüffende Weise heiter und leicht daherkommt. Der erste Eindruck, Zeuge eines besonderen Erlebnisses zu sein, bestätigt sich nach der genauen Analyse. Schnell werden Sie die wichtigsten Formmerkmale herausfinden: Drei Strophen, Jambus, Kreuz- bzw. Paarreim, lyrisches Ich als Beobachter. Dann nehmen Sie sich die Strophen einzeln vor und untersuchen, wie die Form den Inhalt sowie der Inhalt die Form unterstützt. Sie merken, dass es eine äußere Situation (Regen) und ein inneres Gefühl (Glück) gibt. Ein Kuss bewirkt diese tiefe, einmalige Empfindung. Der Dichter, der vor allem mit Vergleichen, Personifikationen und Metaphern arbeitet, erreicht, dass der Leser das Geschehen genau nachvollziehen und sich in die Frau, die Geküsste, hineinversetzen kann. Den Höhepunkt des Werkes finden Sie in der letzten Strophe. In der Einleitung erinnern Sie sich an die Tragödie „Romeo und Julia" von William Shakespeare, die Sie sicher im Deutsch- oder Englischunterricht behandelt haben, worin Romeo Julia küsst, obwohl sie sich noch nicht kennen. Am Schluss lohnt sich eine Überlegung, was wohl Liebe sei, das schönste Gefühl, das Menschen empfinden können.

Einleitung

Romeo küsst Julia

Romeo besucht maskiert ein Fest seines Erzfeindes Capulet. Er sieht Julia und schon ist es um ihn geschehen, er verliebt sich. Romeo hält sich auch nicht lange bei der Vorrede auf und küsst Julia, nachdem sie kaum zwei Worte miteinander gewechselt haben. Das Verblüffende dabei ist, dass Julia nicht etwa schreit oder sich wehrt, sondern dass sie auf das Spiel eingeht und zurückküsst. Sie ist auch nicht zufrieden mit der Kussfertigkeit des jungen Mannes: „Ihr küsst recht nach der Kunst", sagt sie und meint, dass er recht steif und nicht leidenschaftlich genug ist. Wie bekannt, werden Romeo und Julia ein Paar, jedoch unter tragischen Vorzeichen. Ihr Schöpfer Shakespeare lässt sie nicht glücklich werden, sondern sterben.

Borcherts „Der Kuss"

Ein Dichter aus dem 20. Jahrhundert, Wolfgang Borchert, ist ebenso fasziniert von der Liebe und schreibt ein Gedicht mit dem Titel „Der Kuss".

Hauptteil
Erster Eindruck

Schon nach erstmaligem Lesen gewinnt man den Eindruck, Zeuge von etwas Einmaligem zu sein. Man sieht ein Liebespaar vor seinem inneren Auge, das im Regen unter einer Straßenlaterne steht, sich innig küsst und die ganze Welt um sich herum vergisst. Es könnte ein kitschiger Text sein, denn vordergründig hat er alle Zutaten, die dafür gebraucht werden: „Herz" (V. 2), „Glück" (V. 2), „Kuss" (V. 3), „Traum" (V. 3), und das alles schon in der ersten Strophe. Aber nach genauerer Analyse bemerkt man schnell die Tiefe des Gefühls, die Einmaligkeit des Geschehens und die Erhabenheit des Augenblicks.

Formmerkmale

Das Gedicht besteht aus drei Strophen mit jeweils vier jambischen Versen. Das lyrische Ich beschreibt das Kusserlebnis einer Frau, womöglich den ersten Kuss ihres Lebens, aus der Distanz und dennoch ganz intim. Die äußere Situation kontrastiert mit dem inneren Gefühl. Die Jamben unterstützen die schwebende Stimmung, in der sich das Paar befindet. Die Gefühle schlagen Purzelbaum, die sich Küssenden haben die sprichwörtlichen Schmetterlinge im Bauch.

Inhalt

1. Strophe

Äußere und innere Situation

Die erste Strophe ist durch vierhebige Jamben und durch Kreuzreime gekennzeichnet. Die ersten zwei Worte „Es regnet" (V. 1) beschreiben die äußeren Gegebenheiten, es könnte auch ein Herbstgedicht oder eines über Wettererscheinungen werden. Nach einem Gedankenstrich, der die Beschreibung der äußeren Situation von der Schilderung des inneren Gefühls trennt, wird klar, dass es um ein Mädchen oder eine Frau geht, der etwas Besonderes widerfahren ist, denn sie bemerkt den Regen nicht, ausgedrückt durch die adversative Konjunktion „doch". Die Erklärung dafür, die mit einer weiteren Konjunktion eingeleitet wird, wodurch ein Kausalsatz entsteht, wird im zweiten Vers gegeben: „weil noch ihr Herz vor Glück erzittert". Das Ereignis ist also nicht lange her, denn das personifizierte Herz zittert immer noch. Der zweite Vers endet nicht mit einem Punkt, sondern mit einem Doppelpunkt, denn der Leser ist inzwischen neugierig geworden und möchte wissen, welches Ereignis so nachhaltig ins Leben der Frau eingegriffen haben mag. Er erfährt, dass ein Kuss der Urheber des tiefen Gefühlserlebnisses ist. Nun wird auch klar, warum die Person den Regen nicht wahrnimmt, der Kuss war so beeindruckend, dass die Welt im Traum versank (vgl. V. 3). Das Prädikat „versank" steht im Gegensatz zu den Verben in der ersten und zweiten Zeile im Präteritum, das Ereignis ist vorbei, aber das Hochgefühl dauert an. Die Frau könnte lachen, weinen oder schreien; es könnte plötzlich schneien, blitzen oder donnern, sie würde es nicht merken, denn sie ist in diesem Moment der glücklichste Mensch

Glück

Traum

der Welt. Sie befindet sich „im Traum“ (V. 3), also jenseits des realen Lebens, vielleicht in einer Scheinwelt, die sie sich ausmalt. Diese könnte von der Zukunft des Paares handeln, von der Hoffnung, noch viele solche Küsse erleben zu dürfen. Der vierte Vers führt zurück zur äußeren Situation, der Regen hat ihr Kleid durchnässt und es ist zerknittert. Der Kuss war innig, man hat sich berührt, umarmt und gedrückt.

2. Strophe

Beschreibung des Kleides

Ein Enjambement verbindet die erste mit der zweiten Strophe, denn das Kleid ist nicht nur nass und zerknittert, es ist auch noch „verächtlich hochgeschoben“ (V. 5). Das klingt etwas frivol, verächtlich kommt von verachten. Heute wäre es kein Problem für eine Frau, ihre nackten Knie zu zeigen bzw. sich mit ihrem Partner in der Öffentlichkeit zu küssen, doch es gab Zeiten, da war die Gesellschaft nicht so tolerant und freizügig. Vielleicht gehörte die erste Hälfte des 20. Jahrhunderts noch dazu? Ist die Frau zu verachten, weil man ihre Knie sieht (vgl. V. 6)? Die Aussage wird relativiert durch den Vergleich im Konjunktiv: „als wären ihre Knie für alle da“. Schon in den nächsten zwei Versen wird klargestellt, dass die Verliebten allein sind und kein anderer Mensch zusieht, nur ein Regentropfen, und der ist auch noch „zu Nichts zerstoben“ (V. 7). Ein personifizierter zu einem Nichts zerstobener Regentropfen hat paradoxerweise gesehen, „was niemand sonst noch sah“ (V. 8). Ein schönes Bild für die einsame Insel, auf der sich die Liebenden symbolisch befinden. Der fünfte Vers knüpft auch in der Versform nahtlos an die erste Strophe an, indem er wie diese vier Hebungen hat. Die folgenden drei Verse besitzen dann je fünf Hebungen, wodurch die Zweisamkeit der beiden betont wird und auch, dass keine Zuschauer da waren, worauf das lyrische Ich wohl besonderen Wert legt. Genau wie in der ersten Strophe werden die Kreuzreime fortgesetzt.

Allein zu zweit

3. Strophe

Höhepunkt

Besonderheiten

Die letzte Strophe stellt den Höhepunkt des Gedichtes dar, denn sie weist einige Besonderheiten auf, die diesen Schluss zulassen. Die Reimform wechselt, die Versform variiert. Die Verse neun und zehn, die jeweils anaphorisch mit „so“ beginnen, lesen sich wie eine Quintessenz, wie etwas, was vorher nicht da war und vielleicht nie wieder kommt. Eine gewisse Endgültigkeit, in der auch etwas Wehmut oder Naivität steckt, wird beschrieben.

Vergleich

Ein Vergleich mit anderen Lebenssituationen wird indirekt hergestellt, der darauf hinausläuft, dass die Person noch nie so tief gefühlt hat (vgl. V. 9). Der Gedankenstrich am Ende der Zeile wirkt, als fehlten dem lyrischen Ich die Worte, man könne dieses Gefühl nicht adäquat beschreiben. Nach dieser Pause ringt es sich dann einen Vergleich ab, der aber dennoch nicht alles ausdrückt, was die Frau an Gefühl in sich trägt: „[...] so sinnlos selig müssen Tiere sein!“ (V. 10), zudem versehen mit einem Ausrufezeichen. Der Verstand ist ausgeschaltet, das Fühlen konzentriert sich ganz und gar auf den Partner und dessen Zärtlichkeit. Es gibt keine Erklärung, kein Ergebnis, keine Schlussfolgerungen, kein Nachdenken.

„Liebe ist“

In diesem Moment empfindet die Frau, was die Sängerin Nena in einem Lied besingt und was man tatsächlich nicht anders ausdrücken kann: „Liebe ist“. Sie verharrt im Nachgefühl dieses außergewöhnlichen Kusses, die Zeit bleibt stehen, die Welt dreht sich nicht weiter, die Frau *ist* einfach. Der Leser wird durch einen Vergleich aus dem Zustand des Nacherlebens herausgerissen, indem das Haar der weiblichen Person mit einem Heiligenschein in Verbindung gesetzt wird und Laternen sich metaphorisch darin einspinnen. „[S]elig“ (V. 10) und „Heiligenschein“ (V. 11) korrespondieren miteinander und verleihen der Frau etwas Übernatürliches, Engelhaftes. Das Haar ist zerwühlt, die Hände des Partners waren also nicht nur am Kleid, sondern auch in den Haaren. Sie hat es zugelassen und genossen. Das „zerwühlt“ (V. 11) wirkt wie ein Ausatmen oder ein Verlängernwollen des schönen Augenblicks. Es schwebt, auch unterstützt durch den Gedankenstrich. Wie ein Zurückholen in die Realität, vielleicht sogar ein bisschen hilflos, wirkt die letzte Zeile: „Laternen spinnen sich drin ein.“ Darin steckt der Wunsch, dass die Beziehung lange dauern möge.

Verlängerung des Augenblicks

Form

Unterstützt wird die Erhabenheit des Geschehens durch die Form. Der Dichter verwendet wieder Jamben, die variierende Hebungen haben: vier, fünf, sechs, vier, die wohl die überschwänglichen Regungen wiedergeben sollen. In Zeile elf kommt es durch den „Heiligenschein“ zu mehr Senkungen und dadurch zu einer Verlängerung beim Sprechen sowie zur besonderen Betonung auf diesem Wort. Dadurch wiederum tritt das „zerwühlt“ hervor, bleibt stehen und verstärkt die inhaltliche Naivität. Als Leser ist man geneigt, dem Paar Glück zu wünschen für seine Zukunft. Es möge sich diese Losgelöstheit von der Trivialität der Welt und die Intensität in seiner Beziehung erhalten.

Romeo küsst Julia steif. Die Frau in diesem Gedicht wird leidenschaftlich und feurig geküsst. Aber Liebe ist jeweils der Grund für die Zärtlichkeit. Welche Formel hat Liebe? Reichen ein paar romantische Küsse, um eine Partnerschaft einzugehen oder zu festigen? Sicher nicht. Wissenschaftler wollen festgestellt haben, welche Zutaten gebraucht werden: Äußerer Schein und Macht der Gene, der Zufall, die gute Gelegenheit und ein noch nicht völlig erforschtes Organ in der Nase. Das mag stimmen oder auch nicht. Allzu wissenschaftlich sollte man nicht an das Phänomen Liebe herangehen und besser Gefühle sprechen lassen. Schmetterlinge im Bauch sind ziemlich sichere Zeichen, dass es einen „erwischt" hat. Zumindest die Schmetterlinge haben auch Romeo und Julia schon gespürt, sind ein Paar geworden und glaubten sich allein und selig auf dieser Welt.

Schluss

Was ist Liebe?

Gefühle

Georg Heym:
Berlin (1911)

Schornsteine stehn in großem Zwischenraum
Im Wintertag, und tragen seine Last,
Des schwarzen Himmels dunkelnden Palast.
Wie goldne Stufen brennt sein niedrer Saum.

Fern zwischen kahlen Bäumen, manchem Haus,
Zäune und Schuppen, wo die Weltstadt ebbt,
Und auf vereisten Schienen mühsam schleppt
Ein langer Güterzug sich schwer hinaus.

Ein Armenkirchhof ragt, schwarz, Stein an Stein,
Die Toten schaun den roten Untergang
Aus ihrem Loch. Er schmeckt wie starker Wein.

Sie sitzen strickend an der Wand entlang,
Mützen aus Ruß dem nackten Schläfenbein[1],
Zur Marseillaise[2], dem alten Sturmgesang.

In: Heym, Georg: Dichtungen und Schriften.
Hg. von Karl Ludwig Schneider. Bd. 1.
Hamburg und München: Ellermann 1964, S. 188.

Erläuterungen

1	Schläfenbein	Schläfe: Seite der Stirn; Stelle, auf der der/die Schlafende ruht. Bein: ältere Bezeichnung für Knochen.
2	Marseillaise	Erstmalig während der Französischen Revolution am 30. Juli 1792 von einem Freiwilligenbataillon beim Einzug in Paris gesungenes Revolutions- und Freiheitslied.

Arbeitsauftrag

Interpretieren Sie das Gedicht!

Lösungsvorschlag

Die Aufgabenstellung gibt keine Aspekte zur Bearbeitung an, somit müssen Sie die wesentlichen Kriterien selbst herausfinden, die sich zur Interpretation des Gedichtes anbieten. Für die Einleitung könnten Sie einen motivierenden Einstieg überlegen. So wäre es möglich, mit einer persönlichen Berlin-Erfahrung oder mit dem Bild der heutigen Metropole Berlin zu beginnen. Letzteres wurde im nachfolgenden Aufsatz verwendet. Zu diesem heutigen Bild Berlin wird das konträre Bild Berlins aus dem Gedicht gesetzt. Daher gelingt es Ihnen, die Kernaussage des Dichters zu erfassen und den lyrischen Text in die Epoche des Expressionismus einzubetten. Aufgrund der traditionellen Gedichtform wird die Form des Sonetts klar. Ein Übersichtssatz (Titel, Dichter, Textsorte (Sonett) sowie Kernaussage) kann somit notiert werden. Zur Darstellung des Hauptteils sollten Sie folgende Aspekte berücksichtigen:

- *Inhalt und Aufbau*
  Achten Sie dabei besonders auf die Inhalte der Quartette und Terzette, den Reim, das Versmaß, Rhythmus und die Enjambements.
- *Sprache und Stil*
  Auf keinen Fall sollten die sprachlich-stilistischen Besonderheiten losgelöst vom Inhalt dargelegt werden. Es ist wichtig, eine Inhalt-Form-Beziehung zu bewahren. Beachten Sie hierbei auch die Metaphorik und Farbsymbolik des Expressionismus.
- *Darlegung der expressionistischen Kennzeichen (Kritik an der gesellschaftlichen Erstarrung, die Angst und Verzweiflung der Menschen; Suche nach dem Sinn des Lebens).*

Im Schlussteil sollten Sie ein Fazit und die Botschaft des Dichters darlegen können.

Motivierender **Einstieg** mit dem Begriff „Berlin"

Berlin ist die Hauptstadt der Bundesrepublik Deutschland und Weltmetropole zugleich. Jedes Jahr finden zahlreiche kulturelle, politische und wirtschaftliche Veranstaltungen statt. Kennzeichnend für diese Groß- und Weltstadt sind einerseits bedeutende Sehenswürdigkeiten und andererseits die Infrastruktur und das multikulturelle Flair. Ein modernes, pulsierendes und belebendes Bild prägt Berlin heutzutage.

Bezug zum Gedicht (Autor, Titel, Kernaussage, Epocheneinordnung)

Im völligen Kontrast dazu erscheint das Bild Berlins in dem gleichnamigen Gedicht von Georg Heym aus dem Jahre 1911. Hier wird ein fast erstarrtes Bild vom Leben in der Großstadt erkennbar. Die Industrie beherrscht den vorstädtischen Lebensraum, in dem Menschen nicht mehr anzutreffen sind. Nur noch die Ärmsten der Armen, die unter dem Begriff „[d]ie Toten" (V. 10) zusammengefasst werden, sind zurückgeblieben und beobachten den Sonnenuntergang.

Hauptteil

In Heyms Gedicht werden pessimistische und desillusionierte Gedanken ersichtlich. Da das Gedicht 1911 erschien, ist es in die Epoche des Expressionismus einzuordnen. Der Dichter hat die strenge und traditionelle Gedichtform des Sonetts gewählt, um zu provozieren.

Inhalt
– Aufbau

Der lyrische vierzehnzeilige Text besteht aus zwei Quartetten und zwei Terzetten, welche jeweils Enjambements enthalten. Die strenge Form mit ihrer Regelmäßigkeit fordert hier zur Durchbrechung heraus. Sprachliche Strukturen wurden im Expressionismus verändert. Durch die Inkongruenz von Vers- und Satzgliederung sowie durch den Jambus erhält das Gedicht einen traurigen, langsamen, fast stockenden Rhythmus.

– Inhalt und Stilfiguren in den Quartetten

In den Quartetten kriecht das Leben in der Großstadt nur noch so dahin. Erstarrung, Enge und Kälte sind festzustellen. Anhand folgender Textpassagen wird dies deutlich: „Schornsteine stehn in großem Zwischenraum" (V. 1), „Im Wintertag" (V. 2). In der dritten Verszeile wird durch die Metapher „Des schwarzen Himmels" (V. 3) ein düsteres Bild deutlich. Weiterhin zeigt sich Trostlosigkeit anhand folgender bildhafter Aussagen: „zwischen kahlen Bäumen" (V. 5) und „wo die Weltstadt ebbt" (V. 6). Außerdem werden diese Trostlosigkeit und die Kälte durch die Personifikation des Zuges in den Verszeilen 7 und 8 verstärkt: „Und auf vereisten Schienen mühsam schleppt | Ein langer Güterzug sich schwer hinaus" (V. 7 f.). Durch die Verben „stehn" (V. 1), „ebbt" (V. 6) und „schleppt […] sich" (V. 7 f.) wird eine nachlassende und zum Stillstand kommende Bewegung gekennzeichnet. Durch das Adjektiv „mühsam" (V. 7) erhält diese Verlangsamung eine zusätzliche Bekräftigung. Anhand der inhaltlichen und sprachlichen Darstellung in den Quartetten wird das Bild vermittelt, dass es keine Hoffnung, keinen optimistischen Blick auf das Großstadtleben gibt.

– Inhalt und Stilfiguren in den Terzetten

In den Terzetten setzt sich die Trostlosigkeit fort. Die Toten betäuben sich mit dem Anblick des roten Sonnenuntergangs und mit alten Revolutionsliedern, besonders der Marseillaise. Die neunte Verszeile „Ein Armenkirchhof ragt, schwarz, Stein an Stein" (V. 9) trifft das trostlose Dasein. Durch das Verb „ragt" kann man sich vorstellen, dass der Armenkirchhof ein zentraler Platz ist. Interessant ist die Wortwahl „Armenkirchhof". Warum

wurde hier nicht die Bezeichnung „Friedhof" gewählt? Es wird das Bild armer Menschen hier bekräftigt. Diese Menschen gehören der sozial schwachen Gruppe des Proletariats an und durch ihr Äußeres wirken sie wie tote Wesen. Ihre Gesichter sind gekennzeichnet von der Armut und der schmutzigen Luft, Ruß zeigt sich im Gesicht (vgl. V. 13). Ihre Gesichter sind fahl. Ein typisches Bild vom verlorenen Arbeiter lässt sich hier erkennen. Das Proletariat hat keine Chance auf ein besseres Leben. Somit wirkt es wie tot. Die toten Gesichter sehen dem Untergang der Sonne entgegen oder sehen in ihm ganz und gar den Weltuntergang (vgl. V. 10/11).
Durch den Vergleich „Er schmeckt wie starker Wein" (V. 11) erscheint dieser Untergang für die „Toten" als Betäubung bzw. als Rausch, der sie ihr trostloses Dasein vergessen lässt.
Im letzten Terzett lässt sich eine monotone Bewegung durch das Stricken erkennen: „Sie sitzen strickend an der Wand entlang" (V. 12). Aufgrund der rußenden Schornsteine sind ihre Mützen, die bis zum Schläfenbein getragen werden (vgl. V. 13), total verschmutzt, „aus Ruß" (V. 13).

Kernaussagen zur Metaphorik

Heyms Gedicht läuft auf eine vollständige Desillusionierung hinaus. Im lyrischen Text werden Bilder der Hoffnung im Keim erstickt. In der Rede vom „Untergang" (V. 10) und von „goldne(n) Stufen" (V. 4) am Himmel klingt die christliche Vorstellung des Jüngsten Tages, d. h. des letzten Tages, an. An diesem Tag stehen die Toten auf, das Jüngste Gericht findet statt und für die Gerechten setzt das ewige Leben ein. So ist möglicherweise mit der Marseillaise das Vertrauen auf sozialen Fortschritt und ein besseres Leben verbunden.
Vermutlich tragen die Toten rebellische Gedanken, kritisieren im Innern ihre Lage, sind verzweifelt und möchten sich der Situation widersetzen, denn sie denken an die Revolution, die eine erhoffte Erlösung darstellen könnte. Jedoch der Glaube an die alten Verheißungen ist geschwunden. Das Weltuntergangsszenario weckt keine Hoffnungen auf ein besseres Jenseits mehr, die Marseillaise ist nur noch Begleitmusik für ein aussichtsloses, mechanisches und monotones Verhalten.

Schluss
Fazit

Die Quartette und Terzette sind miteinander verbunden, da Beschreibungen und Stimmungen aus den Quartetten in den Terzetten weitergeführt werden. Wie die Schornsteine der Großstadt ragen die Grabsteine schwarz in den Himmel, auch für die Toten scheint der Sonnenuntergang ein Kontrast zu Dunkelheit, Kälte und Enge zu bilden und – wie die Marseillaise – zumindest eine Erinnerung an eine erhoffte Erlösung zu sein.

Merkmale des Expressionismus

Expressionistische Merkmale, wie beispielsweise die Kritik an der gesellschaftlichen Erstarrung, die Angst und Verzweiflung der Menschen sowie die Suche nach dem Sinn des Lebens, lassen sich deutlich erkennen. Auch das Ausschöpfen der Kraft sprachlicher Mittel ist ein Kennzeichen dieser Epoche. Füllwörter und Partikel wurden weggelassen, damit keine Beschönigung, sondern eine Provokation zum Ausdruck kommt. So wurde auch gern mit Farbsymbolik gearbeitet. Diese wird auch im Gedicht „Berlin" verwendet (vgl. V. 3, V. 9 und 10). Die Farbe Schwarz (vgl. V. 3 und 9) unterstreicht das trost- und hoffnungslose Bild des Lebens. Dazu wird die Farbe Rot (vgl. V. 13) mit dem Untergang in Verbindung gebracht.

Die Epoche des Expressionismus wird zum einen bestimmt durch das vom Kaiserreich geprägte Bürgertum und zum anderen durch die hoffnungslose Lage der einfachen Arbeiter. Weiterhin gehen Vorahnungen des Ersten Weltkrieges in die Literatur dieser Zeit ein.

Botschaft des Dichters

Während die kritische Sicht der Zeit einige Frühexpressionisten in Aufbruchstimmung versetzt und sie mit neuen Formen experimentieren lässt, bleibt der Dichter bei der traditionellen Form des Sonetts. Er provoziert vor allem dadurch, dass er keine Hoffnung, keinen optimistischen Blick auf das Großstadtleben oder das Leben generell zulässt. In seinem lyrischen Text zeigt Georg Heym die Perspektivlosigkeit des Proletariats in der Großstadt und greift dabei die Industrialisierung und Verstädterung an.

Text 1:
Matthias Claudius, Abendlied (1779)

Der Mond ist aufgegangen
Die goldnen Sternlein prangen
Am Himmel hell und klar;
Der Wald steht schwarz und schweiget,
Und aus den Wiesen steiget
Der weiße Nebel wunderbar.

In: Claudius, Matthias: Sämtliche Werke.
München: Winkler 1968, S. 217 f. (gekürzt).

Text 2:
Karlhans Frank, Abendlied (1973)

Der mond ist aufgegangen,
die goldnen sternlein prangen,
mein freund, du siehst es nicht,
weil aus profitfabriken
die menschen nebel schicken,
gefährlich, giftig, stinkend, dicht.

In: Manfred Ach, Manfred Bosch (Hg.):
Gegendarstellungen. Lyrische Parodien.
Andernach: Ascher 1974 (gekürzt).

Arbeitsauftrag

Interpretieren Sie die Gedichtanfänge im Vergleich!

Lösungsvorschlag

Es handelt sich hier um eine vergleichende Gedichtinterpretation. Der Schreibende ist also gezwungen auf beide Verfasser entweder gleichmäßig einzugehen oder den Schwerpunkt auf eines der beiden Gedichte zu legen und das andere dann zum Vergleich heranzuziehen. In jedem Fall müssen beide Gedichte von der Entstehungszeit her eingeordnet werden. Falls möglich, kann man sich auch zum Verfasser äußern. Anschließend wird der Inhalt kurz zusammengefasst. Dann beschäftigen Sie sich intensiv mit den einzelnen Aussagen, versuchen sie in einem Zusammenhang zu sehen, sowohl das Ausgangsgedicht betreffend als auch das zu vergleichende. Dabei spielt die Absicht des Dichters eine große Rolle: Welche Botschaft übermittelt er uns heute in unserer Zeit? Mit welcher Wortwahl tut er dies? Unterstreicht sie seine Absicht? Welche Aussagen sprechen uns besonders an, lassen uns nachdenken? Zu welchen Schlussfolgerungen kommen wir, wenn wir diese Texte lesen? Alle diese Fragen sollten bearbeitet werden. Am Schluss steht dann ein entsprechendes Fazit, das wertend zusammenfasst.

Einleitung
Zur Lyrik

Lyrische Werke sind eine besondere Form der Literatur. Wenn wir sie betrachten, so verlangt dies immer auch, dass wir uns in Gedichte hineinfühlen und -denken, und dies in einem außergewöhnlichen Maß. Im Lauf der Epochen hat die Lyrik immer wieder eine besondere Rolle gespielt. Oft wird ihr allein die Aufgabe zugedacht, Emotionen und Stimmungen darzustellen. Dass dies nicht die gesamte Bandbreite der Lyrik abdeckt, wird im folgenden Gedichtvergleich sichtbar. Es handelt sich um zwei Gedichte mit dem gleich lautenden Titel „Abendlied", was dazu verleiten könnte auch inhaltlich Ähnliches zu erwarten.

Hauptteil
Epochale Einordnung

Die Entstehungszeit der Gedichte unterscheidet sich um etwa 200 Jahre. Das Werk von Matthias Claudius entstand in der Literaturepoche des Sturm und Drang/Klassik, während Karlhans Franks Parodie politisch ausgerichtete Gegenwartsliteratur darstellt, die in diesem Fall bewusst nach Gegenpositionen sucht und diese auch findet.

Äußere Form/
Reimschema/
Rhythmus

Beide Gedichte werden in gekürzter Form betrachtet, nämlich jeweils nur die erste Strophe. Diese besteht in beiden Fällen aus sechs Versen. Sie folgen dem gleichen Reimschema, was den Bezug des modernen Textes auf das Claudius-Gedicht noch deutlicher werden lässt: So stehen die Zeilen eins und zwei im Paarreim, während die Verse drei bis sechs einen umarmenden (umschließenden) Reim darstellen. Dieses Reimschema aabccb bezeichnet man auch als Schweifreim. Beim Versmaß handelt es sich um einen dreihebigen Jambus. Die Betonung folgt einem gleichmäßigen Rhythmus mit drei Hebungen und drei Senkungen. Nur der letzte Vers enthält jeweils vier Hebungen. Beide Gedichte erinnern in ihrer einfachen Form an das Volkslied.

Romantisches Gedicht

Claudius betrachtet die Natur im eigentlichen Sinne. Er zeichnet das Bild eines romantischen Abends mit allem, was dazu gehört: Mond, Sterne, Wald und weißem Nebel. Der Leser fühlt sich gleichsam in eine andere Welt versetzt, die gleichzeitig nah und fern ist. Sie hat nichts mit dem täglichen Rennen und Hasten zu tun, das den Alltag bestimmt.

Gegensatz

Frank folgt dem Claudius-Text in den ersten beiden Versen. Beinahe scheint er uns damit zu ermüden. Denn, wenn wir die Gedichtanfänge nacheinander lesen, so meinen wir, er habe von seinem Vorgänger „abgeschrieben". Dann jedoch wendet er sich appellativ an seinen Freund, dem er erklärt, warum er den Mond und die Sterne nicht sehen kann: weil profitgierige Fabriken einen besonderen Nebel durch Menschenhand produzieren – „gefährlich, giftig, stinkend, dicht" (Text 2, V. 6). Hier setzt also eine harte Kritik an den Taten der Menschen seiner Zeit ein. Der Dichter bezieht sich dabei nicht auf einen Einzelnen, sein Bestreben ist es offensichtlich, dem Leser zu zeigen, dass „der Mensch im Allgemeinen" zur Gier neigt und in dieser Verhaltensweise keine Rücksicht auf die Befindlichkeiten anderer nimmt. Der eigene Vorteil zählt, nichts anderes. Das zweite Gedicht folgt also offensichtlich nicht der Intention, uns das Schöne an der Natur und in ihr zu zeigen, sondern den Menschen selbst als Verursacher der Zerstörung all dessen zu sehen, was ihn an natürlicher Schönheit umgibt. So zerstört er seine eigene Lebensgrundlage und damit das Leben selbst.

Moralische Wertung durch den Dichter

Gegensätzliches beider Gedichte

Nun ist der Unterschied in der inhaltlichen Sicht der beiden Autoren klar: Im ersten Fall sehen wir die nahezu reine Auseinandersetzung mit der uns umgebenden Natur, mit dem, was sie uns an Schönem, Eindrucksvollem, Aufregendem bieten mag. Das zweite Gedicht sieht den Menschen als Akteur im Vordergrund, er ist derjenige, der Schuld auf sich lädt, der gnadenlos vernichtet, wenn es Profit bringt. Hier ist der Lyriker auch Gesellschaftskritiker und nicht nur derjenige, der den Menschen schöne Sprache und ihre Verwendung zeigt. Wie er diese Inhalte in ironischer Form „verpackt", ist besonders bedeutsam und lässt den Leser vielleicht sogar lachen, bevor er ins Nachdenken verfallen mag.

Claudius bedient sich einer einfachen, volksliedhaften Sprache. Neben gebräuchlichen Substantiven wie „Mond“ (Text 1, V. 1), „Himmel“ (Text 1, V. 3), „Wiesen“ (Text 1, V. 5) und „Nebel“ (Text 1, V. 6) stehen ebenso klar verständliche Verben und Adjektive: „die goldnen Sternlein“ (Text 1, V. 2), „am Himmel hell und klar“ (Text 1, V. 3) oder „Der Wald steht schwarz“ (Text 1, V. 4). Die Formulierungen und sprachlichen Bilder sind überschaubar und für jeden nachzuvollziehen.

Sprachgebrauch bei Claudius

Als Stilmittel fallen Personifikationen auf – „Der Wald steht schwarz und schweiget“ (Text 1, V. 4) – und die Inversion – „Und aus den Wiesen steiget I Der weiße Nebel wunderbar“ (Text 1, V. 5 f.) –, die in ihrer Wirkung die Bildhaftigkeit bekräftigen. Außerdem steht das Wort „wunderbar“ (Text 1, V. 6) in einem Doppelsinn: Einerseits kann das Wunder der Natur Gegenstand der Betrachtung sein, andererseits findet das Wort auch in der Bedeutung von „sehr schön“ eine Entsprechung. Die Verben sind teilweise mit den Endungen „-et“ versehen („schweiget“, „steiget“), was aus heutiger Perspektive sehr altertümlich wirkt.

Demgegenüber ist die Kleinschreibung der Substantive in Franks Gedicht ein häufiges Merkmal lyrischer Gegenwartstexte, die auch auf dieser Ebene die Abgrenzung zu allem Früheren suchen.

Kennzeichen des modernen Gedichts

Insgesamt erzielt Claudius mit seinem geschickten Sprachgebrauch, wie zum Beispiel der Alliteration in „schwarz und schweiget“ (Text 1, V. 4), einen intensiven Eindruck seiner Naturschilderung, die trotz des hereinbrechenden dunklen Abends eine friedliche, positive Ausstrahlung hat.

Gegenüberstellung des Sprachgebrauchs

Im Gegensatz dazu ist die Sprache bei Frank von der dritten Zeile an Angst erregend und teilweise böse anmutend. Und dies will der Verfasser auch so. Mit der persönlichen Ansprache des Lesers/Hörers als „mein freund“ (Text 2, V. 3) begeht das lyrische Ich einen geschickten Schachzug, denn schon durch die nächste Äußerung, „du siehst es nicht“ (Text 2, V. 3), entsteht ein Bruch mit der romantischen Abendstimmung bei Claudius.

Direkt schließt sich die Begründung an, der Bruch wird aufgeklärt: „weil aus profitfabriken die menschen nebel schicken“ (Text 2, V. 4 f.). Der Verursacher wird offen genannt, wenngleich der allgemeine Begriff des „menschen“ (Text 2, V. 5) uns nur im Zusammenhang mit dem zuvor gebrauchten „du“ betroffen macht. Frank beendet die Strophe mit einer Furcht einflößenden Klimax: „gefährlich, giftig, stinkend, dicht“ (Text 2, V. 6). Von der nicht genauer beschriebenen Gefahr steigert sich – einem Aufschrei gleich – die Akkumulation der Adjektive bis zu dem Begriff „dicht“, der den Leser förmlich nach Luft ringen lässt.

Veränderung der Aussage

Aus der anfänglich analog zu Claudius gebrauchten Sprache wird eine völlig andere mit einer ebenso veränderten Aussage, die nicht mehr die Naturschönheit des Abends betrachtet, sondern den Menschen als den „Mörder“ der Natur, und damit auch seiner selbst, brandmarkt.

Schluss
Abschließender Vergleich

So kann man schließlich feststellen, dass die zu Anfang so verführerisch gleich aussehenden Gedichte durch die Veränderungen, die in dem moderneren vorgenommen wurden, kaum noch etwas Verbindendes haben. Wenn es eine Gemeinsamkeit gibt, dann die, dass auch an unserem Himmel die Sterne noch prangen, nur wissen wir nicht, wie lange noch, wenn wir uns so verhalten, wie das zweite Gedicht es beschreibt.

Günter Kunert (*1929): **Das Bild der Schlacht am Isonzo**[1]

Auch der Maler war in der Schlacht gewesen; bald danach fertigte er ein Gemälde an, auf dem er darstellte, was er gesehen hatte: Im Vordergrund lagen Sterbende, denen die Gedärme aus den aufgerissenen Leibern quollen, und Leichen, über die Pferde und Tanks weggegangen, daß bloß blutiger Brei geblieben, geschmückt mit Knochensplittern. Dahinter stürmten die Soldaten der gegnerischen Heere aufeinander zu, in besudelten Uniformen, angstverzerrt die Gesichter. Im Hintergrund, unterhalb des Befehlsstandes, waren Offiziere dabei, Weiber zu schwängern, Kognak zu saufen und die Ausrüstung ganzer Kompanien für gutes Geld zu verhökern.
Dies war das Bild, und es hing im Atelier des Malers, als ein Besucher erschien, der sich porträtieren lassen wollte und durch Wesen und Benehmen sich als alter General zu erkennen gab. Er erschrak vor dem Bild.
So sei die Schlacht nie gewesen, rief er, das Bild lüge! Sein blinzelnder Blick fuhr kreuz und quer das Werk ab und entdeckte dabei hinter dem zerschmetterten Schädel eines Toten eine kleine Gestalt, die trommelnd und singend und mit kühn verschobenem Helm aufs Schlachtfeld lief. Dieses Detail kaufte der General, ließ es aus dem Gemälde schneiden und einrahmen: Damit künftige Generationen sich ein Bild machen könnten von der großen Schlacht am Isonzo.

In: Günter Kunert: Tagträume in Berlin und andernorts. München: Hanser 1972.

1 Isonzo: italienischer Fluss nordwestlich von Triest, Platz von Schlachten im 1. Weltkrieg.

Arbeitsauftrag

Interpretieren Sie die Anekdote!

Lösungsvorschlag

Bei der Bearbeitung der Aufgabe sind mehrere Probleme zu lösen. Zuerst müssen Sie einen einführenden Abschnitt zum Thema „Was ist eine Anekdote und welche Ziele verfolgt sie" erarbeiten. Hier sollten Sie wissen, dass es sich um eine epische Kleinform handelt, die pointiert charakteristische Geschehnisse meist im Zusammenhang mit historischen Persönlichkeiten oder Ereignissen spiegelt. Dabei muss das Erzählte nicht real stattgefunden haben. Häufig werden in Anekdoten Personen nicht mit Namen versehen, damit sie gleichsam als Beispiel für die Handlungsweise von Menschengruppen stehen können. Die Anekdote enthüllt menschliche Charakterzüge und führt uns als Leser zu einer Bewertung des Vorgehens der Personen in der geschilderten Situation. Also wird uns – ähnlich wie in Fabel oder auch Parabel – eine Art moralische Botschaft geliefert, um deren Erkenntnis und Wertung Sie Sich nun bemühen und sie, soweit das möglich ist, auf das heutige Leben beziehen.
Im nächsten Arbeitschritt werden Sie den Text kurz wiedergeben und die wesentliche Handlung hervorheben. Dabei wird deutlich, welche Zielrichtung der Text verfolgt. Anhand der Textarbeit erklären Sie dann charakteristische Situationen und Botschaften und bearbeiten die Fragen des Stils. Sie müssen sich also als Verfasser des Aufsatzes fragen, warum der Schriftsteller gerade diese Sichtweise der Dinge präsentiert und ob die Absicht des Verfassers/Erzählers deutlich wird. Aus dieser Sicht werten Sie als Schreibender und fassen ihre Erkenntnisse zusammen.

Einleitung

Im Alltag versteht man unter einer Anekdote eine kleine, bemerkenswerte Geschichte aus dem Leben eines Menschen, die meist in geselliger Runde zum Besten gegeben wird. Als Literaturform liegt die eigentliche Blütezeit der Anekdote schon im 18. Jahrhundert. Damals war sie eine Gattung, die häufig verwendet wurde. Es mag sein, dass die Menschen durch den Mangel an anderen Medien gezwungen waren, sich auf diesem Weg Neuheiten und Ereignisse zu verschaffen, die geeignet erschienen zu einer Entwicklung einer moralischen Sichtweise auf die Dinge. Auch der Dichter Heinrich von Kleist (1777–1811) schrieb einige Anekdoten.
In unserer heutigen, schnelllebigen Zeit sind wir auf diese Werke vordergründig nicht mehr angewiesen. Man benutzt die Tageszeitung, Radio, Fernsehen, Internet und erhält einen Eindruck von dem, was geschehen ist, meist verbunden mit einer möglichen wertenden Einsicht.

Dennoch werden auch heute noch Anekdoten geschrieben, so etwa die aus der Zeit um 1970 stammende Anekdote „Das Bild der Schlacht am Isonzo“ von Günter Kunert. Sie vermittelt bereits durch die Überschrift einen Hinweis auf eventuell zu erwartende moralische Botschaften, die sich mit der Situation des Krieges und seiner Auswirkungen beschäftigen könnten.

Hauptteil
Textgrundlage, Thema

In einem fast kühl-distanzierten Sprachstil stellt der Schriftsteller Günter Kunert fest, dass ein Maler, der an der Schlacht am Isonzo teilgenommen hat, ein Bild von selbiger anfertigt. Dieses wird, den realen Geschehnissen entsprechend, sehr grausam. Nach der Fertigstellung hängt das Bild in seinem Atelier, bis eines Tages ein ehemaliger General kommt und es besichtigt. Dieser ist von dem Bild und seiner furchtbaren Aussage gar nicht angetan und meint, dass die Schlacht so nicht gewesen sei. Er zeigt sich wütend sowie enttäuscht und versucht lange, einen Hinweis zu erlangen, dass das Bild irgendeine positive Botschaft beinhalte. Schließlich sieht er eine winzige Figur, die gleichsam wie ein Soldat aus dem Bilderbuch durch das Bild zu laufen scheint, „trommelnd und singend“ (Z. 15). Diesen kleinen Bildausschnitt kauft der General, lässt das Gemälde zerschneiden und nimmt nur die kleine Figur mit, auf dass spätere Generationen die „Wahrheit“ über die Schlacht erfahren sollen.

Zusammenfassung des Inhalts

Nach dem Lesen des Textes fragt sich der Leser bestimmt, wie verblendet man sein muss, um bei all der gezeigten Grausamkeit kriegerischen Tuns eine solche Winzigkeit als das Wesentliche anzusehen. Offensichtlich zeigt diese Anekdote nicht nur, wie sehr wir als Menschen von unserer Einstellung zu den Dingen abhängig sind, sondern auch, dass das alte Sprichwort Recht zu haben scheint, welches besagt, dass die Wahrheit über eine Sache im Auge des Betrachters liegt. Für uns aber, die Schüler von heute, ist die Frage wichtig, ob nicht Krieg immer Krieg bleibt, also Leiden und Schrecken verbreitet, Unschuldige sterben lässt und nur eine Botschaft haben könnte, die da lautet: Krieg ist die schlimmste aller Möglichkeiten.

Wertende Problemerfassung

Günter Kunert bedient sich eines kargen, fast emotionslosen Sprachstils, der an eine Berichterstattung erinnert. Dies wird in knappen Sätzen deutlich, wie zum Beispiel: „Auch der Maler war in der Schlacht gewesen“ (Z. 1) oder „Dies war das Bild“ (Z. 10). Auf den zweiten Blick jedoch fällt auf, dass neben diesen kalten und kurzen Sätzen eine Passage existiert, in der sehr emotional beschrieben wird. Hier geht es um den Inhalt des Bil-

Sprache und Stil:

distanzierter Stil

knappe Sätze

ausführliche Bildbeschreibung

des. Eindrucksvoll und fast akribisch genau beschreibt der Verfasser hier die einzelnen Details: „aufgerissene Leiber", „Leichen, über die Pferde und Tanks weggegangen" waren, Heere, die aufeinander zustürmten, mit „besudelten Uniformen" und angstverzerrten Gesichtern (vgl. Z. 3–7). Die Beschreibung kulminiert in der Feststellung, „unterhalb des Befehlsstandes waren Offiziere dabei, Weiber zu schwängern, Kognak zu saufen und die Ausrüstung ganzer Kompanien für gutes Geld zu verhökern" (Z. 7–9). Mit der Aufzählung aller Widerwärtigkeiten menschlichen Tuns bringt Kunert seine Anekdote zu einem ersten Höhepunkt. Der Leser schüttelt angewidert den Kopf und gleichzeitig weiß er, dass dies eine exakte Beschreibung des Krieges sein muss. Einer Fotografie gleich gelingt dem Schriftsteller die genaue Wiedergabe der grauenhaften Situation.

Namenlosigkeit der Personen

Interessant und wirkungsvoll wird die Geschichte auch durch die auf den ersten Blick neutral und distanziert wirkende Darstellung aller Personen ohne Namen. Dies ist ein gewolltes stilistisches Mittel, um die Figuren allgemein nachvollziehbar zu zeichnen. Damit wird deutlich, dass diese Gräuel nicht ganz bestimmte Soldaten begangen haben, sondern wohl jeder Mensch dazu in der Lage gewesen wäre.

Spannungskurve

Die Spannung hat mit der Beschreibung der dargestellten Gräuel durch den allwissenden Erzähler ein hohes Niveau erreicht. Nun erfährt der Leser davon, dass das Bild im Atelier hängt. Diese Mitteilung lässt die Spannung etwas sinken. Und auch das Auftauchen eines Besuchers erscheint uns nicht als etwas Besonderes, denn darauf warten Künstler ja.

Dass diese neue Figur sich jedoch durch „Wesen und Benehmen als alter General zu erkennen gab" (Z. 11 f.) zeigt erneut Kunerts prägnanten Schreibstil, denn ohne allzu großen erzählerischen Aufwand oder gar Einzelheiten aufzuzählen, hat er uns mit der Verwendung der Begriffe „Wesen und Benehmen" zwei zentrale Bestandteile menschlicher Charakteristik genannt.

Interpretation des Verhaltens des Generals

Als der ehemalige General dann vor dem Bild erschrickt, vermutet der heutige Leser, dass dies aus dem furchtbaren Erinnern geschieht. Erst mit dem folgenden Satz wird deutlich, dass der frühere General sich betrogen fühlt. So hat er persönlich die Schlacht nicht erlebt. Und dies mögen wir ihm auch fast glauben, denn Generäle kämpfen nicht auf dem Schauplatz der grausamen menschlichen Triebe, sie sind während einer Schlacht in

relativer Sicherheit, sie trifft der Krieg, wenn überhaupt, erst am Schluss, und dann in abgeschwächter Form.
So kann man verstehen, dass er behauptet, „das Bild lüge!" (Z. 13). Für ihn macht es dies sicher auch, denn er hat sich in seiner Erinnerung und aus seinem Denken heraus die Schlacht glorreich ausgemalt.
Allein die Tatsache, dass in den Schlachten am Isonzo zahllose Soldaten barbarisch zu Tode kamen, kann auch an dem General nicht vorübergegangen sein. Dennoch bezichtigt er das Bild der Lüge und sucht auf dem Bild nach seiner Wahrheit. Dies tut er, bis er endlich eine winzige Figur entdeckt, die scheinbar „kühn" (Z. 16) und entschlossen hinter einem „zerschmetterten Schädel" (Z. 14 f.) hervortritt, „trommelnd und singend" (Z. 15). Das scheint die Verkörperung seines Heldenbegriffes zu sein. Für ihn ist der Krieg allein das Heldenhafte. Sogar die Fröhlichkeit des kleinen Trommlers erscheint ihm realistisch. Wenn wir allerdings Berichte aus Kriegszeiten sehen, dann sind doch eher die Kämpfe, in denen Abertausende ihr Leben lassen mussten, das reale Bild. Der General sieht diese menschenverachtende und den Tod einkalkulierende Maschinerie nicht, er glaubt zutiefst an die ruhmreiche Schlacht, in die der lustige und fröhliche Soldat zieht und aus der er sicher wieder zurückkehren kann. Seine Sichtweise unterscheidet sich also fundamental von der des Soldaten, der eine solche Schlacht gerade noch überlebt hat.
Der auktoriale Erzähler berichtet, dass der ehemalige General nur dieses Detail kauft, es aus dem Bild schneiden und einrahmen lässt. So will er künftigen Generationen zeigen, wie glorreich Schlachten verlaufen.

Moralische Wertung

Dieser Vorgang zeigt die Denkweise der ewig Gestrigen, derjenigen, die auch die schlimmsten Vorgänge nicht zu einer Einsicht bringen können. Von Menschlichkeit, Mitmenschlichkeit, ist hier keine Rede. Da wird die Wahrheit zur Lüge und die Lüge zur Wahrheit umfunktioniert.

Fazit

Als Leser aus der heutigen Perspektive muss man darüber nachdenken, welche Sichtweise die wahre ist und woran sich dies orientiert. Vielleicht mag der General aus seinem Blickwinkel auf die Dinge Recht haben, genauso aber auch der Soldat oder ein Maler, der die Schrecken des Krieges darstellt und nicht etwa beschönigt.

Die Position des Erzählers wird allerdings dargestellt durch seinen ironischen Schreibstil. Dies wird ganz besonders deutlich in der Wiederholung der Überschrift mit einer einzigen Ergänzung im letzten Satz. Diese lautet „groß“. Sie ist eindeutig eine Anspielung auf die Sichtweise des Generals, der also das kleine Detail zum für ihn „großen Ganzen“ werden lässt. Ironie

Und tief in unserem Inneren fällt uns nach längerem Nachdenken ein, dass diese Vorgänge nicht etwa nur an ein Bild vom Krieg gekoppelt sind, sondern wir auch in unserem Leben oft versuchen, Dinge „schönzureden“, obwohl sie es nicht sind. Manchmal ist die Wahrheit sicher grausam, aber aus ihr lässt sich lernen, aus ihrer Verfälschung nicht. **Schluss**

Aufgaben der Besonderen Leistungsfeststellung

Thüringen – Besondere Leistungsfeststellung Deutsch 2008
Aufgabe 1: Nichttextgebundene Erörterung

„Wir können heute über den Ozean fliegen, hören und sehen. Aber der Weg zu uns selbst und zu unseren Nächsten ist sternenweit.“

Max Reinhardt[1] (1873–1943)

1 Max Reinhardt: österreichischer Schauspieler, Regisseur und Intendant

Arbeitsauftrag

Erörtern Sie diese Aussage!
Erarbeiten Sie Vorschläge zur Lösung des Problems und beziehen Sie dabei eigene Erfahrungen mit ein!

Lösungsvorschlag

Es handelt sich hier um einen Ausspruch, der zu erörtern ist. Dabei zielt die Aufgabenstellung sowohl auf die Erkenntnis des Inhaltes als auch auf das Vorlegen von Lösungsvorschlägen. Das Zitat besteht aus zwei selbstständigen Sätzen, denen Sie sich zuerst inhaltlich nähern.
Es fällt zuerst auf, dass der erste Satz nahezu widerspruchslos auch heute noch gilt. Wenn Sie die inhaltliche Klärung durchgeführt haben, sollten Sie über mögliche Beispiele nachdenken, die in einer großen Anzahl zur Verfügung stehen. Mit diesen als Material belegen Sie Ihre Beweisführung.
Im Anschluss daran diskutieren Sie den zweiten Satz, der einiges an Widersprüchlichem enthält. Hier sollten Sie auf jeden Fall auf die generelle Aussage eingehen und diese aus den verschiedenen Positionen beleuchten: Was spricht dafür, was dagegen? Vergessen Sie nicht, den Begriff „sternenweit" herauszuheben und zu klären.
Anschließend an Ihre Pro/Kontra-Diskussion der Aussage Reinhardts versuchen Sie nun, möglichst eigene Beispiele zu nennen, die als Lösung des Problems gelten können. Denken Sie dabei an eigene Erfahrungen in kritischen Situationen.
Abschließend fassen Sie dann Ihre Erkenntnis zusammen, sodass sie als Fazit am Schluss der Erörterung steht.

Einleitung

Vor über 50 Jahren, also zwei Generationen, formulierte der berühmte Regisseur und Schauspieler Max Reinhardt zwei Sätze, die den gesamten Zwiespalt des modernen Menschseins widerspiegeln: „Wir können heute über den Ozean fliegen, hören und sehen. Aber der Weg zu uns selbst und zu unseren Nächsten ist sternenweit." (Zitat)

Hauptteil

Die Aussage besteht zunächst aus einer faktischen Aufzählung dessen, was ca. seit Anfang des 20. Jahrhunderts technisch machbar und möglich ist. Demgegenüber stellt Reinhardt eine philosophisch orientierte, auf das Gesellschaftliche bezogene Formulierung, die im Gegensatz zu dem menschlichen Können und häufig auch Wollen steht.
Die zweite These ist der ersten nicht nur entgegengesetzt, weil sie keine Fakten nennt und stattdessen auf Einsichten und Verhaltensweisen abzielt, sondern auch, weil sie in ihrer Tiefe nur schwer messbar und erkennbar ist.

Strukturhinweis

Sinnvollerweise beginnt der zweite Teil seines Gedankenganges mit der Konjunktion „Aber", die den Gegensatz, den Widerspruch bereits signalisiert. Da mag der vorhergehende Satz noch so richtig und eindeutig sein, es gibt ein „aber", das ihn oder zumindest einen Teil seiner Botschaft infrage stellt. Auffällig erscheint auch die metaphorische Umschreibung des Unvermögens, uns selbst oder unseren Nächsten zu verstehen, mit dem Begriff „sternenweit", also unendlich, nicht erreichbar, außerhalb aller Vorstellungskraft des Menschen. Natürlich kann man aus der heutigen Sicht erklären, dass wir jetzt, über 50 Jahre später, Sterne und Planeten wie den Mars, per Sondenflug erreichen können. Dieser rasante technische Fortschritt bringt uns selbst allerdings nicht näher oder schneller zu einem dieser Himmelskörper. Ebenso wenig beeinflusst er uns in unserem Verhalten und bringt uns dem Nächsten näher, sei das nun ein Freund, ein Familienmitglied, Schulkamerad oder Nachbar.

Hinterfragen der Aussage

Zeitbezug

Beispiel

Um Reinhardts Aussage zu bestätigen, müssen wir sie gründlich auf ihren Wahrheitsgehalt hin überprüfen.

„Wir können heute über den Ozean fliegen, hören und sehen." Diese Feststellung trifft in unserer Zeit mehr denn je zu. Medien aller Art – Fernsehen, Internet, Telekommunikation – haben sich gerade in den letzten Jahrzehnten in einem für Max Reinhardt sicher noch nicht voraussehbaren Tempo und unvorstellbarem Maß mit geradezu meteoritenhafter Geschwindigkeit entwickelt. Technisch ist fast alles machbar. Wir verfolgen ein Rugbyspiel aus England per TV, während im Internet die letzten Ereignisse aus Asien aufgelistet werden und unser Handy klingelt: Ein Freund, der sich als Austauschschüler in Amerika befindet, lässt uns an seinen Erlebnissen dort teilhaben. Aufmerksam nehmen wir das alles wahr, werten und bewerten, diskutieren mit einem Gesprächspartner, der Tausende Kilometer von uns entfernt lebt. Zusätzlich hält das Internet mit seinen unzähligen Chaträumen und Foren weitere Möglichkeiten für uns parat, mit anderen Menschen, die wir nur über dieses Kommunikationsmittel kennen und die für uns sehr wahrscheinlich virtuelle Gesprächspartner bleiben werden, in Kontakt zu treten und uns über interessante Themen auszutauschen.

Themenbezug/ These 1

Beispiele Beweisführung

Insofern kann man also der ersten These sicherlich in vollem Umfang zustimmen. Technisch ist nahezu alles machbar, und wir wollen natürlich auch nur denkbar ungern auf diese Errungenschaften verzichten.

Bezug zur Ausgangsthese

Wenden wir uns nun dem zweiten Aussageteil zu: „Aber der Weg zu uns selbst und zu unseren Nächsten ist sternenweit."

These 2

Was ist nun unter dem „Weg zu uns selbst" zu verstehen? Ist es die vermeintliche Erkenntnis, wer wir sind und was wir wollen bzw. von uns erwarten? Die Frage also nach dem Sinn unseres Lebens? Ist es Fausts Idee von dem, „was die Welt im Innersten zusammenhält“, wie Goethe es formuliert? Oder vielleicht die Frage, inwieweit wir dem Ansinnen des gleichen Dichters in seinem berühmten und oft zitierten Gedicht über den Menschen, „Das Göttliche“, genügen – „Edel sei der Mensch, hilfreich und gut“?

Hinterfragen des literarischen Bezugs

Vorstellbar erscheint mir eine Mischung aus all diesen Aspekten als Antwort darauf, wer wir sind, was unser Handeln bestimmt und was bzw. wer für uns wichtig ist. Wenn wir zu uns selbst finden wollen, sollten wir eine Lösung dieser Fragen finden. Was sind unsere Stärken und Schwächen, welche Talente haben wir und warum gelingt uns manches Vorhaben nicht, egal wie sehr wir uns bemühen? Liegt alles einzig in unseren Genen oder haben wir selbst unser Leben in der Hand, können also einen Großteil selbst bestimmen, planen und entscheiden?

Beweisführung

Wenn Max Reinhardt sagt, dass wir „sternenweit“ von diesen Erkenntnissen entfernt sind, so bedeutet dies im Umkehrschluss, dass wir uns zu wenig und nicht intensiv genug damit auseinandersetzen.

Sicher trifft dies auf eine große Anzahl von Menschen zu. Es ist einfacher, sich über vermeintliche Fehler lustig zu machen, andere zu kritisieren oder gedankenlos über Probleme hinwegzugehen. Unser Leben ist schnell, facettenreich und vielfältig. Da bleibt scheinbar kaum Zeit, sich auf sich selbst zu besinnen, nachzudenken oder die eigene Person zu hinterfragen: Das macht Mühe, strengt an und führt oft auch zu unangenehmen Einsichten, was das eigene Verhalten betrifft. Beinahe täglich erfahren wir aus den Medien von revolutionären technischen Errungenschaften wie beispielsweise der Marssonde „Phoenix“, die Werbung verspricht in immer kürzeren Abständen neue und bessere Produkte und vermittelt oft genug den Eindruck einer schnelllebigen, im fortwährenden Wandel befindlichen Zeit.

Beispiele

Für nicht zutreffend halte ich jedoch jede Art von grundlegender Verallgemeinerung. Aus vermeintlicher Oberflächlichkeit sofort zu schlussfolgern, dass jemand sich nicht ausreichend mit sich selbst und seinen Nächsten befasst, ist meiner Meinung nach falsch und unbegründet. Ich kenne eine nicht unbeträchtliche Zahl von jungen Menschen, die sich sozial und gesellschaftlich engagieren, weil es ihnen Freude macht für andere da

persönliche Sichtweise

zu sein, etwas zu bewegen und auch zu helfen, ohne sofort zu fragen, worin der eigene materielle Gewinn liege.

Beispiele

Sei dies im Bereich des ehrenamtlichen Engagements in Sportvereinen, der Hilfe in der Nachbarschaft, in einem ökologischen bzw. sozialen Jahr nach dem Schulabschluss oder dem zeitlich befristeten Einsatz in Entwicklungsländern weltweit. Diese Aktivitäten sind keineswegs „sternenweit", sondern nah an unserem täglichen Erleben.

Diskussion

Natürlich ist es nicht immer leicht, sich mit anderen Menschen oder sich selbst intensiv zu beschäftigen. Manchmal lässt man sich durch einfachere oder angenehmere Tätigkeiten vorerst davon abhalten. Daraus aber zu schlussfolgern, man würde es generell nicht tun, ist falsch und sollte auch unseren Widerspruchsgeist herausfordern.

Lösungen

Vorschläge zur Lösung des Problems werden von Person zu Person anders aussehen. Jeder Mensch ist einzigartig und begründet damit auch sein individuelles Handeln. Von mir ausgehend kann ich daher nur Möglichkeiten aufzeigen, die ich als solche erkenne. Für andere mag es durchaus davon abweichende Vorstellungen geben.

Als wichtig erachte ich gewisse Ruhephasen, in denen man innerlich zur Besinnung kommen kann. In unserer hektischen und betriebsamen Zeit, in der ständig jeder und alles in Bewegung zu sein scheint, Mobilität ein Schlüsselwort ist und wir aufgefordert werden, uns allen Angeboten zu öffnen, ist dies ein ganz wichtiger Aspekt. Nur dann gelingt es uns, Situationen entsprechend zu reflektieren, zu bewerten und uns selbst und unser Verhalten richtig einzuordnen.

Auch das intensive Gespräch mit Menschen, die uns verstehen und offen sind wie Eltern oder Freunde, kann helfen. Dazu benötigen wir keine große Vorbereitung oder Anstrengung. Sinnvoll erscheint mir auch eine schriftliche Problemdiskussion, sei es in Tagebuchform oder einem Brief an eine uns nahestehende Person. Gerade mit einem Brief kann ich mich auf den Weg zu dem anderen, dem Nächsten, begeben und ihm damit eine Möglichkeit eröffnen, teilzuhaben an meinen Gedanken oder Problemen. Meine Erfahrungen besagen, dass Schwierigkeiten geringer erscheinen, wenn man sie mit anderen durch ein Gespräch teilt und gemeinsam nach Lösungsmöglichkeiten sucht.

Fazit

Genauso intensiv kann ich die Auseinandersetzung aber auch durch Literatur erleben. Hier treffen wir häufig auf Situationen,

die uns vertraut erscheinen, und es ergibt sich daraus der eine oder andere Anstoß für unser eigenes Verhalten.
Wenn wir versuchen, andere in unser Leben zu integrieren, nähern wir uns ihnen, sie werden ein Teil von uns. Leider merken wir dies oft erst, wenn wir sie aus den Augen verlieren und feststellen müssen, was wir eigentlich noch alles miteinander hätten erleben können. Daher meine ich, wir sollten uns die Zeit nehmen für ein Gespräch, eine gemeinsame Unternehmung oder eine Hilfeleistung, die uns unserem Nächsten vertrauter macht und gleichzeitig unser eigenes Leben durch Gemeinsamkeiten oder Neues interessant gestaltet.

Schluss

Wichtig erscheint mir in jedem Fall die Offenheit sich selbst und anderen gegenüber. Nicht jeder Mensch wird unser Freund werden, wir sollten nicht ohne Einschränkung Vertrauen erwarten und schenken. Aber wenn wir uns den Mitmenschen gegenüber verschließen und auch über uns selbst und unser Verhalten nicht in ausreichendem Maß nachdenken, nehmen wir uns selbst eine Chance.
Wenn wir uns diese Möglichkeiten vor Augen führen, so wird der Weg zu uns selbst und zum Nächsten nicht mehr „sternenweit“ sein, im Gegenteil. Wir haben jederzeit die Chance, durch unser Verhalten diese Distanz zu verkürzen und zu überwinden.

Kinder im Kaufrausch

22,5 Milliarden Euro gaben 6- bis 19-Jährige im vergangenen Jahr aus. Im Schnitt sind das 1 760 Euro pro Jugendlicher. Verbraucherschützer fordern, Kinder als Konsumenten besser zu schützen und ihre Geldkompetenz zu erhöhen. TA[1] befragte dazu Ralf REICHERTZ von der Thüringer Verbraucherzentrale.

Bekommen Kinder und Jugendliche heute zu viel oder zu wenig Taschengeld?
Das ist je nach Familiensituation ganz unterschiedlich. Aber die Höhe ist nicht in erster Linie das Problem.

Sondern?
Ich denke, wichtig ist, dass Kinder überhaupt Taschengeld bekommen. Nicht weil ihnen sonst bestimmte Sachen vorenthalten blieben. Sondern damit sie den Umgang mit Geld schon frühzeitig lernen.

Aber das ergibt sich doch später ganz automatisch, wenn sie als Auszubildender Lehrlingsgeld oder als junger Berufstätiger Gehalt bekommen?
Nein, leider ist das nicht so. Die 20- bis 23-Jährigen sind die Gruppe, die am ehesten Schulden macht. Weil sie es nie gelernt haben, das ihnen zur Verfügung stehende Geld einzuteilen, Prioritäten zu setzen und Wünsche hintenanzustellen.

Wer sagt das?
Die Verschuldungsstatistiken. Solange die Jugendlichen im „Hotel Mama" wohnen, werden sie von den Eltern finanziell unterstützt. Die meisten halten sich in Sachen Miete, Nebenkosten, Essen und so weiter schadlos. Dafür kommen meist die Eltern auf. Das Taschengeld wird einzig und allein für Sonderausgaben genutzt: Handy, Klamotten, Weggehen.

Das ist ja bei einem 16-Jährigen doch auch okay, oder?
Sicher, im Prinzip ja. Aber auch ein 16-Jähriger muss ein gesundes Verhältnis zum Geld haben. Leider geraten bei jungen Leuten in der heutigen Konsumwelt die Maßstäbe oft ziemlich durcheinander. Und richtig drastisch zeigt sich das dann mit Beginn der Volljährigkeit. Dann kommt für manchen das böse Erwachen.

Inwiefern, was passiert dann?
Ab dem 18. Lebensjahr sind sie voll geschäftsfähig, können munter einkaufen, stehen aber für jeden abgeschlossenen Vertrag gerade, können Darlehen aufnehmen und bekommen beispielsweise beim Girokonto einen Dispokredit.

Das heißt, es gibt von heute auf morgen mehr Fallen als bei Minderjährigen?

Zumindest sind Minderjährige nur beschränkt geschäftsfähig. Wenn die beim Kaufen über die Stränge schlagen, schiebt der Gesetzgeber zu ihrem Schutz einen Riegel vor. Wenn ohne Zustimmung der Eltern ein Fahrrad für 2 000 Euro gekauft oder ein Handyvertrag über drei Jahre Laufzeit geschlossen wurde, ist der Vertrag nicht gültig.

Bei einem über 18-Jährigen wäre der Vertrag gültig, egal, ob der ein eigenes Einkommen hat oder nicht?

Genau. Viele junge Leute geraten finanziell ins Schlingern, sobald sie nicht mehr daheim leben, sondern in einer eigenen Wohnung.

Obwohl sie Lehrlingsgeld oder schon ein Gehalt bekommen, das durchaus dafür ausreichen würde?

Ja, aber ihre Konsumbedürfnisse, die sie sich vorher jahrelang erfüllten, müssten sie jetzt herunterschrauben. Es gilt, sich einzuschränken, denn plötzlich wird ihr Geld für Miete, Strom, Wasser, Heizung und so weiter gebraucht. Und das, was übrig bleibt, will klug und vorausschauend eingeteilt werden.

Sind daran nicht die Verlockungen des Alltags schuld, mit denen Jugendliche permanent konfrontiert werden?

Zum Teil schon, aber die lassen sich nicht allesamt abstellen. Man muss sie kennen und wissen, damit umzugehen.

Lässt sich fehlende Geldkompetenz vermitteln?

Wir versuchen das als Verbraucherzentrale. Wichtig sind dabei die Eltern, aber auch die Schulen. Lehrer sind an den Schülern nah dran und können in Fächern wie Sozialkunde, Mathematik, Ethik, Religion, Wirtschaft und Recht für das Thema sensibilisieren.

Um welche Probleme sollten beispielsweise Pädagogen wissen und sie im Unterricht entsprechend thematisieren?

Zum Beispiel wie die Anbieter von Finanzprodukten mit dieser Zielgruppe operieren, welche Finanzprodukte für junge Leute überhaupt sinnvoll sind, wie sich eine Schuldenkarriere verhindern lässt und wer in Geldfragen objektiv und unabhängig berät.

Gespräch: Britta HINKEL. In: Thüringer Allgemeine, 25. 9. 2007, S. 8.

1 TA: Thüringer Allgemeine

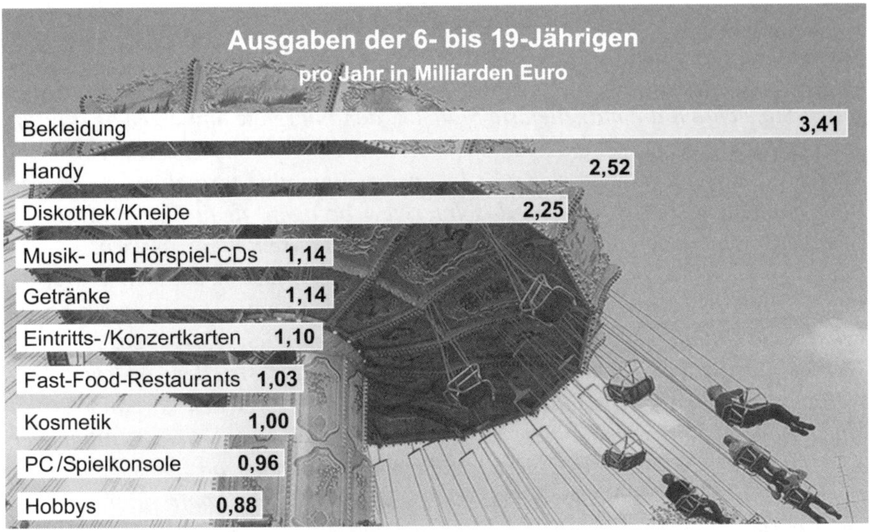

Schuldenfalle: 22,5 Milliarden Euro Ausgaben standen 2006 bei den 6- bis 19-Jährigen nur 21,1 Milliarden Euro Einnahmen gegenüber.

Arbeitsauftrag

Verfassen Sie auf der Grundlage der Statistik, des Interviews und eigener Erfahrungen einen Artikel für die Schülerzeitung zum Thema: Kinder und Jugendliche im Kaufrausch!

Lösungsvorschlag

Das Thema verlangt das Schreiben eines Artikels für die Schülerzeitung. Dabei sollen Sie sich auf die mitgelieferte Statistik, das Interview und eigene Erfahrungen beziehen.
Achten Sie darauf, dass es sich hier in Ansätzen um eine textgebundene Erörterung handelt, insbesondere auf das Interview bezogen, denn hier sind Sie gezwungen, sich mit den dort angeführten Positionen auseinanderzusetzen.
Inhaltlich kommt es darauf an, die Schwerpunkte zu erfassen, die sich in drei Bereiche gliedern lassen: Die hohe Verschuldung der jungen Leute pro Jahr, die wachsende Unfähigkeit, mit Geld umzugehen, und mögliche Lösungen.
Werten Sie die beiliegende Statistik aus, indem Sie feststellen, wie viel Geld wofür ausgegeben wird. Dabei sollte die Diskrepanz zwischen vorhandener Finanzierung und offenbleibendem Schuldenbetrag in Ihrem Artikel sichtbar werden. Das Interview spricht eine Vielzahl von Problemen an, da sich hier ein Experte, der in der täglichen Arbeit mit diesen Situationen konfrontiert ist, dazu äußert. Das Unvermögen, die mangelnde Bereitschaft, aber auch die teilweise geringen Lernmöglichkeiten der jungen Leute, mit Geld richtig umzugehen, sollten Sie klar herausstellen. Fügen Sie eigene Erfahrungen hinzu, achten Sie auf eine jugendgemäße Sprache, damit der Artikel in einer Schülerzeitung auch gelesen wird, und führen Sie Möglichkeiten an, wie man das Problem lösen könnte. Dabei gehen Sie von Ihren eigenen Erlebnissen aus und erweitern diese um einige hypothetische Möglichkeiten.
Abschließend sollten Sie Ihre Erkenntnisse wertend zusammenfassen.

Shoppen – koste es, was es wolle! **Einleitung**

Was habt ihr gestern Nachmittag unternommen? Seid ihr durch die Stadt gebummelt, habt danach die neuesten Handys bestaunt, und dann gab es noch einen Abstecher in ein angesagtes „Klamottengeschäft"?

Beispiel

Denn ein neues T-Shirt muss es schon sein, wenn es am Wochenende in die Disco geht. Ein wenig Kosmetik noch dazu, das wird ja nicht zu viel verlangt sein, oder? Natürlich kein einfaches No-Name-Produkt, es sollte schon etwas richtig Gutes sein, egal was es letztlich kostet. Notfalls kann man ja „ausnahmsweise" immer noch die Eltern um eine kleine Finanzspritze bitten.

Themenbezug

Das erinnert mich an ein Interview mit Ralf Reichertz von der Thüringer Verbraucherzentrale, welches er der Thüringer Allgemeinen zum Thema „Kinder im Kaufrausch" gab. Darin sagt er: „Die 20- bis 23-Jährigen sind die Gruppe, die am ehesten Schulden macht. Weil sie es nie gelernt haben, das ihnen zur Verfügung stehende Geld einzuteilen, Prioritäten zu setzen und Wünsche hintenanzustellen.“

Hauptteil

Bezug auf eigene Lebenswelt

Aus eigenen Erfahrungen können viele von uns das sicher bestätigen. Dabei spielt es auch keine Rolle, dass wir im Durchschnitt 4–7 Jahre jünger sind. Auch in diesem Alter sollte man eigentlich wissen, dass man nur das Geld ausgeben kann, das man hat. Wenn man die Statistik der Ausgaben von 6- bis 19-Jährigen betrachtet, die dem Interview beiliegt, so müsste einem aufgrund der genannten Summen allerdings schwindelig werden.

Statistik

22,5 Milliarden Euro Ausgaben, vor allem für Kleidung, Handy, Ausgehen, stehen 21,1 Milliarden Euro Einnahmen gegenüber. Selbst der nicht besonders mathematisch Begabte wird herausfinden, dass hier eine Lücke von 1,4 Milliarden Euro klafft. Wer steht dafür ein?

Die Antwort darauf lautet: Bis wir 18 Jahre alt sind und in vollem Umfang geschäftsfähig, die Eltern, wobei ja die meisten von uns sowieso bis dahin kostenlos im „Hotel Mama“ wohnen, wie Reichertz erwähnt. So wandert also in den meisten Fällen der gesamte Betrag dessen, was uns zur Verfügung steht, in die Befriedigung unserer kleinen privaten Wünsche. Ralf Reichertz' These – „Das Taschengeld wird einzig und allein für Sonderausgaben genutzt: Handy, Klamotten, Weggehen“ – kann daher nicht einfach widersprochen werden.

Interview

eigene Beispiele

Jeder von uns weiß aus eigener Erfahrung, wie schwer es ist, den Verlockungen und Angeboten einer Welt des Konsums, die uns 24 Stunden am Tag umgibt, zu widerstehen. Die Freundin hat ein ganz besonderes Paar Schuhe, das wir auch gern tragen würden. In den neuen Film, über den alle sprechen, muss man am Wochenende natürlich sofort gehen, um mitreden zu können. Und die Mode der nächsten Saison liegt auch schon in den Geschäften. Wenn man nicht hintanstehen und nicht ausgegrenzt werden will, muss man dem Modediktat natürlich bedenkenlos folgen, könnte man meinen.

allgemeine These

Kaufen ist für viele von uns eine Art Ersatzhandlung. Wir fühlen uns danach einfach besser, mehr wert, anerkannt und integriert. Dabei bemerken wir gar nicht, wie man uns strategisch manipuliert. Ob es vermeintliche „Schnäppchen“ sind, die uns beinahe täglich in der Werbung begegnen, oder „günstige“ Darlehen, die uns Banken oder Kreditgeber mit dem Prädikat „easy“ anbieten

Zeitbezug

– es ist oft nicht leicht, dem „Kaufwahn“ und all seinen Verlockungen zu widerstehen.

Reichertz spricht aus Erfahrung, wenn er sagt „Ab dem 18. Lebensjahr sind sie voll geschäftsfähig [...], können Darlehen aufnehmen und bekommen beispielsweise beim Girokonto einen Dispokredit.“ In einer Zeit, in der das Schuldenmachen weitverbreitet ist, fallen wir nur allzu leicht auf oberflächliche Versprechungen herein. Vielleicht ist bei dem einen oder anderen auch ein mathematisches Problem Grund der Misere. Prozentrechnung heißt hier das Zauberwort. Wenn ich die Zinsen nicht überblicke, die ich für geliehenes Geld zu zahlen habe, begebe ich mich rasch in einen Strudel von Forderungen und nicht vorhandenen Reserven. Die Situation spitzt sich spätestens dann zu, wenn wir auf eigenen Beinen stehen müssen, also Lehrlingsgeld, BAFöG oder Gehalt bekommen. Oftmals ist dieser Schritt in die Eigenständigkeit auch mit einem Umzug verbunden, sodass wir nicht mehr bequem zu Hause wohnen können, wo die Eltern meist für alle Kosten aufkamen.

Bezug Interview

Beweisführung

Reichertz erwähnt in dem Interview ebenfalls, dass es jungen Leuten besonders schwerfalle, ihre „jahrelang erfüllten“ Konsumbedürfnisse abzuschwächen, „[e]s gilt, sich einzuschränken [...]“. Was aber tun, wenn man das Einteilen nie gelernt hat, immer „aus dem Vollen“ gewirtschaftet hat und notfalls Oma oder Opa die Lücken mit einem 50 €-Schein stopften?

Zitat

Beispiel

Wenn Jugendliche Glück im Unglück haben, so sind sie noch minderjährig und nicht voll geschäftsfähig. Dem über 18-Jährigen erwächst aus seinem Konsumverhalten die Verpflichtung, Rechnungen zu bezahlen und Verträge einzuhalten.

Schlussfolgerung

Wie kann man aus solch einer verzwickten Situation herausfinden? Welche Lösungsmöglichkeiten gibt es?

Zuerst gilt natürlich der schon mehrfach genannte Grundsatz, dass man den Umgang mit Geld erlernen und einüben muss. Hier stehen zunächst einmal die Erziehungsberechtigten, also in der Regel die Eltern, in der Pflicht, ihren Kindern einen verantwortungsvollen Umgang damit beizubringen. Auch Reichertz äußert sich dahingehend, dass es nicht auf die Höhe des Taschengeldes ankommt, sondern darauf, dass man es überhaupt erhält und einzuteilen lernt. Außerdem ist schon im Elternhaus der richtige Umgang mit verlockenden Angeboten und Konsum überhaupt wichtig. Eltern sollten hier Vorbildfunktion ausüben.

Beweisführung

Sehen Kinder und Jugendliche, dass ihre Eltern trotz fehlender finanzieller Mittel dazu neigen, auch nicht lebensnotwendige Artikel bedenkenlos zu erwerben, ist es nicht verwunderlich, wenn sie selbst ebenfalls früh in die „Schuldenfalle“ stolpern. Der verantwortungsvolle Umgang mit dem zur Verfügung stehenden Geld muss von den Eltern entsprechend vorgelebt werden, um ihre Kinder in diesem Sinn erziehen zu können. Beispiel

Außerdem sollten sowohl Eltern wie auch die Schule über die Machenschaften unseriöser Kreditgeber aufklären. Im vorliegenden Interview heißt es: „Lehrer sind an den Schülern nah dran und können in Fächern wie Sozialkunde, Mathematik, Ethik, Religion, Wirtschaft und Recht für das Thema sensibilisieren.“ Auch unabhängige Verbraucherberatungsstellen sind eine Hilfe, wenn man sich nicht auskennt und nach geeigneten Informationen sucht. Ist man aber schon in die Schuldenfalle geraten, so gibt es Berater, die helfend und planend eingreifen und einen Weg aus den Schulden heraus aufzeigen können. Lösungsvorschläge

Alle guten Vorsätze, Hinweise, Ratschläge oder gar Verbote nutzen aber nichts, wenn wir nicht selbst gewillt sind, sie anzunehmen und daraus zu lernen. Erst wenn wir akzeptieren, dass der Sinn unseres Lebens nicht darin liegt, alles, was uns die Werbung vorgaukelt oder was wir an Mitschülern bewundern, sofort zu kaufen ohne auf unser Budget zu achten, gelingt es uns, uns aus dem Teufelskreis „Kaufrausch und Schulden“ zu befreien. Am besten fangen wir gleich heute damit an! **Fazit**

Ephraim Kishon (1924–2005): **Platzpiraten**

Welche Meinung auch immer man über mich haben kann, was meine Einstellung zum Sport betrifft, gilt nur eine einzige: der Kerl ist total verrückt.
Ich bin es tatsächlich und auch noch stolz darauf.
Schon Wochen vor Beginn eines wichtigen Fußballspiels verlange ich am Kassenschalter mit meinem männlichsten Bass:
„Hören Sie, Mann, ich brauche den besten Platz im Stadion, egal, was er kostet."
Diesmal aber, beim Länderspiel gegen Brasilien, wollte ich auf Nummer absolut Sicher gehen. Ich erwarb daher schon Monate vor dem Match einen fabelhaften Tribünensitz für die lächerliche Kleinigkeit von 7.000 Shekel[1]. Ich erkundigte mich eingehend nach einem noch teureren Platz, aber der Mann am Schalter schüttelte nur bedauernd den Kopf. Für alle Fälle zahlte ich ihm tausend Shekel drauf.
Man stelle sich also meine Betroffenheit vor, als ich mich am großen Tag durch Tor Nummer 4 zwängte, zu Block 20 stürmte, in der 8. Reihe vor dem Sitz Nummer 35 bremste – und dort, auf meinem 8.000-Shekel-Sitz, einen blaunasigen Gewalttäter vorfand.
„Mein Herr", sagte ich, „das ist mein Platz."
„Na und", antwortete der Gewalttäter unwirsch, „auf meinem Platz sitzt auch schon einer."
„Dann schicken Sie ihn weg."
„Wofür halten Sie mich?"
„Hinsetzen!", brüllten 80.000 Fußballfans. „Hinsetzen!"
Ich sah mich um. An dem Zaun, der die Besitzer von den Besitzlosen trennt, hingen jugendliche Athleten wie Trauben. Ich sah mich Hilfe suchend nach den Platzanweisern um, doch die waren auf dem Spielfeld und belagerten den brasilianischen Mittelstürmer. Es blieb mir also nichts übrig, als das Gesetz in die eigenen Hände zu nehmen. Ich musterte den Gewalttäter. Groß war er nicht, doch er hatte einen Durchmesser von mindestens eineinhalb Metern. Außerdem war er, wie gesagt, blaunasig.
„Da", sagte er mitfühlend, „nehmen Sie meine Eintrittskarte und vertreiben Sie den Halunken, der auf meinem Platz sitzt."
Ich ging schnurstracks zu Block 9, 21. Reihe, Sitz 2 und wurde mit einem stämmigen Schlächtermeister konfrontiert. Ich hielt ihm das Ticket des Gewalttäters unter die Nase und machte ihn darauf aufmerksam, dass er auf meinem Platz säße.

„So?“, sagte der Schlächter. „Und was, glauben Sie, ist aus meinem Platz geworden?“

„Hinsetzen!“, brüllte die Menge. „Hinsetzen!“

Mehr und mehr Jugendliche hatten sich inzwischen am Zaun breitgemacht. Weit, am entfernten Horizont, der eben von der untergehenden Sonne geküsst wurde, kämpfte ein einsamer Platzanweiser einen aussichtslosen Kampf gegen Schwärme von Platzpiraten. Ich wandte mich wieder meinem Schlächtermeister zu, doch er war inzwischen um keinen Millimeter geschrumpft. Ich bat ihn höflich um sein Ticket und begab mich, unzählige Pardons murmelnd, auf den Hürdenlauf über zahllose ausgestreckte Beine zu Block 13. Eine Schwadron von Polizisten hatte inzwischen das Stadion gestürmt und die Platzanweiser, die ihnen die Sicht versperrten, verjagt.

In Block 13 auf dem Platz des Fleischhauers saß ein Mittelgewichtsboxer. Dieser hatte ein Ticket für Block 1, 89. Reihe. Ich humpelte hin. Aufgewiegelte Völkerscharen brüllten mich an: „Hinsetzen!“, aber ich kämpfte wie ein Löwe um meinen Platz an der Sonne.

Unten galoppierte inzwischen berittene Polizei ums Spielfeld. Es war beruhigend zu sehen, dass zumindest auf dem Rasen die Ordnung aufrechterhalten wurde. Unterwegs zu Block 1 fiel mein Blick auf einen besonders schmächtigen Zuschauer. Das brachte mich auf eine Idee. Ich packte den Schmächtigen beim Kragen und jagte ihn mit einem großzügigen Freistoß davon. Danach ließ ich mich dankbar auf seinen Platz fallen. Rücksichtsvoll schenkte ich ihm die Platzkarte des Boxers, um auch ihm eine faire Chance zu geben. Meine Nachbarn brüllten, der Schmächtige solle sich hinsetzen. Es stand übrigens 3 : 1 für Brasilien.

Die verbleibenden zwei Minuten bis zum Abpfiff des Spiels waren ein unvergessliches Erlebnis.

Ephraim Kishon: Abraham kann nichts dafür. 66 neue Satiren. Übersetzt von Gerhard Bronner. München / Wien, Langen-Müller 1984, S. 49 ff.

1 Shekel: israelische Währungseinheit

Arbeitsauftrag

Interpretieren Sie den Text!

Lösungsvorschlag

Die Aufgabenstellung verlangt die Interpretation des Textes, der u. a. anhand der Quellenangabe als Satire zu erkennen ist. Beginnen Sie mit einer Vorbemerkung zum Verfasser, falls er Ihnen aus dem Unterricht bekannt ist. Äußern Sie sich anschließend zur Textart und erklären Sie, welches Ziel die Satire verfolgt. Dabei gehen Sie auf den ironischen Schreibstil, die Überhöhung des Ganzen zum Zweck der Verdeutlichung menschlicher Schwächen, ein. Vergessen Sie nicht, entsprechende Textbeispiele in Ihren Ausführungen besonders auf diese Wirkung hin zu untersuchen. Fassen Sie den erzählten Vorgang kurz summierend zusammen und wenden Sie sich anschließend der abschnittweisen Bearbeitung zu. Dabei können Sie dem Text folgen oder auch Schwerpunkte setzen, indem Sie zuerst die Handlung hinterfragen oder sich der Hauptperson zuwenden. Beziehen Sie immer auch den Schreibstil mit ein, da er unabdingbar für diese literarische Form ist. Belegen Sie Ihre Aussagen mit Textbeispielen, sodass ein Beweis erbracht wird. Formulieren Sie die Erkenntnisse und Einsichten, die Sie aus der Bearbeitung ziehen, als ein Fazit und schließen Sie Ihre Interpretation damit ab.

Einleitung

Im Jahr 1984 veröffentlichte der israelische Schriftsteller Ephraim Kishon in einem Sammelband mit dem Titel „Abraham kann nichts dafür“ 66 neue Satiren, zu denen auch die vorliegende gehört. Der Text trägt den Titel „Platzpiraten“, ist relativ kurz gehalten und in einem leicht verständlichen Sprachduktus formuliert.

Hauptteil

kurze inhaltliche Zusammenfassung

Kishon beschreibt die Erfahrung eines sportbesessenen Fußballfans, der schon Wochen vorher durch die Investition einer hohen Summe den vermeintlich besten Sitzplatz für ein internationales Spiel erwirbt und sich damit planungstechnisch in Sicherheit wähnt. Am Tag des Spieles findet er seinen Platz jedoch besetzt und verfolgt nun mehr oder weniger unfreiwillig während des laufenden Matches quer durch das Stadion den Dominoeffekt einer solchen Piratentat, indem er versucht, andere „Platzpiraten“ von ihren Plätzen zu vertreiben und sich so zumindest einen „Ausweichplatz“ zu sichern. Am Schluss trifft er endlich auf einen Zuschauer, der ihm zu schwach zur Gegenwehr erscheint. So befördert er ihn kurzerhand von seiner Sitzgelegenheit, sodass er selbst noch zwei Minuten des Spieles auf einem regulären Platz verfolgen kann.

Begriffsklärung

Der Begriff „Platzpiraten“ ist ein Neologismus, den kein Wörterbuch verzeichnet, der uns aber gleichzeitig lächeln macht wie er uns auch nachdenklich stimmt. Was sind Piraten? In vergangenen Zeiten sicher eine Art Freibeuter, die mit lautem Schrei, den Säbel oder Dolch in der Hand, ein Schiff stürmten, um sich an den mitgeführten Gütern zu bereichern. Heutzutage schreien sie nicht mehr, tragen statt Dolch oder Stichwaffe den Laptop oder die Digitalkamera, mit denen sie auf schnelle Art Produkte kopieren, um sie dann möglichst billig nachzuproduzieren. Der Grundsatz bleibt der gleiche, ob nun eine Tonne Rum oder neue Filme „erbeutet" werden: Piraten sind Menschen, die sich widerrechtlich und oft auch äußerst gewalttätig fremdes Eigentum aneignen und dabei keinerlei Rücksicht nehmen.

Folgt man dieser Struktur des Pirateriegedankens, so ergibt sich in der Satire von Kishon eine vergleichbare Situation: Jemand nimmt den Platz ein, der einem anderen durch Kauf einer Eintrittskarte zusteht, und wird dadurch zum „Platzpiraten".

Die Satire – eine auf ironische Weise kritisierende und zum Nachdenken anregende Textart – zieht uns in ihren Bann. Dies gelingt dem Verfasser schon im ersten kurzen Abschnitt, als er den Ich-Erzähler selbstkritisch feststellen lässt, dass man über ihn denken könne, was man wolle, aber „[…] was meine Einstellung zum Sport betrifft, gilt nur eine einzige [Meinung]: der Kerl ist total verrückt" (Z. 1 f.). Textart These

Damit beschreibt sich der Protagonist von Anfang an als fanatisch und besessen von einer Sache. Das macht ihn nicht unbedingt sympathisch. Dass es dabei um das passive Zuschauen bei einer Sportart geht und nicht etwa um die aktive Ausübung, erfährt der Leser erst etwas später. Die Spannung steigt, es gelingt dem Verfasser ein geschickter Schachzug. Beweis

„Total verrückt" bezeichnet einen Superlativ, der nicht mehr zu steigern ist. Auch die Hervorhebung, dass es nur eine „einzige" Meinung gebe, unterstreicht die Einmaligkeit der Lage. Textbezug

Bekräftigend setzt der Erzähler den Satz „Ich bin es tatsächlich und auch noch stolz darauf" (Z. 3) hinzu. Inhaltlich ergibt sich durch die Formulierung des „auch noch" für den Leser ein leichter Zweifel, da es nach der Beschönigung einer durchaus belustigenden, wenn nicht lächerlichen Aktion klingt. Die Aussage unterstreicht also den ironischen Anspruch des Verfassers, in dem zugestanden wird, dass es sich hier keineswegs um ein normales Verhalten handelt. Verstärkt wird diese Situation noch durch die Aussage des folgenden Satzes: „Schon Wochen vor […] verlange ich mit meinem männlichsten Bass […]" (Z. 4 f.). Beispiel

Die Wahl des Präsens als Zeitform signalisiert, dass es sich um ein durchaus wiederholbares Ereignis handelt, also um keine einmalige Vorgehensweise. Das Ziel seiner Handlung, „den besten Platz im Stadion, egal was er kostet“ (Z. 6), verlangt er mit dem „männlichsten Bass“ (Z. 5). Er meint also, die Herausgabe des Tickets an ihn durch eine entsprechende Stimmlage befördern zu können. Ob das für den Kauf einer Eintrittskarte Sinn macht, bleibt jedoch sehr zweifelhaft. Auch das joviale „Hören Sie, Mann [...]“ (Z. 6) klingt nach übertriebenem Selbstbewusstsein des Interessenten und erwarteter Untertänigkeit des Kassierers.

Zeitform

Beispiele

Mit „Diesmal aber [...]“ (Z. 7) leitet der Ich-Erzähler nun zur aktuellen Situation über und konkretisiert ein bestimmtes und besonderes Ereignis sportlicher Art: „[...] beim Länderspiel gegen Brasilien [...]“ (Z. 7) signalisiert jedem Fußballfan, dass es sich um ein ungewöhnlich interessantes Treffen zweier Mannschaften handelt.

Das ist auch der Grund, warum der Protagonist „auf Nummer absolut Sicher“ (Z. 7 f.) gehen will. Die enorme Bedeutung des Vorganges für ihn wird hier durch die eigentlich sinnlose Verdopplung der umgangssprachlichen Formulierung „auf Nummer sicher“ gehen durch die Ergänzung „absolut“ hervorgehoben. So ist es nicht erstaunlich, dass er einen sehr guten Tribünensitz erhält, einen „fabelhaften“ (Z. 8), wie die bewusst übertreibende Beschreibung besagt. Geld ist ihm hier nur insofern wichtig, als es zur Befriedigung seines Anspruchs auf das Beste dient, und so zahlt er extra viel und gibt noch ein reichliches Trinkgeld – nur für alle Fälle.

Stilbesonderheiten

Spätestens an diesem Punkt erscheint der übertriebene Fanatismus, mit dem er sein Ziel verfolgt, nicht mehr annehmbar, und insgeheim wartet der Leser schon auf den Misserfolg der Aktion.

Wertung

In einer spannend gestalteten Aufzählung lässt der Erzähler uns anschließend teilhaben an seiner geplanten Besitznahme des „fabelhaften“ Stadionplatzes.

Rückführung zum Text

Verben wie zwängen, stürmen und bremsen (Z. 14 f.) erinnern im Folgenden mehr an einen Kampfsport als an den Gang zu einem Tribünenplatz im Stadion. Der klimaxartig aufgebaute Satz signalisiert schon am Anfang, dass mit einem positiven Ausgang nicht zu rechnen ist. „Man stelle sich also meine Betroffenheit vor [...]“ (Z. 13) lässt uns sofort an eine oder mehrere Tragödien denken, denn betroffen ist man normalerweise von einem schrecklichen Vorfall, einem großen Unglück.

stilistische Hinweise

Hier hat dieses „Unglück“ nun das Gesicht eines „blaunasigen Gewalttäters“ (Z. 15 f.), der den „fabelhaften“ (Z. 8) und über die Maßen hoch bezahlten Platz besetzt.

Beweise

Mit dem Mittel der Übertreibung wird die Beschreibung eines Menschen extrem ins Lächerliche gezogen. Inwiefern man einen Gewalttäter an seinem Gesicht zu erkennen vermag, bleibt unklar. Offenbar gehört aber nach der Ansicht des Erzählers unbedingt eine blaue Nase dazu. Auch diese Aussage unterstreicht den ironischen Charakter des Textes.

Untertänig und beflissen nähert sich der Erzähler nun, völlig im Gegensatz zu seinem sonstigen Verhalten, dem angeblichen Gewalttäter mit der Anrede „Mein Herr, [...], das ist mein Platz“ (Z. 17). Allgemein bezeichnet man einen Mann als „Herr“, wenn man ihm Ehrerbietung entgegenbringen möchte. Es kann hier nur einen Grund geben, sich dem vermeintlichen Gewalttäter so zu zeigen: Respekt oder Angst vor einer möglichen Reaktion.

wertende Interpretation

Der Erzähler fühlt sich also nur so lange überlegen und großartig, wie er vermeintlich die Szene beherrscht. Dennoch benutzt er das Possessivpronomen „mein“, obwohl der Platz an sich ihm ja nicht durch den Kauf einer Karte gehört.

These mit vorausgesetztem Beweis

Entsetzt muss er die Reaktion des Mannes in dessen unwirschen Art ertragen, denn dieser teilt ihm unmissverständlich mit: „[...] auf meinem Platz sitzt auch schon einer“ (Z. 18 f.). Es erinnert ein wenig an das alte Kinderspiel „Reise nach Jerusalem“: Nur wer schnell oder wie hier auch rücksichtslos genug ist, bekommt einen Platz. Der Schnellere siegt und schickt den Langsameren oder auch Feigen, den Zurückhaltenden weiter auf Platzsuche.

Bezug zu anderen Bereichen

Nachdem 80 000 Fans gleichzeitig „Hinsetzen!“ brüllen, weiß sich der Erzähler nicht mehr zu helfen. Setzen kann er sich nicht, da sein Platz schon durch den „blaunasigen Gewalttäter“ (Z. 15 f.) belegt ist, der zwar nicht groß ist, aber „[...] einen Durchmesser von mindesten eineinhalb Metern“ (Z. 27 f.) hat. Warum dieser scheinbar unbezwingbare und körperlich eindrucksvolle Mann seinen eigenen Platz nicht von dem „Halunken“ (Z. 31), der dort widerrechtlich sitzt, geräumt hat, bleibt offen.

Textbezug

Auch die Platzanweiser können nicht helfend eingreifen, sie sind im Innenraum des Stadions mit wichtigeren Dingen beschäftigt, den brasilianischen Spielern (Z. 24–26).

Alleingelassen von allen bleibt dem Protagonisten nichts weiter übrig, „als das Gesetz in die eigenen Hände zu nehmen" (Z. 26 f.). Ein Satz, der den Leser angesichts des bisherigen Handlungsverlaufs doch erheblich am Gelingen dieses Vorhabens zweifeln lässt.

wertende Arbeit am Text

Von dem Blaunasigen mit dessen Karte und dem Auftrag zur Vertreibung des anderen Platzbesetzers versehen, begibt sich der Ich-Erzähler nun „schnurstracks" (Z. 32), also geradewegs, zu dessen ursprünglichem Platz quer durch das Stadionrund, wo ihn schon ein „stämmiger Schlächtermeister" (Z. 32 f.) erwartet. Das vorherige „Spiel" wiederholt sich, sodass sich der Protagonist erneut mit einer fremden Karte auf den Weg durch das Stadion macht, um endlich an sein Ziel, einen Sitzplatz, zu gelangen. Jedoch erwartet ihn erneut eine herbe Enttäuschung, da ein vermeintlicher „Mittelgewichtsboxer" (Z. 47) diesen Sitzplatz bereits für sich beansprucht.

Inzwischen ist der Erzähler durch die bewältigte Strecke und die erlebten Enttäuschungen auf seiner Platzsuche so erschöpft, dass er sich nur noch „unzählige Pardons murmelnd" (Z. 43) humpelnd (Z. 48) weiterbewegen kann, während ihn die erregten Zuschauer zum Hinsetzen auffordern und eine übertrieben große Anzahl Polizisten versucht, auf dem Spielfeld Ordnung zu schaffen.

interpretierender Textbezug

Zu einem Zeitpunkt, als der Leser kurz davor ist, die Hauptfigur nun doch zu bedauern, kommt dem völlig ermatteten Erzähler jedoch mit einem Mal die rettende Idee, als sein „Blick auf einen besonders schmächtigen Zuschauer" (Z. 53 f.) fällt.

Wertung

Endlich hat er das System erkannt und ein Opfer, an das er sich aufgrund von dessen körperlicher Unterlegenheit herantraut, gefunden: „Ich packte den Schmächtigen beim Kragen und jagte ihn mit einem großzügigen Freistoß davon." (Z. 54 f.)

moralische Wertung

Dem Leser fällt es schwer, sich den Erzähler angesichts seines bisherigen Verhaltens nun als selbstbewussten „Platzpiraten" vorzustellen, der seinem Opfer auch noch die Karte des Mittelgewichtsboxers mitgibt. Die restlichen zwei Minuten des Spiels beschreibt der Protagonist als „unvergessliches Erlebnis" (Z. 59 f.), womit die durchgängige Ironie der Erzählung ihren Höhepunkt erreicht.

Die Satire beschäftigt sich anhand der geschilderten Situation mit den Problemzonen des menschlichen Charakters. Anhand einer kurzen Episode wird gezeigt, wie Arroganz, Dummheit,

Schluss

Feigheit und liebedienernde Erniedrigung miteinander kämpfen und wie wankelmütig der Mensch in seinen Haltungen und Verhaltensweisen ist.
So richtet sich das Verhalten häufig an dem vermeintlich starken oder schwachen Gegenüber aus, dem wir mit unterschiedlicher Haltung begegnen. Auffällig ist, wie in Kishons Text aus dem erst so übertrieben selbstbewussten Mann ein kleinlauter Bittsteller wird, wenn er sich vermeintlich Mächtigeren gegenübersieht. Die Zuspitzung der Situation ergibt sich am Ende, als der so unterwürfig agierende Mann angesichts eines Schwächeren zum „Platzpiraten“ mutiert und er damit genau das weitergibt, was ihm gerade geschehen ist. Damit bestätigt er in geradezu beispielhafter Weise die häufig anzutreffende Meinung, dass man sich an dem angeblich weniger Starken „austoben“ dürfe, es tunlichst aber bei dem aus unserer Sicht Starken vermeiden sollte, da der Erfolg, auf den man aus ist, hier doch sehr zweifelhaft wird.
Der Protagonist verhält sich genau gegenteilig zu dem Sprichwort „Was du nicht willst, das man dir tu, das füg auch keinem andern zu“, indem er selbst zu dem wird, was er an anderen abstoßend und unredlich findet.

Fazit

Die Satire ist also ein Lehrstück über die möglichen Abgründe unseres Charakters. Es bleibt für uns nur zu hoffen, dass wir möglichst wenig von uns selbst in der beschriebenen Person des „fanatischen Sportliebhabers“ wiederfinden.

Erich Kästner (1899–1974)
Lessing

Das, was er schrieb, war manchmal Dichtung,
doch um zu dichten schrieb er nie.
Es gab kein Ziel. Er fand die Richtung.
Er war ein Mann und kein Genie.

Er lebte in der Zeit der Zöpfe,
und er trug selber seinen Zopf.
Doch kamen seitdem viele Köpfe
Und niemals wieder so ein Kopf.

Er war ein Mann, wie keiner wieder,
obwohl er keinen Säbel schwang.
Er schlug den Feind mit Worten nieder,
und keinen gab's, den er nicht zwang.

Er stand allein und kämpfte ehrlich
und schlug der Zeit die Fenster ein.
Nichts auf der Welt macht so gefährlich,
als tapfer und allein zu sein!

Erich Kästner: Zeitgenossen, haufenweise: Gedichte. Werke, Band I, München Hanser 1998, S. 232 f.

Arbeitsauftrag

Interpretieren Sie das Gedicht!

Lösungsvorschlag

Das vorliegende Gedicht stammt von Erich Kästner, einem zeitkritischen Dichter und Schriftsteller, der weit über die Grenzen Deutschlands berühmt wurde.
In der Interpretation kommt es darauf an, die Gesamtheit seiner Aussage über Lessing, den bedeutenden deutschen Poeten der literarischen Epoche der Aufklärung, zu erfassen. Dazu ist es hilfreich, etwas über das Leben und Werk Lessings zu wissen, da sonst einige Äußerungen Kästners nicht verstanden und richtig gewertet werden können.
Die Interpretation beginnen Sie mit einem biografisch-zeitgeschichtlichen Einstieg. Anschließend äußern Sie sich zum Inhalt des Gedichtes anhand einer kurzen Zusammenfassung. Sie bewerten erste äußere Eindrücke und gehen dann gezielt auf die Schwerpunkte ein, indem Sie dicht am Text bleiben, häufig zitieren und so Beweise für ihre Aussagen liefern. Beziehen Sie auf jeden Fall auch sprachlich-stilistische Aspekte mit ein, da sie ein wesentlicher Bestandteil des lyrischen Werkes sind. Werten Sie Ihre Eindrücke und berücksichtigen Sie dabei sowohl die anzunehmende Zeit der Entstehung als auch Ihre heutige Sicht als Abschluss.

Einleitung

Erich Kästner, ein bedeutender deutscher Dichter und Schriftsteller, der ebenso durch seine Kinderbücher wie durch ironisch-satirische Texte berühmt wurde, verfasste ein Gedicht über Lessing, den großen Aufklärer der deutschen Literatur.
Es handelt sich dabei offensichtlich um eine lyrische Auseinandersetzung mit einem Vorbild oder zumindest einer als seelenverwandt einzuschätzenden Person, wie Sprache und inhaltliche Gestaltung des Gedichts annehmen lassen.

Verfasserbezug

Wenn Erich Kästner sich hier auf diese Art und Weise mit dem Schaffen und der Person eines Dichters auseinandersetzt, der lange Zeit vor ihm lebte, so muss ihn dieser durch seine Art zu schreiben und zu leben beeindruckt haben.

Hauptteil

äußere Form

Das Gedicht beginnt mit einer denkbar einfachen Überschrift, die nur den Namen „Lessing“ nennt. Es folgen vier gleich lange Strophen, die eine relativ einfache Struktur aufzeigen. So beinhalten sie vier Verse, die einem klaren Reimschema folgen – dem Kreuzreim (abab, cdcd, usw.). Dieses Schema ist auch häufig bei Volksliedern oder Kinderreimen zu finden, die man sich leicht einprägen kann. Das Gedicht wirkt also vom ersten Eindruck her leicht überschaubar und ohne große Schwierigkeiten zu verstehen.

Dieser Eindruck wird durch die verwendete Sprache verstärkt, bei der es sich um eine allgemeine Umgangssprache handelt, die jedem Leser vertraut ist.

Gegensatz Form/Inhalt

Eine spannende Erkenntnis ist jedoch die Tatsache, dass die einfache äußere Form und die Botschaft, die in dem Gedicht vermittelt wird, nicht übereinstimmen. Gemessen an dem problemlosen, übersichtlichen Aufbau erwartet man einen ebenso leicht zu verstehenden Inhalt. Doch bemerkt man bei der genaueren Beschäftigung mit dem Text schnell, dass es sich hier um die intensive Würdigung des Dichters Lessing handelt, und es wird deutlich, dass Kästner hier offensichtlich den Widerspruch zwischen Form und Inhalt als spannungssteigerndes Element nutzt.

Bezug zu Lessing

literaturgeschichtliche Bedeutung

Bevor der Inhalt des Gedichtes interpretiert wird, muss man sicher kurz etwas zu den Lebensumständen Lessings sagen. Lessing gilt in der Literatur der deutschen Aufklärung als ein Vorreiter neuer Ideen, die das Alte, übertrieben Künstlerische und Dogmatische der Literaturepoche des Barock ablösen. Er setzt dabei mit seinen Werken neue Maßstäbe und bleibt bis heute mit seinem Anspruch auf geistige Toleranz und Offenheit aktuell. Mit seinem Theaterstück „Nathan der Weise“ schafft er auf dramatischer Ebene das Vorbild eines Menschen, der egozentrisches religiöses Streben überwindet und für Weltoffenheit und Toleranz eintritt. Auch in seinen theoretischen Werken, wie der „Hamburgischen Dramaturgie“ setzt er Meilensteine für die Entwicklung eines deutschen Nationaltheaters und einer eigenen Dramentheorie.

biografischer Hintergrund

Sein privates Leben gilt als durchweg unglücklich. Hochintelligent muss er sich aufgrund von chronischem Geldmangel stets in den Dienst der Herrschenden stellen und kann sein Leben nie so gestalten, wie es ihm wichtig und richtig erscheint. Erst im fortgeschrittenen Alter erhält er die Genehmigung zur Heirat, Frau und Kind sterben jedoch wenige Zeit später bei der Entbindung. Lessings Satz aus einem Brief an einen Freund, „Ich wäre so gern glücklich gewesen!“, ist bis heute überliefert und von uns sicher nachvollziehbar, auch wenn wir seine Kümmernisse, Lasten und Schwierigkeiten nicht geteilt haben.

Rückbezug Gedicht

Kästner beschäftigt sich in seinem relativ kurzen Gedicht sowohl mit dem Dichter Lessing als auch den Zeitumständen, zu denen Lessing lebte.

„Das, was er schrieb, war manchmal Dichtung, " (V. 1) beginnt er und verdeutlicht mit dem Wort „manchmal", dass Lessing nicht nur als ein Dichter tätig war. Lessings theoretische Aufsätze, Briefe und Schriften sind keine Dichtung, aber für die deutsche Literatur bis in die heutige Zeit von unschätzbarer Bedeutung.

konkrete Textarbeit: 1. Strophe

Der scheinbare Widerspruch „doch um zu dichten schrieb er nie" (V. 2) gibt dem Leser die Gewissheit, dass der berühmte Aufklärer nicht der schönen Sprache oder eines Lobes wegen arbeitete, sondern eine völlig andere Aufgabe als die seine ansah: Aufklärung und Ausblick in eine neue, bessere Zeit.

These / Beweis

In kurzen und präzisen Sätzen erfolgt eine weitere Gegenüberstellung: „Es gab kein Ziel. Er fand die Richtung." (V. 3). Hieran wird deutlich, dass die Epoche der Aufklärung ihr Ziel nicht in der Erreichung bestimmter Resultate sah, jedoch den Schwerpunkt in der Orientierung auf Neues und Anderes setzte.

Epochenbezug

Das Menschliche wird zum Gegenstand, nicht mehr die übersteigerte Todessehnsucht oder eine verklärte Vorstellung von einem Leben nach dem irdischen Jammertal des späten Barockzeitalters.

Gegensatz Aufklärung / Barock

So lässt sich auch der kompromisslose letzte Vers der ersten Strophe deuten: „Er war ein Mann und kein Genie." (V. 4) Dem Begriff des Genies haftet bis heute der Geschmack des Unübertrefflichen und Einzigartigen an. Ganz bewusst bringt uns Kästner den Menschen Lessing hier nahe durch die raffinierte Gegenüberstellung von zwei vollkommen unterschiedlichen Begriffen. Er spielt also mit der Vorstellungskraft seiner Leser und macht gleichzeitig deutlich, dass Lessing kein Übermensch war.

Begriffserklärung

Die drei folgenden Strophen beginnen jeweils mit dem auf den Dichter verweisenden „Er" und zählen summierend auf, welche Eigenschaften ihm aus der Sicht Kästners zugestanden werden müssen.

Textarbeit / Interpretation

„Er lebte in der Zeit der Zöpfe," (V. 5) verortet Lessing in seiner Epoche, in der es durchaus Mode war auch als Mann einen Zopf – in Form einer Perücke – zu tragen: Es gehörte zur höfischen Konformität. Die Weiterführung mit der Ergänzung „und er trug selber seinen Zopf" (V. 6) ordnet Lessing in seine Zeit und Umstände ein, ohne ihn hier bereits als jemanden Außergewöhnlichen zu kennzeichnen. Erst im folgenden Vers wird dies deutlich, wenn Kästner ironisch fortfährt: „Doch ka-

2. Strophe

men seitdem viele Köpfe / Und niemals wieder so ein Kopf." (V.7 f.) Hier unterstreicht er durch die Einfügung des heraushebenden „Niemals" die Bedeutung dieses Dichters und Menschen für seine und die folgenden Zeiten. Das Wort Kopf wird hier als Synonym für die geistige und menschliche Leistung seines Trägers eingesetzt und steht für seine Werke ebenso wie für sein Handeln. Interessant erscheint, wie durch Verwendung des gleichen Begriffes im Plural die Einmaligkeit, das Besondere Lessings im Gegensatz zu den ihm nachfolgenden „viele[n] Köpfe[n]" (V. 7) hervorgehoben wird. Auffällig ist auch die parallele Anordnung der Formulierungen Zöpfe – Zopf sowie Köpfe – Kopf, die neben der inhaltlichen Symmetrie auf der Ebene der Satzkonstruktion auch noch eine sprachliche bilden. stilistische Mittel

In der dritten Strophe hebt Kästner seine Würdigung Lessings auf eine neue Stufe, indem er einen Satz mit ausschließendem Charakter formuliert: „Er war ein Mann, wie keiner wieder," (V. 9). Ähnlich einer Klimax gelangt er hier zu einer gesteigerten Aussage über Wesen und Auftreten des großen Vorbildes. Die Einfügung „wie keiner" hat einen ausgrenzenden und endgültigen Charakter, womit er die besondere Wesensart des Dichters noch einmal hervorhebt. Und bissig-ironisch ergänzt er im nächsten Vers „obwohl er keinen Säbel schwang" (V. 10). Diese Erklärung ist der Lebenszeit Lessings geschuldet, in der es üblich war, Auseinandersetzungen durch Kämpfe mit Waffen und nicht mit Worten zu führen. Dies unterstreichen die folgenden Verse, in denen der Verfasser dem Prinzip der parallelen Anordnung seiner Aussagen treu bleibt und sagt: „Er schlug den Feind mit Worten nieder," (V. 11) und triumphierend nachsetzt „und keinen gab's, den er nicht zwang" (V. 12). Mit dem erneuten Einschub des Begriffes „keinen" verdeutlicht er noch einmal die Einmaligkeit der von ihm gepriesenen Dichterpersönlichkeit. Dass Lessing seine Gegner mit Worten bezwang, macht ihn sofort sympathisch. Er scheint damit zu seiner Zeit ein Außenseiter gewesen zu sein, wie diese Verse vermuten lassen. 3. Strophe These Stilmittel der Ironie Beweis/Beispiel moralische Wertung

Bestätigt fühlt sich der Leser in dieser Annahme durch den folgenden ersten Vers der letzten Strophe „Er stand allein und kämpfte ehrlich" (V. 13), der ihm die Einsamkeit des Aufklärers noch einmal vor Augen hält. 4. Strophe

Kästner führt seine Aussageintention nun durch eine Metapher gezielt dem Höhepunkt entgegen. Lessings kritische Haltung wird durch die Formulierung „und schlug der Zeit die Fenster ein" (V. 14) hervorgehoben, sodass sich der Leser unwillkürlich fragen muss, wie kraftvoll Lessings Worte gewesen sein müssen, um dies im übertragenen Sinne zu vermögen.

sprachliches Bild

In den letzten beiden Versen macht Kästner deutlich, woher Lessing die Energie zu einer solchen, die Epochen überdauernden Leistung nahm: „Nichts auf der Welt macht so gefährlich, / als tapfer und allein zu sein!" (V. 15 f.) Damit wird dem Leser erkennbar, woher Kästner zufolge die poetische Kraft Lessings kam. Einsamkeit mag für manchen Menschen Anlass zur Resignation sein, sie kann aber genauso gut auch der Anstoß zu einer revolutionären Haltung werden, zu einer Höchstleistung, mit der man sein Können beweist.

Kernaussage des Gedichts

Diese unterschiedlichen Reaktionen haben viele Literaten gezeigt, wenn sie alleingelassen, ohne Unterstützung, teilweise im Exil, ihr Leben fristen mussten. Die Stärke eines Charakters zeigt sich, so könnte man Kästners Hymne auf Lessing verstehen, erst in Belastungssituationen. Bewundernswerte Leistungen dann zu erbringen, wenn man allein und einsam ist, wenn keiner hilft, das ist die wahre Bewährungsprobe. Gotthold Ephraim Lessing hat sie ebenso bestanden wie Erich Kästner.

Fazit

Thüringen – Besondere Leistungsfeststellung Deutsch 2009
Aufgabe 1: Nichttextgebundene Erörterung

„Es ist fast unmöglich, die Fackel der Wahrheit durch ein Gedränge zu tragen, ohne jemandem den Bart zu sengen."

Georg Christoph Lichtenberg (1742–1799)

Arbeitsauftrag

Erörtern Sie den Aphorismus von Lichtenberg!
Verdeutlichen Sie den Aussagewert für die Vergangenheit und die Gegenwart!

Lösungsvorschlag

Es handelt sich bei der vorliegenden Aufgabe um eine freie Erörterung. Hierbei stehen Ihnen zwei Möglichkeiten offen: Sie können den Ausspruch linear oder mit einer Gegenüberstellung von Pro und Kontra (dialektische Erörterung) bearbeiten. Lesen Sie sich zu Anfang den Satz mehrfach intensiv durch und bedenken Sie, in welcher Zeit er entstanden ist. Beziehen Sie, wenn möglich, Ihre Kenntnisse aus Literatur, Geschichte und Kunst mit ein. Bedenken Sie zudem, was ein Aphorismus ist und wie er entsteht.
Je nach Ihrer Entscheidung werden Sie dann eine Liste von Beispielen suchen, die die Richtigkeit der Aussage in Vergangenheit und Gegenwart belegen. Achten Sie darauf, dass Sie dafür eine ausreichende Themenvielfalt heranziehen. Sollten Sie sich für die zweite Variante der freien Erörterung entscheiden, so müssen Sie mit den Gegenargumenten in gleicher Weise verfahren. Ordnen Sie Ihre Gedanken und finden Sie innerhalb des Aufsatzes immer wieder zur Aussage Lichtenbergs zurück. Fassen Sie am Schluss Ihre Ansicht bzw. die verschiedenen Positionen zusammen, und geben Sie, wenn möglich, einen Ausblick auf die weitere Entwicklung der angesprochenen Problematik.
Lassen Sie sich beim Arbeiten genug Zeit, um Ihren Text mindestens einmal gründlich Korrektur zu lesen.

Einleitung
historischer Hintergrund

Der von Georg Christoph Lichtenberg formulierte Aphorismus wurde im Verlauf des 18. Jahrhunderts geprägt. In dieser Zeit spielten sich tiefgreifende historische Veränderungen ab: Im Zeitalter der Aufklärung begehrten die Bürger zunehmend gegen absolutistische Strukturen auf und die französische Revolution wie auch bereits ihre Vorboten beeinflussten die europäischen Nachbarländer. In der Literatur gab es zu dieser Zeit ebenfalls mehrere Epochenwechsel – von der Aufklärung über den Sturm und Drang bis hin zur beginnenden Klassik. Dies verdeutlicht, dass ein Dichter in seinen Werken immer auch einen Spiegel gesellschaftlicher Verhältnisse zeigt und diese Umbrüche in seinen Aussagen verinnerlicht.

Hauptteil
Begriffsklärung

Ein Aphorismus ist ein Gedankensplitter, eine sehr kurze Formulierung, die, gewissermaßen als Lebensweisheit ihres Urhebers, meist in ironischem Unterton Kritik an Verhaltensweisen oder dem Denken der Menschen übt.

Ausgangsthese

Mit seinem knappen, prägnanten Satz will Lichtenberg Folgendes ausdrücken: Manchmal muss man in Kauf nehmen, dass jemand, dem man die Wahrheit sagt, verletzt darauf reagiert.

Und weist man z. B. wahrheitsgemäß auf etablierte Missstände hin, ist oft mit Protesten von allen Seiten zu rechnen.

Metaphorik des Aphorismus

Lichtenberg sagt, dass es ihm nahezu unmöglich erscheine, dass jemand „die Fackel der Wahrheit“ durch eine Menschenmenge, also ein Gedränge, befördere, ohne dass dabei jemand verletzt oder beeinträchtigt werde. Dabei fällt auf, dass er in seinem Aphorismus gleich in zweierlei Hinsicht mit stilistischen Mitteln arbeitet.

Metaphorik der Fackel

So stellt die „Fackel der Wahrheit“ eine sehr bildhafte Metapher dar. Eine Fackel brennt meist recht heftig, sie ist schwer zu löschen und verbreitet ein weitreichendes Licht; neigt sich ihr Brennmaterial dem Ende zu, leuchtet sie jedoch nur noch schwach. Die Wahrheit lässt sich im Grunde auf ganz ähnliche Weise beschreiben: Oft begegnet sie uns als eine leise von Mensch zu Mensch weitergetragene Botschaft, manchmal wird sie aber auch aus vollem Herzen in die Welt geschrien. Bisweilen hört man sie nicht gerne – und kann dann wieder eine Parallele zum zwar erhellenden, aber auch gefährlichen und bei Berührung schmerzenden Feuer einer Fackel erkennen.

Metaphorik des versengten Barts

Die zweite stilistische Feinheit ist die Formulierung, dass man keine Fackel durch eine Menge tragen könne, ohne „jemandem den Bart zu sengen“. Auch hier arbeitet der Verfasser mit unserer Vorstellungskraft, um seine Botschaft eindringlicher wirken zu lassen. Jeder kann sich vorstellen, wie entsetzt man wäre, wenn man durch ein Feuer verletzt würde, das jemand in Händen trägt – ob am Bart oder in irgendeiner anderen Form. Auch hier meint der Dichter natürlich nicht das wortwörtliche Entzünden des Haares, er scheint dies nur als einprägsames Bild gewählt zu haben, das seine Aussage eindringlicher macht.

These

Wenn wir nämlich die Wahrheit befördern (meist als Wort, das wir einem anderen oder auch über einen anderen sagen), so kann es leicht passieren, dass wir damit jemanden verletzen. Jeder hat das mit Sicherheit schon erlebt. Man muss also nicht bis ins 18. Jahrhundert zurückblicken, um den Wahrheitsgehalt dieser Aussage zu überprüfen.

Beispiel 1

Unser bester Freund teilt uns wahrheitsgemäß mit, dass er unser Verhalten in einer bestimmten Angelegenheit nicht billigt. Wie reagieren wir? Zuerst werden wir denken, dass wir gerade von ihm erwartet hätten, dass er uns beisteht, sich auf unsere Seite schlägt und uns Recht gibt. Enttäuschung und Zorn sind deutliche Zeichen unserer Reaktion. „Die Fackel der Wahrheit“ hat uns „den Bart gesengt“, uns also verletzt und vermeintlich ins Unrecht gesetzt. Wenn wir aber fair und klug sind, dann werden wir nachdenken und vielleicht begreifen, dass der Freund uns damit nicht wehtun wollte. Seine Hilfe haben wir also falsch verstanden und darauf auch nicht angemessen reagiert.

Manchmal mag es uns aber auch selbst egal sein, ob und wem wir „den Bart sengen“, wenn es uns um eine Aussage geht, die wir für nicht diskutabel halten und von der wir meinen, dass sie unbedingt ausgesprochen werden sollte. Auch das mag Verletzungen nach sich ziehen, die wir im Grunde einkalkuliert haben. Häufig geschieht dies z. B. in politischen Diskussionen, wo die Programme von Parteien oder die Aussagen auf Wahlplakaten manchmal offensichtlich verletzend für andere sind, wenngleich sie auch wahr sein mögen. Man versucht also bewusst gar nicht erst das „fast“ Unmögliche, wie Lichtenberg es nennt. Beispiel 2

In der Literatur wurde schon immer versucht, Wahrheiten für die Menschen zu transportieren – allerdings auch häufig ohne Verletzung bestimmter Personen. Denken wir an Lessings „Nathan der Weise“, der uns zeigt, dass Toleranz ein Entwicklungsprozess ist, dem wir uns unterwerfen müssen, um ein faires und gutes Leben zu führen. Dabei hat auch Nathan seine Probleme, die Wahrheit angemessen zu formulieren, wenn er dem Sultan gegenübersitzt: Es darf ihm kein falsches Wort herausrutschen, denn das könnte für ihn den Tod bedeuten. Doch mit der Ringparabel gelingt es ihm, die Wahrheit zu sagen, ohne dem Sultan den „den Bart zu sengen“. Literarische Beispiele: „Nathan der Weise“

Aber auch ein ganz aktuelles Beispiel belegt, wie richtig Lichtenberg auch heute noch mit seinem Aphorismus liegt: Die rechte Szene in Deutschland gewinnt in den letzten Jahren zunehmend an Bedeutung, weil Menschen die Wahrheit bewusst nicht hören wollen und ihre Augen und Ohren dagegen verschließen: Sie sind nicht bereit, zu erkennen und zu begreifen, dass ihre Sicht der Dinge falsch ist und dass sie den Einflüsterungen falscher Propheten erlegen sind. Im Gegenteil, sie fühlen sich „gesengt“ von der Fackel der Wahrheit und reagieren auf Kritik oft genug mit Aggressivität und Gewalt. Ein trauriges Beispiel dafür ist der Mord an einer jungen Ägypterin, die es gewagt hat, gegen die Beleidigungen durch einen Rechtsradikalen gerichtlich vorzugehen. aktuelles Beispiel: Rechtsradikale

Zu Lichtenbergs Zeiten reagierte der Adel eher ablehnend auf Schillers Dramen „Kabale und Liebe“ oder „Die Räuber“, in Zeitlosigkeit der gezeigten Problematik

denen die Missstände innerhalb der herrschenden Klasse kritisiert wurden. Und ganz ähnliche Erfahrungen können auch wir heute machen, wenn wir berechtigte Kritik üben, die aber der Kritisierte nicht einsehen möchte. Dabei denke ich an Schüler meines Alters, die einen Großteil ihrer Freizeit am Computer verbringen, sich weder bewegen noch den Austausch durch Gespräche mit Gleichaltrigen suchen und sich nirgends engagieren. Sagt man ihnen das und zeigt die Folgen auf, so wird man häufig als Besserwisser abgetan. Man „hat die Fackel durchs Gedränge getragen" und ist dabei so manch einem auf den Schlips getreten.

Fazit

Wenn aber später ein Klassenkamerad zu uns kommt und sagt: Du hast Recht!, dann haben wir dennoch jemandem zum Denken und Reagieren verholfen. Das sollte uns die Aufregung und Anstrengung immer wieder wert sein.

Thüringen – Besondere Leistungsfeststellung Deutsch 2009
Aufgabe 2: Textgebundene Erörterung

„Jeder Schüler sollte klassische Literatur lesen!"

Wem das Lesen klassischer Literatur wie Zeitverschwendung vorkommt, der sollte sich einmal ausrechnen, wie viel Zeit er zum Beispiel fürs Fernsehen vergeudet. Mir geht diese Konsumhaltung auf die Nerven! Natürlich ist klassische Literatur nicht so einfach nachzuvollziehen wie Germany's Next Topmodel und vielleicht auf den ersten Blick auch nicht so amüsant wie die Bild-Zeitung. Aber mit Sicherheit ist klassische Literatur nicht langweilig oder gar sinnlos.

All diese Bücher sind angeblich viel zu lang, kompliziert und langweilig, um sich ernsthaft damit zu befassen. Da kauft man sich doch lieber vom Büchergeld ein paar Burger oder spart es für ein neues Computerspiel. Die Daddel-Schmiede Blizzard hat natürlich viel mehr Ahnung vom wirklichen Leben als die alten Schriftsteller.

Wie kann man klassische Literatur für Scheiße und unnütz halten, wenn man noch kein einziges dieser Bücher gelesen hat? Wir haben in der 10. Klasse ein Buch von Hermann Hesse behandelt und ich hatte mich wirklich darauf gefreut. Doch mein Banknachbar legte das Buch schon nach dem ersten Satz beiseite: „Schon wieder so ein klassischer Mist!" Dabei ist es so wichtig, wenigstens einen Einblick zu bekommen. In diesen alten Werken sind viele Denkmuster der jeweiligen Zeit festgehalten, interpretiert und erklärt. Wer sich ein wenig damit beschäftigt, wird schnell merken, dass viele dieser Denkmuster fest in unserer Gesellschaft verankert sind. Kurz: Wer sich mit klassischer Literatur beschäftigt, wird Menschen und damit sich selbst besser verstehen. Zugleich bietet die klassische Literatur eine wichtige Ergänzung zum üblichen Unterricht, in dem Formeln und Daten im Vordergrund stehen.

Im Prinzip finde ich es gar nicht dramatisch, wenn man mit klassischer Literatur nichts anfangen kann – genauso wie ich nichts mit Französisch anfangen kann, obwohl es bestimmt eine sehr schöne Sprache ist. Doch das Problem besteht ja darin, dass die Schüler stattdessen mit Fernsehen und Ähnlichem die Zeit totschlagen und geistig total verhungern.

Hesse hat übrigens in jenem „klassischen Mist" „Unterm Rad" erkannt, dass Zwänge in der Schule zum Verlust der Individualität führen. Ich glaube, unsere Gesellschaft ist an einem Punkt angelangt, an dem die Schule Zwänge einführen muss, um die Individualität zu retten.

Jonas Großmann, 17

In: SPIESSER – die Jugendzeitschrift. Thüringen Juni 2008, Nr. 119, S. 6.

Arbeitsauftrag

Analysieren Sie den Text! Benennen Sie dabei Jonas' Positionen! Setzen Sie sich mit dem Fazit auseinander!

Lösungsvorschlag

Die hier gestellte Aufgabe fordert eine Auseinandersetzung mit dem Thema auf dreierlei Weise: Der Text soll analysiert, seine Themen benannt und reflektiert werden. Als textgebundene Erörterung stellt der Aufsatz also Anforderungen an Sie, die über den unmittelbaren Text hinausgehen.

Lesen Sie den Text zunächst sorgfältig. Beachten Sie, dass der Verfasser unwesentlich älter ist als Sie selbst. Schauen Sie sich genau die Struktur und Sprache seines Zeitungsartikels an und markieren Sie wesentliche Punkte sowie sprachliche Besonderheiten durch Unterstreichungen. Achten Sie darauf, welche Beispiele der Autor verwendet und welche Schlüsse er daraus zieht.

Seine Schlussfolgerung lautet folgendermaßen: Unsere Gesellschaft ist an einem Punkt angelangt, an dem die Schule Zwänge einführen muss, um die Individualität zu retten.

Versuchen Sie Ihre Position zu dieser Aussage zu erklären und belegen Sie sie mit Beispielen. Zitieren Sie dazu immer wieder aus dem Text, damit die Verbindung zu diesem erhalten bleibt.

Einleitung

„Jeder Schüler sollte klassische Literatur lesen!" – so betitelt der 17-jährige Schüler Jonas Großmann seinen Text, den er im Jahr 2008 für die Zeitschrift „SPIESSER" verfasste. Für das Alter des jungen Manns klingt diese Aussage ungewöhnlich. Jonas setzt sich innerhalb seines Beitrags mit der Notwendigkeit des Lesens von klassischer Literatur auseinander und belegt seine Aussagen an eigenen Erfahrungen.

Basissatz

Hauptteil
äußere Form

Der Zeitungsartikel ist in insgesamt fünf unterschiedlich lange Absätze eingeteilt. Durch diese Untergliederung unterstreicht der Verfasser Ende und Anfang von Gedankengängen, die ihm wichtig erscheinen.

Sprache

Sein Schreibstil ist umgangssprachlich, sodass Jugendliche den Text mit Sicherheit gut lesen und verstehen können. Er verwendet etwa die Formulierung „auf die Nerven gehen" (Z. 3), genauso wie das Fäkalwort „Scheiße" (Z. 12). In einem Zitat aus den Aussagen eines Mitschülers findet sich ein weiteres Beispiel dafür, da dieser die Beschäftigung mit klassischer Literatur als „Mist“ bezeichnet (Z. 16). Auch die Satzstruktur ist nicht außergewöhnlich komplex. Häufig handelt es sich um relativ kurze Sätze oder um aufzählende Reihungen, z. B.: „[…] sind angeblich viel zu lang, kompliziert und langweilig […]“ (Z. 7). Hinsichtlich des Satzbaus geht der Verfasser also ebenfalls nicht über das Anspruchsniveau seiner Altersgruppe hinaus.

Allerdings wird schnell deutlich, dass Jonas ganz klare Vor- Textinterpretation: Ausgangsthese
stellungen von Bildung hat, die wiederum deutlich von denen seiner Altersgenossen abweichen. Das Lesen klassischer Literatur scheint für ihn unabdingbarer Bestandteil einer umfassenden Bildung zu sein. Bereits in der ersten Zeile verdeutlicht er seine Ansicht bezüglich Zeitverschwendung durch zu viel Fernsehen oder auch das Lesen der Bild-Zeitung anstatt der Beschäftigung mit wertvoller Literatur. Teilweise arbeitet er mit ironischem
Unterton, wenn er sagt, dass sicherlich die „Daddel-Schmiede Ironie
Blizzard […] mehr Ahnung [hat] vom wirklichen Leben als die alten Schriftsteller“ (Z. 9 ff.). Man benötigt keine weiteren Ausführungen, um seine Position nachzuvollziehen oder zu erkennen, dass Jonas mit Sicherheit nicht zum Kreis der Dauernutzer dieser Spiele und Konsolenanbieter gehört.

Er macht sehr logisch darauf aufmerksam, dass man doch nur Argument 1
einschätzen könne, was man kenne, dass man also diese Art von
Literatur nicht für unnütz halten könne, wenn man sie nie gele- Begründung
sen und durchdacht habe (vgl. Z. 12/13). Anhand des Beispiels Beispiel
eines Klassenkameraden zeigt er, wie voreilig Meinungen geäußert werden, die überhaupt keine Grundlage haben.

Als besonders wichtig erscheinen mir seine Ausführungen Argument 2
bezüglich alter und heutiger Denkmuster. Daraus schlussfolgert er, dass derjenige, der sich mit klassischer Literatur beschäftigt,
andere und sich selbst auf eine intensivere, bessere Art verstehen Begründung
werde (Z. 18 ff.).

Außerdem weist er der Literatur im klassischen Sinne eine Argument 3
wichtige Funktion als Gegenpol zu dem sonst eher mathematisch-naturwissenschaftlich geprägten Unterrichtsstil unserer Zeit zu. Insofern hat er also die Hinweise und Ziele der Klassi-
ker verstanden: Dass nämlich ein allgemeines Bildungsniveau Begründung
erstrebenswert ist, nicht die Herausbildung von Menschen, die Beispiel
sich zwar auf einem Gebiet als Spezialist zeigen, sonst jedoch keinerlei Kenntnisse von der Welt und ihren Zusammenhängen haben.

Charakterisierung des Autors

Sympathisch wird Jonas Großmann, wenn er sagt, dass es auch für ihn Themen gibt, die ihn nicht besonders interessieren oder für die ihm gewisse Talente fehlen, in seinem Fall das Fach Französisch. Dennoch äußert er sich nicht abfällig darüber, sondern spricht sogar von einer „schöne[n] Sprache“ (Z. 26). Das zeigt seine Reife, die unter anderem eben auch durch seine Beschäftigung mit klassischer Literatur gefördert wird.

Schlussfolgerung des Autors

Schon eher sarkastisch stellt er fest, dass viele Schüler anstelle des Lesens lieber mit Fernsehen und anderen, seiner Meinung nach unsinnigen, Aktivitäten die „Zeit totschlagen und geistig total verhungern“ (Z. 27 f.). Einer Klimax ähnlich treibt er die Aussage hier auf einen Höhepunkt, der allerdings ein wenig überspitzt ist: Schließlich führt nicht jedes Fernsehprogramm zum ‚geistigen Tod‘. Richtig erscheint Großmanns Einsicht, dass gerade Hermann Hesse in „Unterm Rad“ aufzeigt, wohin Zwänge in der Schule seiner Zeit führten. Dennoch schlussfolgert er daraus, dass es für unsere Zeit nun die Rettung des Individuums sein könnte, Zwänge in der Schule walten zu lassen, um Schüler zum Lesen zu bringen.

Fazit

Auseinandersetzung mit dem Fazit

Unzweifelhaft stimme ich ihm zu, dass jemand, der viel liest und dabei auch klassische Literatur nicht vernachlässigt, sich selbst geistig fordert und über mehr Einfühlungsvermögen anderen gegenüber verfügt. „Lesen bildet“ ist ein geläufiger Slogan, dessen Aussage man stets bestätigt findet. Etwas kritischer sehe ich sein Fazit, dass Zwang das erste Mittel sei, um Jugendliche für klassische Literatur zu interessieren.

Ablehnung aufgrund von Zwang

Zwang erzeugt oft heftige Abwehr, und ich glaube, dass man damit eher das Gegenteil erreichen würde: nämlich, dass noch mehr Schüler ihr Interesse an klassischer Literatur verlieren. Wenn die Eltern z. B. wieder und wieder darauf hinweisen, sich nun endlich mit einem Brief bei den Großeltern für das erhaltene Geburtstagsgeschenk zu bedanken, wird man dieser Aufforderung immer weniger nachkommen wollen, auch wenn man es selbst vielleicht ohnehin vorhatte. Aber kaum jemand möchte sich zu sehr bevormunden lassen und nur das ausführen, was man von anderen aufgetragen bekommt.

Berücksichtigung verschiedener Geschmäcker

Außerdem gibt es verschiedene Geschmäcker, die auch bei klassischer Literatur erlaubt sein sollten: Es sollte den Schülern überlassen sein, sich für das eine Werk zu entscheiden oder ein anderes abzulehnen. Der eine mag „Kabale und Liebe“ als zeitlos und aussagekräftig ansehen, der andere findet das Drama vielleicht nur kitschig.

Nicht zuletzt ist es auch nicht so, dass die Themen klassischer Literatur überhaupt keine Rolle im Leben Jugendlicher spielen, auch wenn sie selbst kein Werk von Goethe zur Hand nehmen. Aber den Inhalt seines „Zauberlehrlings" kennen sie vielleicht dennoch aus der zugehörigen Walt-Disney-Verfilmung. Literarische Stoffe finden oft Eingang in Filme, und wenn man Otfried Preußlers „Krabat" auch nicht als klassisches Werk der deutschen Literatur ansehen mag, so zeigt der aktuelle Erfolg des gleichnamigen Films dennoch, dass man nicht unbedingt das Buch gelesen haben muss, um mit der gezeigten Thematik vertraut zu sein.

Alternative Kanäle

Mir erscheint es wesentlich klüger, durch die Wirkung von Vorbildern Einfluss zu nehmen. Gern erinnere ich mich an meine Lehrerin, die von Woche zu Woche immer Bücher mitbrachte, die sie gelesen hatte und dann uns überließ. Sie legte sie einfach auf den Tisch und schon nach kurzer Zeit fanden wir es ein wenig unfair, dass immer die vorn sitzenden Schüler das Buch zuerst erringen konnten. Aber auch das ließ sich klären. Ich weiß nicht, wie viele Bücher ich auf diese Art gelesen habe, ohne jeden Zwang. Daraus schlussfolgernd muss man sagen, dass es also bei Weitem nicht nur Druck ist, der unsere Individualität stützt und erhält.

Gegenvorschlag

Was Jonas Großmann betrifft, so denke ich, dass er hier auch ein wenig sein ironisches Talent aktiviert, den Widerspruch herausfordert und damit eine Diskussion startet, die uns allen nur von Nutzen sein kann.

Fazit

Philemon und Baucis

Auf einem Hügel im Lande Phrygien[1] steht eine tausendjährige Eiche und dicht neben ihr eine Linde von gleichem Alter.

Einst kam in diese Gegend Vater Zeus mit seinem Sohne Hermes. In menschlicher Gestalt wollten sie die Gastlichkeit der Menschen versuchen; darum klopften sie an tausend Türen, um ein Obdach für die Nacht bittend. Aber hart und selbstsüchtig war der Sinn der Bewohner, sodass die Himmlischen nirgends Einlass fanden. Siehe, da stand ein Hüttchen am Ende des Dorfes, niedrig und klein nur, mit Stroh und Sumpfrohr gedeckt; aber im ärmlichen Haus wohnte ein glückliches Paar, der biedre Philemon und Baucis, sein gleichaltriges Weib. Dort hatten sie zusammen die frohe Jugend durchlebt, dort waren sie zu weißhaarigen Alten geworden. Sie machten keinen Hehl aus ihrer Armut, aber leicht ertrugen sie ihr dürftiges Los, heiter und freundlich, in herzlicher Liebe, wenn auch kinderlos, schalteten sie in dem niedrigen Häuschen, das sie allein miteinander bewohnten.

Als nun die hohen Gestalten der beiden Götter diesem ärmlichen Dache sich nahten und die niedrige Pforte mit gebücktem Haupte durchschritten, kam ihnen das wackre Paar mit herzlichem Gruße entgegen, der Greis stellte die Sessel zurecht, die Baucis mit grobem Gewebe bedeckte, und bat die Gäste, sich auszuruhen. Das Mütterchen eilte geschäftig zum Herde, stöberte in der lauen Asche nach einem glimmenden Funken, häufte trockenes Holz und Reisig und blies aus dem Qualm mit schwachem Atem die Flamme an. Darauf trug sie gespaltenes Holz herzu und schob es unter den kleinen Kessel, der über dem Feuer hing. Unterdessen hatte Philemon Kohl aus dem wohlbewässerten Gärtchen geholt, den die Alte eifrig entblätterte, hob mit der zweizinkigen Gabel einen geräucherten Schweinsrücken von der rußigen Decke des Gemaches (lange hatten sie ihn zu festlicher Gelegenheit aufgespart) und schnitt ein mäßiges Stück von der Schulter, um es ins siedende Wasser zu werfen. Damit nun aber den Fremdlingen die Weile nicht zu lang werde, bemühten sie sich, durch harmloses Gespräch sie zu unterhalten. Auch gossen sie Wasser in die hölzerne Wanne, auf dass jene am Fußbad sich erquickten. Freundlich lächelnd nahmen die Götter das liebreich Gebotene an, und während sie die Füße behaglich ins Wasser streckten, richteten die guten Wirte das Ruhebett. Dieses stand inmitten der Stube, mit Teichschilf waren die Polster gestopft, von Weidengeflecht die Füße und das Gestell; aber Philemon brachte Teppiche geschleppt, die sonst nur an festlichen Tagen hervorgeholt wurden – ach, auch sie waren alt und schlecht, und dennoch legten die göttlichen Gäste sich gern darauf, um nun das fertige Mahl zu genießen. Denn jetzt stellte das Mütterchen, geschürzt und mit zitternden Händen, den dreibeinigen Tisch vor das Lager, und da er nicht fest stehen wollte, schob sie dem zu kurzen Fuß eine Scherbe unter; darauf rieb sie die Platte mit frischer Krauseminze und trug die Speisen auf. […]

Während nun alle an Speise und Trank sich labten, bemerkte Philemon, dass der Mischkrug trotz der immer von neuem gefüllten Becher sich nicht leeren wollte und stets der Wein wieder bis zum Rand emporwuchs. Da erkannte er mit Staunen und Furcht, wen er beherbergte; ängstlich flehte er samt seiner greisen Genossin mit emporgehobenen Armen und demütig gesenkten Augen, dass sie gnädig auf das dürftige Mahl schauten und ob der schlechten Bewirtung nicht zürnten. […]

Die Gäste wehrten dem Eifer der beiden Alten und sprachen mild lächelnden Mundes also: „Wir sind Götter! Der Menschen Gastlichkeit zu erforschen, stiegen wir nieder zur Erde. Eure Nachbarn fanden wir ruchlos[2], und sie sollen der Strafe nicht entrinnen. Ihr aber verlasst dieses Haus und folgt uns hinauf auf die Höhe des Berges, damit ihr nicht unschuldig mit den Schuldigen leidet." Die beiden gehorchten; auf Stäbe gestützt, strebten sie mühsam den steilen Berg hinan. Noch einen Pfeilschuss waren sie vom höchsten Gipfel entfernt, da wandten sie ängstlich den Blick und sahen die ganze Flur in einen wogenden See verwandelt, nur einzig ihr Häuschen war von allen Gebäuden noch übrig. Während sie noch staunten und das Schicksal der anderen beweinten, siehe, da ward die alte ärmliche Hütte zum ragenden Tempel; von Säulen getragen, schimmerte das goldne Dach, Marmor deckte den Boden. Und jetzt wandte sich Zeus mit gütigem Antlitz zu den zitternden Alten und sprach: „Saget mir, du redlicher Greis und du, des Redlichen würdige Gattin, was wünscht ihr euch?" Nur wenige Worte wechselte Philemon mit seinem Weibe, dann sprach er: „Eure Priester[3] möchten wir sein! Vergönnt uns, jenes Tempels zu pflegen. Und weil wir so lange in Eintracht miteinander gelebt haben, so lasset uns beide in *einer* Stunde dahinsterben; dann schau ich niemals das Grab des lieben Weibes, noch muss jene mich bestatten." Ihr Wunsch ward erfüllt. Sie hüteten beide des Tempels, solange ihnen das Leben gegönnt ward. Und als sie einst, von Alter und Jahren aufgelöst, zusammen vor den heiligen Stufen standen, des wundervollen Geschicks gedenkend, da sah Baucis ihren Philemon und Philemon seine Baucis in grünem Laube verschwinden; schon wuchsen um beider Antlitz schattige Wipfel in die Höhe. „Leb wohl, du Trauter!" – „Leb wohl, du Liebe!", so sprachen sie beide wechselnd, solange sie noch zu reden vermochten. So endigte das würdige Paar; er ward zur Eiche, sie zur Linde, und noch im Tode stehen sie traulich zusammen, wie sie im Leben unzertrennlich waren. […]

Schwab, Gustav: Sagen des klassischen Altertums. Frankfurt a. M. 1975, S. 942 ff.
(Der Text wurde an die neue Rechtschreibung angepasst.)

1 Phrygien: Landschaft im mittleren Kleinasien.
2 ruchlos: gemein.
3 Priester: Diener der Götter.

Arbeitsauftrag

Interpretieren Sie die Sage!
Erklären Sie dabei, wie die Personenbeschreibungen die Botschaft der Sage unterstützen!

Lösungsvorschlag

Es handelt sich bei dieser Aufgabe um die Interpretation eines Sagentextes der griechischen Mythologie, der an vielen Stellen in der Kunst Verwendung fand. Gehen Sie zunächst auf den Begriff der Sage und ihre Zielsetzung in der Literatur ein. Lesen Sie dann den Text besonders gründlich, da es sich bei der vorliegenden Variante des Stoffs um eine Ausgabe handelt, in der alte Sprachformen Verwendung finden, die heute eher ungebräuchlich sind. Daher werden Ihnen einige Begriffe nur aus dem Kontext verständlich sein.
Verwenden Sie als Einstieg in das Thema eine kurze Zusammenfassung des Gelesenen. Anschließend erschließen Sie den Text interpretierend. Bleiben Sie mit Ihren Aussagen eng an der Textvorlage und zitieren Sie daraus.
Um zu erklären, wie die Personenbeschreibungen die Botschaft der Sage stützen, ist es unbedingt notwendig, Passagen einzubeziehen, in denen solche Beschreibungen vorkommen. Formulieren Sie diese Botschaft mit Ihren eigenen Worten und suchen Sie entsprechende Aussagen im Text, die Ihre Sichtweise unterstützen.
Schließen Sie Ihre Arbeit mit einem zusammenfassenden Fazit.

Einleitung
Begriffsklärung

Bei dem vorliegenden Text „Philemon und Baucis" handelt es sich um eine Sage. Diese Gattung der Literatur ist bereits sehr alt, wie wir an dem vorliegenden Beispiel sehen, das aus dem klassischen Altertum stammt. Damals wie auch später versuchte man, mittels Sagen verschiedene Botschaften zu transportieren. Meist ging es darum, aus dem Gehörten zu lernen, sich weiser und besser zu verhalten und Fehler zu vermeiden. Häufig gibt ein Sagentext eine Situation wieder, die wir in ähnlicher Form erlebt haben können, und die wir, ohne lange zu überlegen, auf unser Leben übertragen können.

Hauptteil
Schauplatz

Die hier vorliegende Textvariante einer Sage handelt von zwei Figuren der griechischen Mythologie: Philemon und Baucis.

Nachdem uns die Überschrift mit den für unsere Ohren recht ungewöhnlichen Namen der Hauptfiguren vertraut gemacht hat, erfahren wir im ersten Satz, dass sich die folgende Begebenheit in der Landschaft des mittleren Kleinasien abgespielt hat, denn es heißt: „Auf einem Hügel im Lande Phrygien steht eine tausendjährige Eiche und dicht neben ihr eine Linde von gleichem Alter“ (Z. 1 f.).

Inhalt

Besuch der Götter

Anschließend erfährt der Leser, dass einst der Gott Zeus mit seinem Sohn Hermes der Gegend einen Besuch abstattete. Beide suchten eine Unterkunft bei den Menschen, aber wenn sie auch an „tausend Türen“ (Z. 5) klopften, niemand wollte sie aufnehmen, bis sie „am Ende eines Dorfes“ (Z. 7) ein ganz ärmliches Hüttchen sahen, das eben von Philemon und Baucis bewohnt wurde.

herzlicher Empfang

Die beiden werden als sehr arm, einander aber dennoch in „herzlicher Liebe“ verbunden beschrieben (Z. 11 f.). Sie sind die Einzigen, die die beiden Vertreter der Götterwelt freundlich begrüßen und trotz der armseligen Verhältnisse, in denen sie leben, bewirten und beherbergen.

Belohnung durch die Götter

Götter loben und strafen, wie sich bald herausstellt. Nachdem die beiden Alten sich sogar entschuldigen für die magere Bewirtung, werden sie von ihren hohen Gästen auf einen steilen Berg geführt. Diejenigen, die kein Obdach angeboten und die Gäste nicht bewirtet haben, versinken durch den Zorn der Götter, die dieses Verhalten „ruchlos“ finden (Z. 50), in einem tiefen See. Nur das Häuschen der beiden Alten wird gerettet und verwandelt sich wie durch Zauberhand in einen schönen Tempel, der auf dem Berg steht. Philemon und Baucis wird die Pflege des Gebäudes aufgetragen und zudem ein weiterer Wunsch gewährt: Die beiden Alten wünschen sich, einst gemeinsam sterben zu dürfen, da ihre Liebe zu groß sei, als dass der eine es übers Herz brächte, den anderen zu beerdigen.

Und so hüten sie noch eine Weile gemeinsam den Tempel, bis ihre letzte Stunde gekommen ist und sie mit den Worten „Leb wohl, du Trauter!“ und „Leb wohl, du Liebe“ (Z. 71) voneinander Abschied nehmen und sich in die zu Beginn beschriebenen Bäume verwandeln, die weiter nebeneinander stehen und wohl nach tausend Jahren noch vereint vom Berg herabsehen.

Kernaussage

Die Sage beschreibt in eindrucksvoller Weise, wie man sich einem Gast oder allgemein einem Fremden gegenüber verhalten sollte. Dem heutigen Leser wird deutlich, dass abweisendes Verhalten Fremden gegenüber nichts Neues ist: Offenbar gab es dieses Phänomen schon immer und die freundlichen, aufgeschlossenen Menschen, die auch ihr letztes Essen teilen würden, waren stets in der Minderzahl.

Rezeption

In der klassischen Sage wird der Gute belohnt und der Schlechte bestraft, was uns heute eher märchenhaft erscheinen mag. Für die Menschen in der Antike, für die der Glaube an die Götter von zentraler Bedeutung war, mag die Begebenheit aber auch als wahr empfundene Nacherzählung eines tatsächlichen Ereignisses gegolten haben.

Charakterisierung der Hauptfiguren: antike Ideale

Die beiden alten Menschen, Philemon und Baucis, sind mit den idealen Charakterzügen der Antike und später auch der deutschen Klassik ausgestattet. Einer der bedeutendsten deutschen Dichter und Vertreter der Weimarer Klassik, Johann Wolfgang von Goethe, erneuerte in seinem Gedicht „Das Göttliche" ziemlich genau die Forderungen des Altertums: „Edel sei der Mensch, hilfreich und gut […]" (1783). Mit der Beschreibung dieser Verhaltensweisen sollte ein zeitgenössischer Moralbegriff untermauert werden.

Zufriedenheit, Bescheidenheit

Wenn der Text beschreibt: „[…] im ärmlichen Haus wohnte ein glückliches Paar, der biedere Philemon und Baucis, sein gleichaltriges Weib" (Z. 8 f.), so wird der Leser schlussfolgern, dass nicht das Äußere einer Behausung über Glück oder Unglück entscheidet. Philemon, der Herr des kleinen, ärmlichen Hüttchens, wird als „bieder" (Z. 9) im Sinne von „rechtschaffen", „ehrenwert" beschrieben. Trotz widriger Umstände nimmt das Paar sein Schicksal ohne Murren an und die beiden machen „kein Hehl aus ihrer Armut […], […] [sondern] ertrugen […] [leicht] ihr dürftiges Los, heiter und freundlich, in herzlicher Liebe" (Z. 11 f.).

Freigebigkeit

Diese Aussage wird uns heute besonders verwundern, da wir schnell unglücklich sind, wenn wir nicht das bekommen, was wir uns gerade wünschen. Häufig verzweifeln wir an Kleinigkeiten – ein Wesenszug, der den beiden Hauptfiguren der Sage völlig fehlt. Im Gegenteil: Fast hat es den Anschein, als seien die beiden gerade deswegen so glücklich, weil kein materieller Besitz sie daran hindert, uneingeschränkt füreinander da zu sein. So kommen sie den beiden Fremden, über deren Herkunft sie ja am Anfang nichts wissen, als „wackre[s] Paar mit herzlichem Gruße" (Z. 17) entgegen. Ihnen, die selbst so wenig besitzen, sind diese Fremden keine Last. Sie freuen sich über jeden, der ihr Gast sein will. So eilt „das Mütterchen" sofort, um alles zu bereiten, damit die Fremden es bei ihnen gut haben (vgl. Z. 19 ff.). Die beiden Alten geben ihr lang aufbewahrtes, letztes Stück Fleisch und Kohl aus ihrem kärglichen Gärtchen, damit eine gute Mahlzeit bereitet werden kann.

Selbst um die Unterhaltung der Fremden bemühen sich beide mit einem „harmlosen Gespräch" (Z. 28 f.). Hier wird das Wort „harmlos" in einem ganz anderen Sinne verwendet, als wir es kennen: Im Sinne von „ohne Harm" bedeutet es „ohne jedes Klagen und Jammern". Diejenigen, die am meisten Grund haben, unglücklich zu sein, sind es nicht, denn sie wissen, dass der jeweils andere den größten Besitz darstellt.

Akzeptieren der eigenen Lage

So geben sie mit zitternden, alten Händen den Fremden zu essen und zu trinken und entschuldigen sich gar noch für das einfache Mahl. Erst danach offenbaren sich die Gäste und gestehen, dass sie Götter sind. Philemon und Baucis folgen ihnen gehorsam den Berg hinauf, obwohl es ihnen erhebliche Mühe bereitet (vgl. Z. 53 f.). Von dort schauen sie zitternd den Vorgängen um ihren Ort und der Verwandlung ihres armseligen Hüttchens zu. Und wenn man als Leser erwartet, dass die beiden sich bei der nun bietenden Gelegenheit materielle Güter wünschen, kommt Philemon und Baucis nur der eine Wunsch in den Sinn: sich nicht gegenseitig begraben zu müssen, da man sich so liebe (vgl. Z. 63 f.). Dieses überraschende Anliegen passt zu den beiden Menschen, die nie mit ihrem Schicksal gehadert haben. Sie, die alles miteinander teilten, möchten auch im Tod vereint sein.

Hilfsbereitschaft, Gehorsam

Zwei einfache Menschen zeigen in dieser klassischen Sage auch uns heute noch, dass der wesentliche Gewinn eines Menschenlebens nicht in den Gütern besteht, die jemand anhäuft. Wirklich wichtig sind die Taten eines Menschen, der gütige und freundliche Umgang mit anderen, das Annehmen der eigenen Lage, ohne zu klagen und zu jammern.

Bezug zur aktuellen Lebenswelt

Vielleicht sollten wir häufiger an solche Ideale erinnert werden, wenn wir feststellen, dass andere etwas besitzen, das wir nicht haben und doch gern hätten. Denn wie heißt es so schön in einem alten Sprichwort: Geteiltes Leid ist halbes Leid, geteilte Freude ist doppelte Freude.

Fazit

Gottfried August Bürger (1747–1794)

Der Bauer
An seinen Durchlauchtigen Tyrannen (1778)

Wer bist du, Fürst, daß ohne Scheu
Zerrollen mich dein Wagenrad,
Zerschlagen darf dein Roß?

Wer bist du, Fürst, daß in mein Fleisch
Dein Freund, dein Jagdhund, ungebläut
Darf Klau' und Rachen hau'n?

Wer bist du, daß durch Saat und Forst,
Das Hurra deiner Jagd mich treibt,
Entatmet, wie das Wild? –

Die Saat, so deine Jagd zertritt,
Was Roß, und Hund, und Du verschlingst,
Das Brot, du Fürst, ist mein.

Du Fürst hast nicht, bei Egg' und Pflug,
Hast nicht den Erntetag durchschwitzt.
Mein, mein ist Fleiß und Brot! –

Ha! du wärst Obrigkeit von Gott?
Gott spendet Segen aus; du raubst!
Du nicht von Gott, Tyrann!

Bürger, Gottfried August: Sämtliche Werke. Hsg. von Häntzschel, Günther und Hiltrud. München 1987, S. 73.

Arbeitsauftrag

Interpretieren Sie das Gedicht!

Lösungsvorschlag

Das vorliegende Gedicht stammt von Gottfried August Bürger (1747 – 1794), einem Zeitgenossen Goethes und Schillers. Anders als diese beiden Schriftsteller verfolgte er das Ziel einer Literatur, die „volkstümlich" und allen verständlich sein sollte. Auf diesem Weg sollte seine Dichtung der Allgemeinbildung dienen.
Bei der Interpretation des Gedichtes kommt es darauf an, die provokante Gesamtaussage zu erfassen. Dafür ist es wichtig, über ein Mindestmaß an Hintergrundwissen über die Epoche zu verfügen.
Beginnen Sie Ihre Interpretation mit einer zeitgeschichtlichen Verortung und (falls möglich) mit Hintergründen zu Leben und Werk des Autors. Gehen Sie nach einer knappen Zusammenfassung des Textinhalts auf einzelne Aspekte und Verse ein. Beziehen Sie dabei auf alle Fälle die sprachlich-stilistische Gestaltung des Gedichts mit ein und stellen Sie heraus, inwiefern diese die Textbotschaft stützt.
Bedenken Sie, unter welchen Zeitumständen das Werk entstand, und schließen Sie mit einer Bewertung des Textes und evtl. einem Bezug zur aktuellen Wirklichkeit.

Einleitung

Der Dichter Gottfried August Bürger führte ein sehr unglückliches Leben. Von Großvater und Eltern unter Druck gesetzt, studierte er Fächer, die ihm nicht lagen. Seine drei Ehen endeten unglücklich: zwei durch Tod, eine durch Scheidung. Sinn seines Lebens war seine Dichtung. Auch wenn der aufbrausende, emotionale Schiller seine Werke kritisierte und nicht gelungen fand, gab er doch nie auf. Bürger machte sich als Vertreter der Sturm-und-Drang-Dichtung einen Namen, aber auch als Verfasser von Liebeslyrik und Balladen, die man eher der Epoche der Empfindsamkeit zuordnen kann.

Verfasserbezug

In seiner Dichtung beschäftigte er sich mit den Ungerechtigkeiten seiner Welt im Kleinen wie auch im Großen. Ihm fiel auf, wie sehr die meisten Menschen ihrem Schicksal ausgeliefert waren, sowohl hinsichtlich ihrer Lebensweise als auch, was die moralischen Anschauungen anging, die in seiner Zeit vornehmlich von religiösen Vorgaben geprägt waren.

Hauptteil

Genre des politischen Gedichts

Bürgers Gedicht „Der Bauer / An seinen Durchlauchtigen Tyrannen" aus dem Jahr 1778 zeugt von einer zu seiner Zeit seltenen Aufgeschlossenheit eines Angehörigen höherer Schichten den Armen der Gesellschaft gegenüber. So macht er, wie man der Überschrift entnehmen kann, den Bauern zum aktiv Handelnden in seinem Verhältnis zum Fürsten – eine völlig neue Sichtweise. Bürgers kritische Ansichten kommen deutlich zum Ausdruck.

Das Gedicht stellt einen Appell dar, der sich gegen die Herrschaft des egoistischen Fürsten richtet.
In aufzählender Form bringt der geschundene Bauer alle Nöte und Klagen an, die seine Seele bedrücken. Vom Genre her handelt es sich um ein politisches Gedicht, das die Missstände der Zeit, also des 18. Jahrhunderts, anprangert. Dies war ein ungewohntes Phänomen: In der Regel äußerten sich Dichter wohlmeinend den Fürsten gegenüber, von deren Gunst und oft auch Bezahlung sie mehr oder weniger abhingen.

äußere Form

Das Gedicht hat einen regelmäßigen Aufbau und besteht aus sechs Strophen zu drei Versen, die etwa gleich lang sind. Die ersten drei Strophen bestehen jeweils aus einem Fragesatz; die Verse der Strophen vier und fünf bilden ebenfalls je einen Satz, an dessen Ende jedoch ein Punkt bzw. Ausrufezeichen den Appellcharakter unterstreicht. In der letzten Strophe gipfelt der Appell in gleich zwei Ausrufen; dadurch unterscheidet sich der Schluss des Gedichts von den vorherigen Strophen: Den Zurufen vorangestellt ist eine Frage, sodass jeder Vers dieser letzten Strophe einen abgeschlossenen Satz darstellt.

Zusammenhang äußere Form – innerer Aufbau

Dieser Veränderung der äußeren Form entspricht ein Umschwung im inneren Aufbau, der sich in der fünften Strophe andeutet: Der letzte Vers stellt einen nachdrücklichen Ausruf dar, dessen Eindringlichkeit zudem mit dem Stilmittel der Repetitio erhöht wird: „Mein, mein ist Fleiß und Brot!“

Sprache des Gedichts

Die Sprache des Gedichts ist, wie sich in diesem Ruf deutlich zeigt, einfach und für jeden nachvollziehbar. Der Bauer als lyrisches Ich verwendet genau diejenigen Begriffe, die sein Leben bestimmen, wie z. B. „Wagenrad“ (V. 2), „Saat und Forst“ (V. 7), „Roß“ (V. 11) oder „Brot“ (V. 12).

konkrete Textarbeit: 1. Strophe

Das Werk beginnt mit der Fragestellung, wer denn der Fürst überhaupt sei: „Wer bist du, Fürst, daß ohne Scheu“ (V. 1). Indem das lyrische Ich den Fürsten direkt anspricht, was zu seiner Zeit einem Bauern nie erlaubt gewesen wäre, zeigt Bürger eindeutig seine kritische Haltung den gesellschaftlichen Zuständen gegenüber. Außerdem stellt er den Bauern und den Fürsten auf die gleiche Stufe, da der Erstere den Letzteren duzt. Dem Leser wird so signalisiert: Hier gibt es keine Standesunterschiede mehr.
Nach seiner einleitenden Frage fährt das lyrische Ich mit einer Anapher fort: „Zerrollen mich dein Wagenrad, / Zerschlagen darf dein Roß?“ (V. 2/3). Die sich im Anlaut gleichenden Zeilen-

anfänge unterstreichen sehr emotional den Vorwurf des Bauern: Erdrückend wirkt sich das Verhalten des Fürsten auf ihn aus, es „zerrollt" ihn, es „zerschlägt" ihn, und beides ist nicht nur als wörtliche Anschuldigung zu verstehen, sondern auch metaphorisch gemeint und spielt auf die Lasten an, die ein Bauer für seinen Fürsten zu tragen hatte.

Die zweite Strophe wiederholt die Anfangsformulierung: „Wer bist du, Fürst, [...]" (V. 4), erhöht damit die Eindringlichkeit der Fragestellung und unterstreicht so Ärger, Wut und Hass des Bauern. 2. Strophe

Im Anschluss an diese parallele Einführung wirft er dem Herrscher vor, dass dessen „Freund", der Jagdhund, ungehindert seine Klauen in das Fleisch des Bauern hauen dürfe (V. 5/6). Dass der Hund als des Fürsten „Freund" bezeichnet wird, lässt uns aufhorchen: Er behandelt das Tier offenbar besser als den Bauern, der ihm das tägliche Brot sichert und sich dennoch wie Vieh von dem Hund traktieren lassen muss.

So wirft das lyrische Ich auch in der dritten Strophe dem Herrschenden vor, ihn durch „Saat und Forst" (V. 7) zu treiben, „Entatmet, wie das Wild" (V. 9). Der Vorwurf wird massiver, wenn der Bauer sich selbst mit dem zu Tode gehetzten Wild vergleicht, das bei der fürstlichen Jagd erlegt wird. 3. Strophe

In der vierten Strophe schlussfolgert der Bauer daraus: „Das Brot, du Fürst, ist mein." (V. 12) Es ist offensichtlich, dass er mit der herabwürdigenden Anrede „du Fürst" bewusst kränkend wirken will. Alles, was er erwirtschaftet, sollte eigentlich ihm gehören, auch wenn dem nicht so ist. Zuvor zeigt der Appellierende auf, dass seine Arbeit nicht gewürdigt wird, dass man sie in jedem Sinne des Wortes mit Füßen tritt: „Die Saat, so deine Jagd zertritt, / Was Roß, und Hund, und Du verschlingst" (V. 10/11). 4. Strophe

So ist es nur die logische Schlussfolgerung, dass der Bauer in der fünften Strophe feststellt, dass der Fürst weder gearbeitet noch „[...] den Erntetag durchschwitzt" (V. 14) habe, ihm also der Ertrag an Brot und Korn nicht zustehen könne. Mit steigernder Eindringlichkeit schmettert der Geknechtete daher sein „Mein, mein ist Fleiß und Brot!" (V. 15) heraus und stellt so den naturgemäßen Zusammenhang zwischen Arbeit und zugehörigem Ergebnis her. 5. Strophe

Die letzte Strophe beginnt mit dem aufrüttelnden Ausruf „Ha!", einer triumphierenden Interjektion, die das donnernde Fazit des 6. Strophe

Bauern einleitet. Er stellt dem Fürsten die Frage: „[…] du wärst Obrigkeit von Gott?“ (V. 16) und stellt damit gleichzeitig in Abrede, dass eine so unmenschlich handelnde Person den Anspruch erheben könne, von Gott eingesetzt zu sein. „Gott spendet Segen aus; du raubst!“ (V. 17) führt er seinen Vorwurf weiter, stetig hin zu Klimax steigernd. Segen und Raub sind zwei direkt widersprüchliche Begriffe, die nicht miteinander vereinbar sind.

Und so endet das lyrische Ich mit dem triumphierenden Ausruf: „Du nicht von Gott, Tyrann!“ (V. 18), einem Urteil, das die Dinge schlussendlich beim Namen nennt: Tyrannen sind Menschen, die auf Kosten anderer leben, sie knechten und ausbeuten, wo immer sie können.

Begriffsklärung

Der Bauer als lyrisches Ich hat erkannt, wer ihm sein Leben zur großen Last werden lässt. Seine Schlussfolgerung ist einfach und nachvollziehbar: Er spricht dem Fürsten die Berechtigung ab, sich als von Gott gesandt zu bezeichnen. Ein Mensch, der andere so leiden lässt, beraubt sich seiner Ansicht nach jeglichen Anspruchs auf Herrschaft.

Kernaussage des Gedichts

Bürger war mit dieser Kritik seiner Zeit weit voraus und es ist daher leicht zu verstehen, dass er bei seinen Zeitgenossen nicht viel Zuspruch fand für sein Werk. Umso besser verstehen wir heute, dass man sich wehren muss gegen Unrecht und Tyrannei, denn gerade die jüngere deutsche Geschichte zeigt, dass man widrige gesellschaftliche Umstände beseitigen kann, wenn sich genügend Menschen dagegen wehren.

Fazit

Thüringen – Besondere Leistungsfeststellung Deutsch 2010
Aufgabe 1: Nichttextgebundene Erörterung

Kummerkasten Internet?
Jugendliche treffen im Internet anonym zum Chatten aufeinander.

These nach: Focus Schule, Nr. 4/09, S. 60

Arbeitsauftrag

Erörtern Sie, ob Internetforen aus Ihrer Sicht Zuflucht, Hilfe oder Gefahr sind!

Lösungsvorschlag

Die Aufgabenstellung verlangt von Ihnen, dass Sie sich in Form einer ***freien Erörterung*** *mit dem Thema „Internetforen" auseinandersetzen. Bei der freien oder auch fachspezifischen Erörterung können Sie sich inhaltlich ausschließlich auf Ihre Allgemeinbildung und Ihr Fachwissen stützen. Wie in einem Fachgespräch oder einer Diskussion wird von Ihnen eine* ***Betrachtung des Problems aus verschiedenen Perspektiven*** *erwartet. Die Auseinandersetzung mit einer These erfordert dabei überzeugende Argumente und anschauliche Beispiele.*
Aus dem Unterricht kennen Sie verschiedene Verfahrensweisen für diese Art von Aufgabe: das dialektische und das linear-steigernde Strukturierungsmodell. Die Aufgabenstellung fordert von Ihnen, sich in angemessenem Umfang mit allen drei aufgeworfenen Möglichkeiten (Zuflucht, Hilfe, Gefahr) auseinanderzusetzen. Da hier bereits eine Positionierung für Internetforen (Zuflucht, Hilfe) und dagegen (Gefahr) enthalten ist, sollten Sie sich für das ***dialektische Erörtern*** *entscheiden, das eine Anordnung der Argumente in Pro- und Contra-Blöcken vorsieht.*
Bevor Sie mit dem Verfassen Ihres Aufsatzes beginnen, sollten Sie das Thema gründlich durchdacht und eine ***Stoffsammlung*** *vorgenommen haben. Diese ist wichtig, um Ihre* ***Argumente*** *und* ***Beispiele*** *für und gegen Internetforen zu überblicken. Außerdem hilft Ihnen die Stoffsammlung, das Thema objektiv zu bearbeiten und eine zu frühe Positionierung zu vermeiden.*
Bei der Reinschrift der Erörterung sollten Sie schließlich darauf achten, Ihren Aufsatz klar zu strukturieren. Die im Allgemeinen erforderliche Definition der wichtigsten Schlüsselbegriffe kann dabei in diesem Fall aufgrund der relativ einfach verständlichen Schlagwörter (Hilfe, Zuflucht, Gefahr) entfallen.
Denken Sie daran, Ihre Ausführungen in angemessener Ausdrucksweise niederzuschreiben. Gerade die freie Erörterung verleitet dazu, in die Umgangssprache zu verfallen, da sie stark vom subjektiven Verständnis des Schreibers geprägt ist.

Einleitung
Freizeitbeschäftigung Jugendlicher

Ein schöner Sommertag, perfektes Freibadwetter. Schülerinnen und Schüler warten sehnsüchtig auf das Klingelzeichen zum Ende des Unterrichts. Endlich ist es soweit: Schnell nach Hause – und los geht's! Doch wer meint, dass sich der Großteil der Jugendlichen nun auf den Weg ins Schwimmbad begibt, um dort Freunde zu treffen, der irrt. Stattdessen führt der Weg des durchschnittlichen deutschen Teenagers zum Computer: Einschalten, Betriebssystem laden, Browser öffnen und schon ist man drin in der verlockenden und farbenfrohen Welt des Internets, die einen per Klick sogleich mit zahlreichen Freunden vernetzt und zum Chat mit virtuellen Bekannten einlädt.

Doch sind Internetforen nicht nur ein Kommunikationsmittel im eigentlichen Sinne; sie dienen als Beratungsstellen, Hausaufgabenhilfen, Informationsquellen, Kummerkästen, Tausch- und Handelsbörsen zugleich und werden laut der Zeitschrift *Focus Schule* vom April 2009 insbesondere von Jugendlichen genutzt. Die folgende Auseinandersetzung soll daher der Frage nachgehen, inwiefern Internetforen als Hilfe bringender Zufluchtsort oder als Gefahr angesehen werden können.

These und Fragestellung

Laut *Focus Schule* nutzen Jugendliche das Internet vermehrt als „Kummerkasten“, suchen also Zuflucht und Hilfe in Internetforen. So fällt es den meisten jungen Nutzern solcher Foren beispielsweise nicht schwer, einem anonymen Chatpartner private Probleme anzuvertrauen, über die man sonst nur mit dem besten Freund oder der besten Freundin reden würde. Die Anonymität, die vielen dieses „Sprechen“ über Sorgen erleichtert, wird vor allem dadurch gewährleistet, dass man bei der Anmeldung in einem solchen Forum nicht den realen, sondern einen fiktiven Namen angibt und ein Profil erstellt, welches nur die Angaben enthält, die man selbst bereit ist, von sich preiszugeben. Gerade diese Anonymität ist es allerdings auch, die solche Foren nicht nur für Jugendliche anziehend macht – und wird „Kissy68“ merken, wenn sie von „FeuerTeufel05“ belogen wird? Wahrscheinlich nicht. Auf diesen wichtigen Aspekt wird später noch näher eingegangen.

Hauptteil

Zuflucht und Hilfe:

Hilfe bei Problemen und Alltagssorgen

Dennoch können Internetforen als Zufluchtsort für Menschen mit akuten Problemen angesehen werden, beispielsweise für Suchtkranke. Viele Süchtige, die eine Entziehungskur gemacht haben, begeben sich im Anschluss daran in die Betreuung einer professionell geführten Selbsthilfegruppe, die es ihnen ermöglicht, in der Gesellschaft wieder Fuß zu fassen und mentale Stärke zu entwickeln. Zwar kann der Besuch einer solchen Gruppe auch in einer medienzentrierten Gesellschaft wie unserer kaum durch ein Internetforum ersetzt werden, da es den Foren meist an einem kompetenten Gesprächsleiter mangelt. Jedoch bieten diese Foren den Suchtkranken die Möglichkeit, sich mit Menschen mit ähnlichem Schicksal auszutauschen, sich gegenseitig „zuzuhören“ und Kraft zu geben. Dies ist auch für Jugendliche von enormer Bedeutung, da laut einer Studie jeder Dritte, der jünger als 25 ist, bereits harte Drogen konsumiert hat beziehungsweise konsumiert.

Zuflucht für Suchtkranke

Weiterhin bieten Internetforen auch denjenigen Jugendlichen einen Zufluchtsort, die sich mehr und mehr von ihrem persönlichen Umfeld isolieren – sei es, weil sie sich einer bestimmten Szene zuwenden oder weil sie in ihrem Bekanntenkreis keine wahrhaftigen Freundschaften pflegen. Viele von ihnen sind auf der Suche nach Liebe, Wärme und Geborgenheit, scheitern aber in der Realität an gesellschaftlichen Umgangsformen und den Regeln des Zusammenlebens, weil sie beispielsweise kaum anpassungsfähig sind. Der soziale Ausschluss dieser jungen Menschen führt zu Selbstzweifeln, Angst und Minderwertigkeitsgefühlen. Hier wird das Internet bedeutsam. Versteckt hinter einem Profil lernt man schnell und anonym Leute kennen. Per Mausklick werden Kontakte in die Freundesliste aufgenommen – oder eben nicht. So schön das Chatten für die Betroffenen auch sein mag, sollte man jedoch nicht vergessen, dass es die Probleme in der Realität nicht löst. Hilfreicher wäre sicher der direkte Dialog mit den Mitmenschen.

Rückzugsort für sozial isolierte Jugendliche

Internetforen bieten aber nicht nur Zufluchtsmöglichkeiten in schwierigen Lebenssituationen, sondern sind oftmals auch praktische Hausaufgabenhilfen für Jugendliche. Egal ob ein Referat über die NS-Außenpolitik, Goethes „Faust" oder den Treibhauseffekt gehalten werden muss – in zahlreichen und eigens dafür eingerichteten Internetforen wird man schnell fündig. Auch die Interpretation einer dramatischen Szene für die Deutschstunde stellt kein zeitliches Problem für den gestressten Abiturienten mehr dar, weil er genau weiß, wo er danach suchen muss. Ungünstig für den Schüler wird es nur dann, wenn die abgegebene Hausaufgabe schlecht benotet wird, weil die Ausarbeitung aus dem Internet einerseits nicht den Anforderungen genügt und andererseits nicht vom Schüler selbst stammt. Das Problem ist offensichtlich: Jeder, der über einen Internetzugang verfügt, kann Daten und Materialien im „World Wide Web" zur Verfügung stellen – natürlich auch qualitativ minderwertige. Die Ausarbeitungen von schlechter Qualität sind im Internet oft über viele Jahre hin auffindbar und werden trotz Fehlerhaftigkeit nicht korrigiert.

Hausaufgabenhilfe

Das Internet steht Jugendlichen aber durchaus auch in verschiedenen Bereichen beratend zur Seite, zum Beispiel in Rechts- oder Gesundheitsfragen. Allerdings kann ein Internetforum wohl kaum einen spezialisierten Rechtsanwalt oder einen erfahrenen Mediziner ersetzen.

Beratung in praktischen Lebensfragen

Häufiger ist daher eine Online-Beratung auf anderem Gebiet: Internetforen, die Jugendlichen seelischen Beistand leisten. Vor allem Missbrauchs- oder Misshandlungsopfer nutzen diese Möglichkeit, da sie oftmals unerkannt bleiben möchten. Die Aufgaben, die vor etwa zehn bis fünfzehn Jahren Seelsorger und Jugendpsychologen noch telefonisch wahrgenommen haben, werden heute größtenteils auf das Internet übertragen. Die Anonymität von Internetforen wirkt sich in diesem Bereich also sehr vorteilhaft aus.

Seelischer Beistand

Wie die Auseinandersetzung bis hierhin zeigt, liegen Zuflucht und Hilfe sehr dicht beieinander und können oftmals nicht deutlich voneinander getrennt werden. Die Personen, die das Internet als Zufluchtsort nutzen, sind meist auch auf der Suche nach Hilfe. Hierfür sind in Internetforen tatsächlich Anknüpfungspunkte zu finden. Dass aber die Gefahren nicht zu unterschätzen sind, zeigen die folgenden Abschnitte.

Zwischenbilanz

Auch wenn sich aus Internetbekanntschaften schon Freundschaften und sogar andauernde Beziehungen oder Ehen entwickelt haben, so ist doch die Gefahr, dass man virtuell einen Betrüger oder Straftäter kennenlernt, immer präsent.

Gefahren:

Das zentrale Problem in diesem Zusammenhang ist eben die Tatsache, dass sämtliche Chataktivitäten in Internetforen anonym verlaufen. Der Unehrlichkeit ist in diesem Medium damit Tür und Tor geöffnet. Max Mustermann etwa reagiert auf Fragen anderer als „FeuerTeufel05“ nicht mehr unbedingt ehrlich wie in der Regel sonst, was damit zu erklären ist, dass „FeuerTeufel05“ nur eine zweite, fiktive Identität von Max Mustermann ist. Wie in diesem Beispiel muss diese zweite Identität jedoch nicht im Mindesten mit der Realität übereinstimmen und kann mit einem einzigen Mausklick auf die Schaltfläche „Logout“ wieder abgelegt werden.

Anonymität

Unehrlichkeit durch fiktive Identitäten

Dass die mangelnde Kontrolle darüber, mit wem man es tatsächlich zu tun hat, mit echter Gefahr verbunden ist, zeigt das Beispiel folgender Situation: Ein Unbekannter klingelt an der Haustür und erklärt, die Wasseruhr ablesen zu müssen. Da die Sechzehnjährige allein zu Hause ist und der vermeintliche Beauftragte des Wasserwerks keine überzeugenden Nachweise für seine Behauptung bei sich hat, weist das Mädchen ihn ab. Im Internet dagegen verhält sich die Sechzehnjährige deutlich weniger vorsichtig: „Dreamboy16“, den sie erst vor Kurzem online kennen gelernt hat, hat sie nicht so konsequent abgewiesen wie

Fehlende Kontrolle

den Fremden an der Haustür. Bereitwillig hat sie auf seine Fragen geantwortet, ihm Fotos von sich geschickt und ihn somit im übertragenen Sinne direkt in ihr Zimmer geholt. Sollte dieser „Dreamboy16“ geschickt am Computer sein, gelingt es ihm, durch die gesendeten Bilder eine Verbindung zum PC der Sechzehnjährigen herzustellen und Einblick in deren persönliche Daten zu erhalten. So könnte er beispielsweise weitere Bilder von ihr im Internet verbreiten, die nicht für die Öffentlichkeit bestimmt waren. Auch Zugriff zu sensiblen Informationen wie etwa Bankdaten oder Bewerbungsunterlagen könnte sich der Betrüger, der sich hinter dem Online-Pseudonym tatsächlich verbirgt, so erschleichen und die so gewonnenen Informationen missbrauchen.

Datenklau

Weiterhin besteht die Möglichkeit, gestohlene Bilddateien so zu manipulieren, dass beispielsweise plötzlich entwürdigende Fotos von der Sechzehnjährigen im Internet auftauchen und damit zugänglich für alle Welt sind, die in der Realität nie entstanden sind. Derartige Eingriffe können sowohl psychische Schäden bei der betroffenen Person verursachen, als auch negative Auswirkungen auf den beruflichen Werdegang haben, etwa wenn ein Personalchef bei der Suche nach Informationen über die Bewerber auf die zweifelhaften Bilder stößt.

Datenmanipulation

Nicht zuletzt wäre denkbar, dass „Dreamboy16“ ein Straftäter ist, der über das Internet ein Opfer sucht und sich dafür eine Zweckidentität zugelegt hat. Das jugendliche Mädchen hat keine Möglichkeit, den Wahrheitsgehalt der Chatnachrichten von „Dreamboy16“ zu überprüfen. Ist sie unvorsichtig, hat sie einen möglichen Betrüger, Sexualstraftäter oder Gewaltverbrecher schnell ungewollt zu sich geführt.

Bedrohung durch Straftäter

Schließlich können Internetforen auch im politischen Sinne gefährlich sein, weil sie extremen Parteien eine Plattform und einen idealen Handlungsrahmen bieten, um ihr ideologisches Gedankengut der Weltöffentlichkeit zugänglich zu machen und auf diesem Wege Anhänger zu finden. Genau wie die großen demokratischen Parteien der Bundesrepublik die Möglichkeit eines Internetauftrittes nutzen, besteht diese Möglichkeit auch für neofaschistische oder linksextreme Gruppen, die hier auf eine weitaus breitere Leserschaft treffen als in örtlichen Lokalzeitungen.

Verbreitung antidemokratischen Gedankenguts

Das Verhältnis zwischen Zuflucht, Hilfe und Gefahr in Bezug auf Internetforen lässt sich nur schwer bestimmen und ist stark von jedem einzelnen Nutzer abhängig. Inwiefern Internetforen Hilfestellungen geben oder Zufluchtsort sein können, aber auch welche Gefahren sie bergen, wurde hier diskutiert. Etwas zu eindimensional scheint es, das Internet als „Kummerkasten" zu bezeichnen, da es eine Vielzahl von Internetforen mit ganz verschiedenen thematischen Ausrichtungen gibt. Wichtig für die Nutzer, insbesondere für Jugendliche, ist es, Grenzen zu ziehen und zu bedenken, dass man meist nicht sicher wissen kann, mit wem man kommuniziert und ob tatsächlich der Banknachbar aus der eigenen Klasse am anderen PC sitzt.

Schluss

Internetforen: Zuflucht, Hilfe und Gefahr

Vorsicht im Umgang mit vertraulichen Daten

Eine allgemeine Positionierung für eine der diskutierten Seiten scheint mir kaum möglich. Für mich persönlich gilt, dass ich Internetforen schon oft als hilfreich empfunden habe, auch wenn sie für mich kein geeigneter Zufluchtsort bei persönlichen Problemen sind. Gefahren im Umgang mit den Plattformen lassen sich zumeist vermeiden, wenn man sich bei personenbezogenen Daten bedeckt hält und unseriöse Foren meidet – was jedoch kein Grund ist, generell auf die Dienste von Internetforen zu verzichten.

Thüringen – Besondere Leistungsfeststellung Deutsch 2010
Aufgabe 2: Textgebundene Erörterung

Komasaufen trotz Krankenhaus

Klinikaufenthalte schrecken Jugendliche nicht vom weiteren Komasaufen ab. Entscheidend für das Zurückgleiten in alte Trinkmuster sind laut einer Studie vor allem der Freundeskreis und die vermeintlich positiven Auswirkungen des Alkohols.

[…]

Exzessiv trinkende Jugendliche lernen selbst aus einer Alkoholvergiftung nur begrenzt: Rund 17 Prozent derer, die wegen einer Alkoholvergiftung im Krankenhaus waren, geben an, danach genauso viel oder sogar noch häufiger zur Flasche zu greifen. Dabei hat sich die Zahl der 14- bis 19-Jährigen, die wegen Alkoholvergiftung in einer Klinik betreut wurden, in den letzten sechs Jahren verdoppelt. Für den Report „Krankenhaus 2009" hatten Wissenschaftler des Instituts für Sozialmedizin, Epidemiologie und Gesundheitsforschung (ISEG) im Auftrag der Gmünder ErsatzKasse[1] 1 168 Jugendliche zwischen 14 und 20 Jahren befragt, die in den vergangenen drei Jahren mindestens einmal wegen Alkoholvergiftung in einer Klinik waren. 83 Prozent von ihnen erklärten zwar, dass sie weniger konsumieren als zuvor. Sie trinken aber immer noch weit mehr als Jugendliche mit gemäßigtem Alkoholkonsum. Dabei erlitten Jungs häufiger eine Alkoholvergiftung als Mädchen: Seit 2002 stieg ihre Behandlungsrate von 24 auf 52 pro tausend Versicherte, bei Mädchen von 18 auf 37.

Als Risikofaktor machte das Institut vor allem das soziale Umfeld aus: Ist im Freundeskreis Komasaufen die Norm, steigt die Anfälligkeit für ein riskantes Trinkverhalten. Auch wer häufiger Partys und Diskotheken besucht, sei anfälliger.

Geht es um die sozialen und persönlichen Lebensumstände, neigen die Geschlechter unterschiedlich zum Trinken. Jungen kompensieren mit Alkohol eher kritische Lebenssituationen. Sie tendieren zur Maßlosigkeit, wenn sie größere Geldressourcen in Alkoholika „umsetzen" können. Bei den Mädchen steigt der Konsum, wenn sie eine neurotische Persönlichkeit besitzen. Im Griff zur Flasche meinen viele, ihr Ansehen und ihre Machtposition in der Gruppe stärken zu können.

Alkoholverbote in den Innenstädten oder Verkaufsverbote an den Tankstellen bewirken laut GEK[1]-Chef Rolf-Ulrich Schlenker wenig: Nötig sei ein Mix aus jugendgerechter Information, Sportförderung und jugendärztlicher Betreuung.

Aus: Thüringer Allgemeine, 5. 8. 2009.

1 Gmünder ErsatzKasse: Krankenkasse.

100 % Fun – Alkoholismus, die neue Trendsportart

Flatratesaufen, Kampftrinken, Schnäpschen aufs Häuschen: Dank solcher und ähnlicher Veranstaltungen steigen Kinder und Jugendliche zu hauptberuflichen Alkoholikern [...] auf. Was ist wirklich dran am Trendsport Alk?
Das Training beginnt in jungen Jahren: Besonders die süßen Alkoholika sind bei den 8- bis 14-Jährigen beliebt. Industriell gefertigte Alkopops gelten als zu teuer, deshalb stellen die Jugendlichen die begehrte „Mische" am liebsten selbst her. [...]

http://www.welt.de/satire/article769603/100_Fun_Alkoholismus_die_neue_Trendsportart.html, 20. 3. 07, Lino Wirag

Arbeitsauftrag

Erörtern Sie das aktuelle Problem in Form eines Referates vor Ihren Mitschülern! Nutzen Sie dazu die Fakten aus den Quellen!

Lösungsvorschlag

*Laut Aufgabenstellung sollen Sie sich in Form eines **Referates** mit der Thematik „Exzessiver Alkoholkonsum bei Kindern und Jugendlichen" auseinandersetzen und dabei die Daten und Fakten aus den beiden zur Verfügung gestellten Quellen nutzen.*
*Verlangt wird eine **besondere Form der textgebundenen Erörterung**, da Sie die Texte nicht im Hinblick auf Sprache und Inhalt hin analysieren, sondern ihnen Fakten entnehmen sollen, die Sie anschaulich in einem Referat verarbeiten. Wichtig ist, dass Sie die Inhalte der Texte hinterfragen, diskutieren und gegebenenfalls auch widerlegen.*
*Von Ihnen wird erwartet, dass Sie eine eigene Position entwickeln und diese mit überzeugenden **Argumenten** und passenden **Beispielen** belegen. Markieren Sie sich zunächst die wichtigsten Fakten aus beiden Texten, sammeln und ordnen Sie dann weitere Aspekte zum Thema und beginnen Sie anschließend Ihren Aufsatz. Beachten Sie dabei die geforderte Textsorte (Referat). Adressatenorientierung, eine klare Strukturierung Ihrer Gedanken sowie Kreativität sind gefragt.*
Auch für Ihre Ausdrucksweise ist zu bedenken: Sie nehmen nicht nur die Rolle des Schreibers, sondern auch die des Referenten ein, müssen also zwischen beiden einen „Mittelweg" finden. Gestalten Sie Ihren Aufsatz sprachlich ansprechend für Jugendliche, aber nicht umgangssprachlich. Wenden Sie sich durchaus direkt an Ihre Mitschüler, das ist sinnvoll, um den Text als Referat zu kennzeichnen. Vermeiden Sie aber das Einfügen von Zwischenfragen an die fiktiven Zuhörer wie „Was meint ihr dazu?" oder „Gibt es Fragen?".

Liebe Mitschülerinnen und Mitschüler,

es ist ein Dauerthema in den Medien und vielleicht seid auch ihr schon in verschiedenen Situationen darauf angesprochen worden: Ich rede vom steigenden Alkoholkonsum vieler Jugendlicher in unserem Alter. Kaum ein Tag vergeht, an dem die Nachrichten nicht über Alkoholexzesse Jugendlicher berichten: Nach dem Motto „Einer geht noch!“ trinkt man Wodka-Energy & Co., bis der „Kick“ endlich einsetzt. Doch muss dieser „Spaß“ bei immer mehr Jungen und Mädchen in unserem Alter in der Klinik enden? Diese Frage wird auch in vielen Zeitungen diskutiert, wie zum Beispiel in der *Thüringer Allgemeinen,* wo es heißt „Komasaufen trotz Krankenhaus“ oder in der *Welt,* die „100% Fun – Alkoholismus, die neue Trendsportart“ titelt. Im Rahmen meines Referates werde ich auf Grundlage dieser Zeitungsartikel näher auf das aufgeworfene Problem eingehen und dabei die Ursachen des erhöhten Alkoholkonsums sowie einige Maßnahmen, die dem entgegenwirken sollen, erörtern.

Einleitung

Thema: Jugendliche trinken bis zum Klinikaufenthalt

Einige Zahlen machen das Ausmaß des Problems schnell deutlich: Wie die *Thüringer Allgemeine* berichtet, hat sich die Zahl der 14- bis 19-Jährigen, die mindestens eine von einer Klinik unterstützte Ausnüchterung verzeichnen können, in den vergangenen sechs Jahren verdoppelt. Dabei stellt ein solcher alkoholbedingter Krankenhausaufenthalt für viele Jugendliche nicht einmal eine Abschreckung von weiterem exzessivem Trinken dar: Bei etwa 17 % der wegen Alkoholvergiftung Eingelieferten verändert sich an ihrem Konsum danach nichts zum Besseren. Selbst die restlichen 83 Prozent der in der Klinik ausgenüchterten Jugendlichen reduzieren zwar hinterher das Trinken von Alkohol, liegen aber mit ihrem Konsum insgesamt immer noch deutlich über dem gemäßigten Durchschnitt der Gleichaltrigen.

Hauptteil

aktuelle Situation: immer mehr alkoholbedingte Klinikeinweisungen Jugendlicher

Was die Unterschiede zwischen Jungen und Mädchen bezüglich des Trinkverhaltens angeht, habt ihr wahrscheinlich eigene Erfahrungen und so sind manche von euch sicher nicht davon überrascht, dass männliche Jugendliche statistisch gesehen wesentlich häufiger als Mädchen zur Flasche greifen und demzufolge auch viel mehr Jungs aufgrund von Alkoholmissbrauch in eine Klinik eingewiesen wurden. Trotzdem will ich betonen, dass sich die Behandlungsquote auch bei den Mädchen mehr als verdoppelt hat.

Zwar sind diese Zahlen bereits alarmierend genug; dennoch möchte ich noch eine Angabe aus der *Welt* hinzufügen, wo das

Trinken als „Trendsportart“ bezeichnet und von 8- bis 14-Jährigen berichtet wird, die sich am liebsten auf süßen Alkohol stürzen. Ich spreche also von Kindern, die zum Teil etwa halb so alt sind wie wir selbst und die harten Alkohol konsumieren.

Ursachen für exzessiven Alkoholkonsum:

Nachdem uns nun vermutlich allen klar ist, wie umfassend sich das Problem inzwischen gestaltet und warum es eine solche Präsenz in den Medien hat, werde ich mich im Folgenden mit der Frage nach den Ursachen für diese Entwicklung befassen.

Freundeskreis

Laut dem *Institut für Sozialmedizin, Epidemiologie und Gesundheitsforschung (ISEG)* ist es in erster Linie das soziale Umfeld eines Jugendlichen, unser Freundeskreis insbesondere, das maßgeblich das Trinkverhalten beeinflusst. Wird in der Clique viel Alkohol konsumiert, tendiert auch der Einzelne eher zu übermäßigem Genuss. Dieser Faktor leuchtet schnell als ein wichtiger ein und vielleicht wart ihr auch selbst schon einmal in einer Situation unter Freunden, in der ihr das Gefühl hattet, genug zu haben, euch aber doch von den anderen zum Weitertrinken animieren habt lassen. Wie sich so etwas auswirken kann, wenn es dauerhaft ein Kind oder einen Jugendlichen beeinflusst, haben wir anfangs gehört.

Familie, Bekannte

Meiner Meinung nach muss aber ergänzt werden, dass zum sozialen Umfeld eines jungen Menschen nicht nur dessen Freunde gehören. Auch die Familie – Eltern, Geschwister und Großeltern – sowie Bekannte üben einen Einfluss aus und prägen das Kind oder den Teenager. Wächst man in einer Familie auf, in der regelmäßig Alkohol in größeren Mengen konsumiert wird, nimmt sich das betreffende Kind die Erwachsenen schnell zum Vorbild und verhält sich, da es nichts anderes kennt, in seinen Trinkgewohnheiten ebenso. Die Hemmschwelle, Alkohol auch exzessiv zu konsumieren, ist in diesen Fällen meist geringer. Und Jugendliche, deren Eltern unter Alkoholismus leiden, trinken unter Umständen mehr, weil ihnen vermittelt wurde, dass Probleme mit Alkohol „gelöst“ werden.

Ausgehverhalten

Auch die Frage, wo man seine Freizeit verbringt, kann den Konsum von Alkoholika beeinflussen. So wurde zum Beispiel festgestellt, dass häufige Party- und Discobesucher anfälliger für das exzessive Trinken sind. Auch dieser Faktor scheint logisch: Dass sich das Getränkeangebot auf Feten und in Clubs in der Regel nicht auf Apfelschorle und Cola beschränkt, wissen wir alle aus eigener Erfahrung. Ist erst mal „aufgetischt“, wird das richtige Maß leicht aus den Augen verloren.

Spaß, Gelöstheit

Die meisten von euch würden als Grund für das Trinken von Alkohol vermutlich den Spaßfaktor angeben. Wir alle wissen, dass Alkohol enthemmt und sicherlich kann mancher eine lustige Geschichte von einer feucht-fröhlichen Feier erzählen. Und seien wir ehrlich: Auf einer Party oder in der Disco wollen junge Menschen auch flirten und andere kennen lernen, womit sich mancher (so glaubt er oder sie zumindest) nach einem Bier oder Ähnlichem leichter tut. Allerdings sollten wir nicht vergessen, dass übermäßiger Alkoholkonsum auch zu peinlichen oder unangenehmen Situationen führen kann, weil man im Rausch leicht die Kontrolle verliert. In einem Punkt sind wir uns sicher einig: Spätestens wenn die Ambulanz kommen muss, ist der Spaß endgültig vorbei.

Geschlechterspezifisches Trinkverhalten:

Jungen: Imponiergehabe

Diese Folge zu vermeiden, fällt aber offenbar gerade Jungen schwer. Für sie ist in einer Gruppe der Konsum von Alkohol häufig ein Mittel, um die eigene Männlichkeit unter Beweis zu stellen: indem man zeigt, wie viel man verträgt. Aufgrund von solchem Konkurrenzverhalten und Imponiergehabe trinkt also mancher junge Mann mehr Alkohol als vielleicht beabsichtigt und wacht am nächsten Tag mit Kopfschmerzen und Filmriss und im schlimmsten Fall im Krankenhaus auf.

Krisenbewältigung

Weiterhin neigen laut Zeitungsartikel Jungen dazu, schwierige Lebenssituationen mit Hilfe von Alkohol zu kompensieren. Steckt beispielsweise die Beziehung mit der Freundin in einer Krise oder läuft es schlecht in Schule oder Ausbildung, tendieren männliche Jugendliche dazu, ihren Frust im Alkohol zu ertränken. Natürlich ist bekannt, dass diese Strategie aber eher weitere Probleme hervorruft, als bestehende zu lösen.

Mädchen: Zweifel an der eigenen Person

Die Gründe für Alkoholkonsum von Mädchen unterscheiden sich zum Teil von denen der Jungen. Der Wunsch, sich in der Gruppe zu behaupten und akzeptiert zu werden, ist auch für sie ein Kriterium, wenngleich nicht so dominant wie bei den männlichen Teenagern. Häufiger aber sind die Ursachen für das Trinken bei ihnen laut der *Thüringer Allgemeinen* psychische Probleme und Schwierigkeiten mit der eigenen Persönlichkeit. So helfen sich Mädchen mit Alkohol zum Beispiel über Ängste, Unsicherheit oder Gefühle der Unzulänglichkeit hinweg.

Maßnahmen gegen exzessiven Alkoholkonsum:

Nach dieser Ursachenforschung möchte ich im letzten Teil meines Referates auf einige Maßnahmen zu sprechen kommen, mit denen man den massiven Alkoholkonsum vieler Jugendlicher vielleicht eindämmen könnte.

Den Zeitungsberichten zufolge lehnt der Chef einer deutschen Krankenkasse, Rolf-Ulrich Schlenker, Alkoholverbote in Innenstädten und Verkaufsverbote an Tankstellen in diesem Zusammenhang ab, da diese Maßnahmen nicht den gewünschten Erfolg bringen würden. Ich denke, man kann dieser Einschätzung zustimmen. Ihr benötigt wohl kaum ein Beispiel für die bekannte Tatsache, dass der Reiz des Verbotenen oft eher das Gegenteil des Beabsichtigten erreicht.

Nutzlosigkeit von Verboten

Dagegen erscheinen mir Maßnahmen wie etwa jugendgerechte Information, Sportförderung und jugendärztliche Betreuung, die derselbe Krankenkassenchef vorschlägt, durchaus sinnvoll. Bestimmt könnt ihr euch vorstellen, dass man nicht gerne verkatert sonntagmorgens zum Fußballturnier oder zum Leichtathletikwettkampf antritt. Auch die Aufklärung junger Menschen darüber, welche Schäden sie ihren Organen durch übermäßigen Alkoholkonsum zufügen und was dieses Trinkverhalten auf Dauer mit ihrem Gehirn anrichtet, kann kaum ein Fehler sein.

Sport, Aufklärung

Doch Appelle allein reichen wohl kaum aus. Ich denke weiterhin, die Maßnahmen, die gegen den steigenden Alkoholkonsum Jugendlicher ergriffen werden sollten, dürfen nicht allein auf den Schultern der Gesundheitspolitik lasten. Auch wenn man als Teenager von seinen Eltern nicht mehr bevormundet oder kontrolliert werden will – ihr wisst, wovon ich rede – ist die Erziehung und das Vermitteln von Werten doch in erster Linie Aufgabe der Eltern und nicht etwa des Gesundheitsamts. Um das Komasaufen als „Trendsportart" in den Griff zu bekommen, ist es daher notwendig, dass Eltern mehr Zeit mit ihren Kindern verbringen, dass sie ihnen einen vernünftigen Umgang mit Alkohol sowie ein Gefühl der Eigenverantwortung vermitteln.

Aufmerksamkeit der Eltern

Verantwortung für diese Problematik sollte dennoch auch die Gesellschaft übernehmen. Das Budget von Jugendlichen ist meist recht begrenzt. Wenn Diskotheken- und Clubbetreiber das ausnutzen und die Teenager mit günstigen Angeboten zum Flatratesaufen und Kampftrinken verleiten, handeln sie nicht verantwortungsbewusst. Natürlich wollen wir, dass unser Bier beim Ausgehen bezahlbar für uns ist. Wozu eine Aufhebung der Mengenbegrenzung aber führt, belegen die Zahlen, die ich eingangs nannte – und das unterstützt wohl auch niemand von euch.

Verantwortung von Veranstaltern

Schließlich muss ich aber betonen, dass gerade Jugendliche unseres Alters, die Wert darauf legen, dass sie keine Kinder mehr sind, auch Verantwortung für sich und ihr eigenes Verhalten

Verantwortung der Jugendlichen selbst

übernehmen sollten. Dazu gehört, zu wissen, wo die eigenen Grenzen im Umgang mit Alkohol liegen, und sich dementsprechend für das eigene Trinkverhalten verantwortlich zu zeigen. Damit aber nicht genug, liegt es auch mit in unserer Verantwortung, den Jüngeren ein Vorbild zu sein. Laut Jugendschutzgesetz dürfte die zu Beginn erwähnte Altersgruppe der 8- bis 14-Jährigen gar nicht an alkoholische Getränke herankommen. Dass 16- oder 18-jährige Teenager für diese jüngeren häufig alkoholische Getränke besorgen, ist nicht nur verantwortungslos, sondern auch strafbar. Es liegt also mit an uns selbst, das Bild der exzessiv saufenden Jugend wieder zu revidieren.

Vorbildfunktion

Zum Abschluss meines Vortrages lässt sich zusammenfassend sagen, dass die Ursachen für den exzessiven Alkoholkonsum Jugendlicher vielfältig und möglicherweise auch nur begrenzt zu beeinflussen sind. Dies ist aber kein Grund, die Hände in den Schoß zu legen. Die Gesellschaft, die Eltern sowie die Jugendlichen selbst, für sie alle gilt es, Verantwortung zu übernehmen und sich dem Problem zu stellen. Konkret heißt das gerade für die letztgenannten Gruppen: Eltern sollten genau hinsehen, was ihr jugendliches Kind in seiner Freizeit tut; sie handeln jedoch auch richtig, wenn sie ihrem Kind mit zunehmendem Alter mehr Freiräume lassen. Dieses Vertrauen, das die Eltern ihren Kindern dafür entgegenbringen müssen, dürfen die Teenager im Gegenzug nicht ausnutzen. Wir sollten uns vielmehr klar machen, dass die zunehmende Freiheit, die wir haben, von uns verlangt, dass wir Verantwortung für uns und unser Handeln übernehmen.

Schluss

Verantwortung

Freiheit und Vertrauen

Thüringen – Besondere Leistungsfeststellung Deutsch 2010
Aufgabe 3: Interpretation eines Prosatextes

Helga M. Novak (geb. 1935): EIS

Ein junger Mann geht durch eine Grünanlage. In einer Hand trägt er ein Eis. Er lutscht. Das Eis schmilzt. Das Eis rutscht an dem Stiel hin und her. Der junge Mann lutscht heftig, er bleibt vor einer Bank stehen. Auf der Bank sitzt ein Herr und liest eine Zeitung. Der junge Mann bleibt vor dem Herrn stehen und lutscht.

Der Herr sieht von seiner Zeitung auf. Das Eis fällt in den Sand.

Der junge Mann sagt, was denken Sie jetzt von mir?

Der Herr sagt erstaunt, ich? Von Ihnen? Gar nichts.

Der junge Mann zeigt auf das Eis und sagt, mir ist doch eben das Eis runtergefallen, haben Sie da nicht gedacht, so ein Trottel?

Der Herr sagt, aber nein. Das habe ich nicht gedacht. Es kann schließlich jedem einmal das Eis runterfallen.

Der junge Mann sagt, ach so, ich tue Ihnen leid. Sie brauchen mich nicht zu trösten. Sie denken wohl, ich kann mir kein zweites Eis kaufen. Sie halten mich für einen Habenichts. Der Herr faltet seine Zeitung zusammen. Er sagt, junger Mann, warum regen Sie sich auf? Meinetwegen können Sie soviel Eis essen, wie Sie wollen. Machen Sie überhaupt, was Sie wollen. Er faltet die Zeitung wieder auseinander.

Der junge Mann tritt von einem Fuß auf den anderen. Er sagt, das ist es eben. Ich mache, was ich will. Mich nageln Sie nicht fest. Ich mache genau, was ich will. Was sagen Sie dazu?

Der Herr liest wieder in der Zeitung.

Der junge Mann sagt laut, jetzt verachten Sie mich. Bloß, weil ich mache, was ich will. Ich bin kein Duckmäuser. Was denken Sie jetzt von mir?

Der Herr ist böse.

Er sagt, lassen Sie mich in Ruhe. Gehen Sie weiter. Ihre Mutter hätte Sie öfter verhauen sollen. Das denke ich jetzt von Ihnen.

Der junge Mann lächelt. Er sagt, da haben Sie recht.

Der Herr steht auf und geht.

Der junge Mann läuft hinterher und hält ihn am Ärmel fest. Er sagt hastig, aber meine Mutter war ja viel zu weich. Glauben Sie mir, sie konnte mir nichts abschlagen. Wenn ich nach Hause kam, sagte sie zu mir, mein Prinzchen, du bist schon wieder so schmutzig. Ich sagte, die anderen haben nach mir geworfen. Darauf sie, du sollst dich deiner Haut wehren. Laß dir nicht alles gefallen. Dann ich, ich habe angefangen. Darauf sie, pfui, das hast du nicht nötig. Der Stärkere braucht nicht anzufangen. Dann ich, ich habe gar nicht angefangen. Die anderen haben gespuckt. Darauf sie, wenn du nicht lernst, dich durchzusetzen, weiß ich nicht, was aus dir werden soll. Stellen Sie sich vor, sie hat mich gefragt, was willst du denn mal werden, wenn du groß bist? Neger, habe ich gesagt. Darauf sie, wie ungezogen du wieder bist.

Der Herr hat sich losgemacht.

Der junge Mann ruft, da habe ich ihr was in den Tee getan. Was denken Sie jetzt?

Novak, Helga M.: Eis. In: Kürzestgeschichten. Stuttgart: Schöffling & Co 1982, S. 50 f.

Arbeitsauftrag

Interpretieren Sie die Kurzgeschichte!

Lösungsvorschlag

Laut Aufgabenstellung wird von Ihnen erwartet, dass Sie sich interpretierend mit der Kurzgeschichte „EIS" von Helga Maria Novak auseinandersetzen. Eine Interpretation verlangt von Ihnen, dass Sie ***den Text beschreiben, untersuchen und deuten****. Eine kurze* ***Zusammenfassung des Inhalts*** *sollte ebenfalls erfolgen. Legen Sie sich zunächst einen Plan mit den wichtigsten zu analysierenden Aspekten an, den Sie zur Vorbereitung Ihres Aufsatzes abarbeiten:*

- *Assoziationen zum Titel*
- *Aufbau, Textgliederung mit Teilüberschriften (dient der inhaltlichen Erfassung)*
- *Klärung des Themas*
- *Bestimmung und Nachweis der Textsorte*
- *sprachliche Gestaltung (Satzbau, Erzählperspektive, Zeitgestaltung, Tempusformen, orthografische oder grammatische Auffälligkeiten, Stilebene, rhetorische Figuren)*
- *Deutung und Schlussfolgerung*

Beginnen Sie nach diesen Voruntersuchungen mit dem Schreiben Ihrer Interpretation. Gerade bei Kurzgeschichten eignet sich oft ein kreativer Einstieg in das Thema. Aber auch ein Übersichtssatz (Textautor, Titel, Textart, Thema) stellt meist eine gute Einleitung dar. Die ***Textsorte*** *wurde Ihnen in der Aufgabenstellung bereits mitgeteilt. Wichtig ist jedoch, dass Sie diese auch anhand von Textmerkmalen* ***nachweisen****. Achten Sie außerdem darauf, Tempuswechsel innerhalb Ihres Aufsatzes zu vermeiden. Zulässige Tempora für Interpretationen sind Präsens und Perfekt. Der Schluss sollte noch einmal die wesentlichen Erkenntnisse Ihrer Interpretation zusammenfassen.*

Zu einem heißen Sommertag gehört ein schönes, kühles Eis, im Winter erfreuen wir uns am Eis beim Schlittschuhlaufen. Symbolisch und sprichwörtlich dagegen haben wir weniger positive Assoziationen: Eine „auf Eis gelegte" Beziehung, ein eisiges d. h. spannungsreiches Verhältnis zweier Menschen.

Einleitung
Assoziationen: Eis

Die Kurzgeschichte *EIS* von Helga M. Novak, die 1982 in „Kürzestgeschichten" veröffentlich worden ist, trägt also einen ambivalenten Titel, der Neugierde weckt. Inhaltlich überwiegt in dem Text die bedrohlich-negative Bedeutungskomponente des Wörtchens: zwischenmenschliche Isolation, Gleichgültigkeit und mangelnde Bereitschaft zur Kommunikation sind das Thema. Im Rahmen der folgenden Auseinandersetzung mit Novaks Kurzgeschichte werden diese thematischen Schwerpunkte untersucht und anhand des Textes nachgewiesen.

Eis bei Novak

Aufgabenstellung

Novaks Kurzgeschichte *EIS* handelt von einem jungen Mann, der beim Spaziergang in einer Grünanlage einem auf einer Bank Zeitung lesenden Herrn begegnet. Der Jüngere lutscht ein Eis, das direkt vor dem anderen Mann zu Boden fällt. Dieses Missgeschick stellt den Ausgangspunkt dar für das nun folgende Gespräch zwischen den beiden, das der junge Mann beginnt und immer weiterführt oder wieder aufnimmt, obwohl der Ältere vielfach abwehrt und zu verstehen gibt, dass er an keiner Kommunikation interessiert ist. Als der jüngere der beiden Männer daraufhin in seinen Äußerungen zunehmend herausfordernd wird, reagiert der Herr unwirsch und steht schließlich genervt auf und geht davon. Selbst von dieser unmissverständlichen Geste aber lässt sich der junge Mann nicht abweisen, sondern hält den anderen fest und berichtet in einem Monolog von dem Verhältnis zu seiner Mutter, als er selbst noch ein Kind gewesen ist. Der Ältere jedoch nimmt schon nicht mehr an der Unterhaltung teil, was auch die nochmals gesteigerten Provokationen des Gesprächsführers nicht ändern, die in der abschließenden Aussage gipfeln, er habe der Mutter etwas in den Tee getan.

Hauptteil
Inhalt

Novaks Text weist damit ein für Kurzgeschichten typisches offenes Ende auf, welches den Leser sowohl zum Nachdenken über das Gelesene als auch zum Weiterdenken der Handlung animiert. Für die Textsorte Kurzgeschichte spricht bei *EIS* auch der unvermittelte Einstieg in das Geschehen ohne langatmigen Prolog oder Einführungen. Die Handlung der Geschichte verläuft geradlinig und ist in steigernder Form angeordnet. Die Situation wird chronologisch dargestellt, sie entwickelt sich

Merkmale der Gattung Kurzgeschichte:
offenes Ende, direkter Einstieg

geradlinige, sich entwickelnde Handlung

kontinuierlich: Auf die Ausgangssituation folgt der Beginn eines Gesprächs. Im Verlauf desselben nehmen sodann die Provokationen des jüngeren Mannes zu, der ältere zeigt immer weniger Interesse an der Unterhaltung. Den Abschluss bilden der Monolog des Ersteren über seine Kindheitserlebnisse sowie seine finale Enthüllung, er habe der eigenen Mutter etwas in den Tee getan. Was dieses „etwas" war, bleibt zwar offen, bedeutet aber sicher nichts Gutes. Möglich wäre aber auch, dass diese Aussage eine provokative Lüge des jungen Mannes ist.

Thema

Weiterhin ist auch die thematische Anlage des Textes charakteristisch für die Textsorte Kurzgeschichte, die häufig den Konflikt eines Individuums mit der Gesellschaft oder den zweier Menschen untereinander – kurzum zwischenmenschliche Beziehungen – darstellt. Dazu passen außerdem die ausschnittartige Darstellung einer kurz andauernden Alltagssituation sowie die fehlende Charakterisierung der Figuren, die beide anonym und in ihren Aussagen und Verhaltensweisen typisiert und damit beliebig übertragbar sind.

alltägliche Situation

typisierte Figuren

Erzählerische und sprachliche Gestaltung:

Erzählperspektive

Novaks Kurzgeschichte zeichnet sich durch einen neutralen, objektiven Erzählstil mit auktorialen Zügen aus, bei dem der Erzähler sich extrem zurücknimmt und dem Leser kaum Informationen zu den äußeren Umständen des Geschehens oder den Figuren an die Hand gibt. Dementsprechend gibt es im Text kaum Erzählerbericht, es dominiert die Figurenrede. Wo der Erzähler doch zu Wort kommt, findet meist keine Wertung oder Kommentierung, sondern reine Beschreibung statt (vgl. Z. 1–4). Auch eine Innensicht fehlt völlig, der Leser muss sich mit der Außenperspektive auf Handlung und Figuren begnügen und ist damit verstärkt zur Deutung des Dargestellten aufgefordert. Die Erzählweise hat insgesamt beinahe dokumentarischen Charakter und schafft eine kühle, nüchterne Atmosphäre.

Fehlende Satzzeichen bei wörtlicher Rede

Bei der in der Geschichte vorherrschenden direkten Rede fehlt durchgehend die Markierung durch Anführungszeichen. Dies verstärkt nicht nur die „Unsichtbarkeit" des Erzählers, sondern schließt vor allem den Leser noch intensiver in das Geschehen mit ein, sodass das Gefühl der Unmittelbarkeit und des Dabeiseins entsteht. Hierzu trägt auch die Verwendung des Präsens als Erzähltempus bei. Abweichungen davon finden sich einzig innerhalb der Passage, die das Verhältnis des Protagonisten zu seiner Mutter beschreibt (Z. 30–39). An dieser Stelle wird in der Gesprächssituation im Park eine bereits zurückliegende Unter-

Tempus

redung des jungen Mannes mit seiner Mutter wiedergegeben. Der Gebrauch des Präteritums in dieser Rückschau verdeutlicht das Aufeinandertreffen der zwei Zeitebenen.

Stilebene

Der Text ist in die mittlere Stilebene einzuordnen, er ist in Standardsprache verfasst. Die Wortwahl zeichnet sich weder durch vulgäre, noch gehobene Ausdrücke aus. Die verwendete Sprache entspricht also der dargestellten Alltagssituation im Park.

Sprachlich-stilistische Mittel:

Satzbau

Ins Auge fallen gleich zu Beginn die vielen kurzen Sätze und der parataktische (reihende) Satzbau, die die Nüchternheit der Erzählweise unterstreichen, aber auch eine gewisse Ungeduld vermitteln und den Leser zur folgenden Konversation „vorantreiben". Die zahlreichen Wiederholungen und Parallelismen der Satzanfänge („Der junge Mann…", „Der Herr…", „Der junge Mann…" etc.) spiegeln die Gleichförmigkeit des festgefahrenen Gesprächs der Männer wider. Die Anapher am Anfang des Textes „Das Eis … Das Eis …" (Z. 2) lenkt die Aufmerksamkeit sofort auf den symbolischen Begriff und seine Bedeutung innerhalb der Kurzgeschichte.

Wiederholungen, Parallelismen

Anapher

Fragen

Schließlich ist besonders die Frage des jungen Mannes „Was denken Sie jetzt?" auffällig, die vielfach in gleicher oder ähnlicher Wortwahl wiederholt wird (Z. 6, 9, 20, 23, 41 f.). Sie verstärkt den Eindruck der Aufdringlichkeit des Protagonisten, zugleich aber wird auch dessen Bedürfnis nach Aufmerksamkeit und Rückversicherung für sein Verhalten und seine Person deutlich – selbst von Seiten eines ihm völlig Unbekannten.

Analyse des Inhalts:

Drang nach Aufmerksamkeit

Schon der Beginn des Textes zeigt, dass sich der junge Mann mit dem Eis in der Hand nach Aufmerksamkeit sehnt: er bleibt direkt vor der Parkbank des Herrn stehen und lutscht dort „heftig" (Z. 3) sein Eis. Der Jüngere ist es auch, von dem die konkrete Kontaktaufnahme ausgeht (Z. 6). Er wünscht sich einen Gesprächspartner, vielmehr vielleicht noch einen Zuhörer, will in jedem Fall seine Gedanken kundtun. Dass der Zeitungslesende ihn kaum wahrnimmt und eigentlich beschäftigt ist, scheint der junge Mann gar nicht zu bemerken, er ist vollkommen auf sich selbst fixiert. So sind auch seine Person, seine Befindlichkeit, seine Eigenschaften, Gedanken und Erfahrungen einziger Gegenstand des nachfolgenden Dialogs. Dieser bleibt jedoch aufgrund der Einseitigkeit, mit der er geführt wird, oberflächlich und inhaltsleer.

Fixierung auf die eigene Person

Oberflächlichkeit des Gesprächs

Die Unterhaltung bestreitet der junge Mann nahezu ausschließlich durch Provokationen, er fordert sein Gegenüber durch zunehmend unverfrorene Behauptungen heraus. Deutlich wird dabei jedoch vor allem die eigene Unsicherheit, der innere Konflikt, den der junge Mann offenbar austrägt. So belegen etwa Bezeichnungen seiner selbst als „Trottel" (Z. 9), „Habenichts" (Z. 14) oder „Duckmäuser" (Z. 23), für die man ihn vermeintlich hält, dass er Probleme mit seinem Selbstbild bzw. Selbstwert hat. Man kann mutmaßen, dass er in der Vergangenheit mit diesen oder ähnlichen Negativurteilen belegt wurde. Seinen Aussagen zufolge fürchtet er auch verachtet zu werden (Z. 22). Die Herausforderung seines Gegenübers ist möglicherweise die Strategie des jungen Mannes, sich gegen diese Art der Kränkung aufzulehnen, dem vielleicht auch zuvorzukommen, um sich zu schützen. Daher macht er, wie er mehr trotzig denn selbstbewusst erklärt, jetzt nur noch, was er will (Z. 19 f.). Besonders überzeugend allerdings wirkt diese Erklärung schon deshalb nicht, weil sich auch hieran die Frage, die sich stetig wiederholt, anschließt, was denn das Gegenüber darüber denke. Von der Last der Beurteilung durch andere kann sich der junge Mann also offenbar nicht befreien. Seine Unsicherheit und Unruhe drückt sich schließlich auch durch seine Körpersprache aus, wenn er „von einem Fuß auf den anderen" tritt (Z. 18).

Unsicherheit, Selbstzweifel

Furcht vor negativer Beurteilung

Der Herr, der zu Beginn erstaunt, sodann höflich-distanziert reagiert, wird angesichts der Aufdringlichkeit und provokanten Art des Jüngeren im Verlauf des Gesprächs zunehmend abweisend, signalisiert eindeutig Desinteresse, etwa wenn er erneut beginnt, in seiner Zeitung zu lesen (Z. 16 f., 21), oder den jungen Mann explizit auffordert: „[L]assen Sie mich in Ruhe." (Z. 25) Die Bezeichnung desselben als „Herr" signalisiert, dass er der ältere der beiden Männer ist (vgl. Z. 14 f.). Seine Ausdrucksweise, die weniger umgangssprachlich als die des Jüngeren ist, sowie das Zeitunglesen deuten außerdem darauf hin, dass er sozial besser gestellt und gebildet ist. Wenngleich jedoch das Verhalten des jungen Mannes sehr befremdlich wirkt, kommt auch für das des Herrn nicht viel Verständnis oder gar Sympathie auf. Er interessiert sich nicht im Geringsten für das, was unmittelbar um ihn herum vor sich geht. Den Kontakt mit dem anderen möchte er so schnell wie möglich wieder beenden und legt offenbar Wert auf Distanz zu seinen Mitmenschen. Die Zeitung wirkt dabei

Abwehr und Desinteresse des Herrn

fast wie ein Schild, der der Abgrenzung dient. Das Auftreten des Älteren erscheint insgesamt kalt und gefühllos.

Scheitern der Kommunikation

Mit diesem Verhalten trägt der Herr zum Scheitern der Kommunikation zwischen den Männern bei. Dass diese so misslingt, wird durch die Örtlichkeit, an der sich die Szene abspielt, noch hervorgehoben: Das Gegeneinander der Männer steht im Kontrast zu dem Ort der Kontaktaufnahme, der Begegnung, des Miteinanders, den ein Park gemeinhin darstellt.

Unreife des Jüngeren

Ausschlaggebend für den unglücklichen Verlauf des Gesprächs ist aber der jüngere Protagonist: In seiner Trotzigkeit und Unverfrorenheit wirkt er extrem kindisch und unreif. Diese Charakterzüge werden schon durch das „heftig[e]“ (Z. 3) Schlecken des Eises zu Beginn angedeutet. Grundlegende soziale Verhaltensweisen scheinen ihm fremd. So hat er offenbar kein Gespür für seine Taktlosigkeit, mit der er den Wunsch des Herrn nach Ruhe ignoriert (oder aber er widersetzt sich willentlich der gesellschaftlichen Norm der Höflichkeit). Ein solch aufdringliches Verhalten sowie das immense Bedürfnis nach Zuwendung kennt man sonst nur von Kindern, die die persönlichen Grenzen eines anderen mangels besseren Wissens noch nicht immer respektieren.

Mutter-Sohn-Gespräch als Spiegel der Parkszene

Insofern scheint es beinahe folgerichtig, dass die Protagonisten der Geschichte im weiteren Verlauf schließlich auf die Kindheitserfahrungen des jungen Mannes zu sprechen kommen. Bezeichnenderweise lächelt Letzterer, als der Herr seine Mutter erwähnt (Z. 25–27), beinahe so, als habe er auf das Stichwort gewartet. Auch die Geste, mit der der junge Mann sein Gegenüber am Davongehen hindert, ihn am Arm festhält, wirkt wieder äußerst kindlich. Die Passage, die sodann von dem Gespräch zwischen Mutter und Sohn berichtet (Z. 30–39), spiegelt inhaltlich die wesentlichen Charakteristika der aktuellen Situation im Park wider: Auch hier verhält sich der junge Mann äußerst provokant und fordert seine Mutter im Gespräch heraus („ich habe angefangen.“, Z. 34; „ich habe gar nicht angefangen“, Z. 35). Diese wiederum – wie der Herr im Park – lässt sich nicht wirklich auf das Gespräch ein, ihre Antworten wirken mechanisch, oberflächlich, kalt. Ein tatsächliches Interesse an der Gedanken- und Gefühlswelt ihres Sohnes scheint nicht vorhanden zu sein. Zwar bemüht sie sich offenbar, nach außen als gute Mutter und Hausfrau zu wirken, deren Sohn in sauberen Kleidern steckt („du bist schon wieder so schmutzig“, Z. 31 f.); als ihr Sohn jedoch auf ihre Frage, was er denn einmal werden wolle, mit „Neger“ (Z. 38) antwortet, scheint sie überfordert und kritisiert den Jungen ohne weitere Erklärung und ohne näher auf ihn einzugehen („wie ungezogen du wieder bist“, Z. 39).

Schluss

Deutung und Schlussfolgerung

Das Grundproblem also, das die Kurzgeschichte Novaks thematisiert, ist dieser Mangel an Interesse, an Zuwendung und an Orientierung, den der junge Mann in seiner Kindheit erfährt und der ihn langfristig prägt, wie die spätere Situation in ihren vielen Parallelen zeigt. Thema sind Fragen der Erziehung und Schwierigkeiten in der Eltern-Kind-Beziehung ebenso wie in der zwischen den Generationen im Allgemeinen – einem älteren Herren und einem jungen Mann etwa. Die Namenlosigkeit dieser Figuren weist dabei auf die Anonymität innerhalb einer Gesellschaft hin, in der jeder vor allem mit sich selbst beschäftigt ist. Der Text zeigt auf, welche möglichen Konsequenzen sich aus solch mangelnder Bereitschaft zur Kommunikation und dazu, sich auf eine andere Person einzulassen, ergeben können: Desorientierung, Selbstzweifel, soziale und kommunikative Inkompetenz.

Titel und Symbol „Eis“

Das Eis, Titel sowie Symbol innerhalb des Textes, steht dabei für die Distanz und Kälte zwischen den Menschen, die allzu häufig mit sich selbst beschäftigt sind, sich nicht über Oberflächlichkeiten hinauswagen wollen und kein Interesse daran haben, Gefühle, Sichtweisen oder Probleme anderer zu verstehen.

Thüringen – Besondere Leistungsfeststellung Deutsch 2010
Aufgabe 4: Gedichtinterpretation

Johann Wolfgang von Goethe (1749–1832)

Willkommen und Abschied (1771)

Es schlug mein Herz, geschwind zu Pferde!
Es war getan fast eh gedacht.
Der Abend wiegte schon die Erde,
Und an den Bergen hing die Nacht;
Schon stand im Nebelkleid die Eiche,
Ein aufgetürmter Riese, da,
Wo Finsternis aus dem Gesträuche
Mit hundert schwarzen Augen sah.

Der Mond von einem Wolkenhügel
Sah kläglich aus dem Duft hervor,
Die Winde schwangen leise Flügel,
Umsausten schauerlich mein Ohr;
Die Nacht schuf tausend Ungeheuer,
Doch frisch und fröhlich war mein Mut:
In meinen Adern welches Feuer!
In meinem Herzen welche Glut!

Dich sah ich, und die milde Freude
Floß von dem süßen Blick auf mich;
Ganz war mein Herz an deiner Seite
Und jeder Atemzug für dich.
Ein rosenfarbnes Frühlingswetter
Umgab das liebliche Gesicht,
Und Zärtlichkeit für mich – ihr Götter!
Ich hofft' es, ich verdient' es nicht!

Doch ach, schon mit der Morgensonne
Verengt der Abschied mir das Herz:
In deinen Küssen welche Wonne!
In deinem Auge welcher Schmerz!
Ich ging, du standst und sahst zur Erden
Und sahst mir nach mit nassem Blick:
Und doch, welch Glück, geliebt zu werden!
Und lieben, Götter, welch ein Glück!

Trunz, Erich (Hrg.): GOETHE – GEDICHTE. München 1994, S. 28 f.

Arbeitsauftrag

Beschreiben und deuten Sie, wie sich die Gefühle der Liebenden in den Naturbildern widerspiegeln!
Ordnen Sie das Gedicht auch in seine Literaturepoche ein!

Lösungsvorschlag

*Bei dieser Aufgabe geht es darum, sich mit einem der bekanntesten Gedichte von Johann Wolfgang von Goethe, nämlich „Willkommen und Abschied", **interpretierend auseinandersetzen**. Vordergründig sollen Sie bei dieser Interpretation untersuchen, wie sich die **Gefühle** der Liebenden in den **Naturbildern** widerspiegeln, sowie zusätzlich das Gedicht in eine **Literaturepoche** einordnen.*
*Das Gedicht dürfte Ihnen aus dem Deutschunterricht in Klassenstufe 9 oder 10 bekannt sein. Von daher werden Sie wissen, dass Goethe **zwei Versionen des Gedichtes** veröffentlicht hat: eine 1775, die 1771 entstanden ist, die andere 1789, entstanden vermutlich 1785. Etwas problematisch ist, dass in den vorliegenden Prüfungsangaben die Textversion nicht zum Veröffentlichungsjahr passt. Die Fassung, in der Ihnen das Gedicht vorliegt, ist die spätere von 1789 (bzw. 1785). Verlassen Sie sich bei der **Epocheneinordnung** des Gedichts, wie sie die Aufgabenstellung verlangt, auf Ihr diesbezügliches Wissen aus dem Deutschunterricht.*
Denken Sie bei der Bearbeitung der Aufgabe daran, was eine Gedichtinterpretation beinhaltet:
- *Inhalt/Kommunikationssituation erläutern (Wer spricht warum zu wem?)*
- *lyrische Einordnung (hier: Erlebnislyrik)*
- *formale Analyse (d. h. Metrum, Reimform, sprachliche und stilistische Mittel)*
- *inhaltliche Analyse, Bildlichkeit (Motive, Metaphern, Symbole)*
- *Deutung und Schlussfolgerung.*

*Vergessen Sie jedoch nicht den in der Aufgabenstellung genannten **Schwerpunkt:** die Untersuchung der sich in den Naturbildern spiegelnden Gefühle der Liebenden. Diesen Aspekt sollten Sie entsprechend ins Zentrum Ihres Aufsatzes stellen.*
Zwar fordert die Aufgabenstellung eine formale Analyse nicht explizit ein, auf die wichtigsten Formmerkmale sollte allerdings knapp eingegangen werden.
Als einleitender Satz bietet sich an, den Autor des Textes, den Titel, die Textsorte und das Thema zu nennen. Beachten Sie schließlich auch, dass eine Gedichtinterpretation das Tempus Präsens erfordert.

Dass die Liebe nicht erst heute ein universales Thema ist, sondern sie auch vor mehreren hundert Jahren schon eine zentrale Rolle im Leben der Menschen gespielt hat, wissen wir unter anderem durch Literatur wie die von J. W. von Goethe, etwa sein vorliegendes Liebesgedicht *Willkommen und Abschied.* Die folgende Auseinandersetzung mit diesem Gedicht konzentriert sich besonders auf die Untersuchung der Gefühle der Liebenden und die Frage, wie diese in *Willkommen und Abschied* durch Naturbilder metaphorisch zum Ausdruck gebracht werden.

Einleitung

Willkommen und Abschied – ein Liebesgedicht

Aufgabenstellung

Willkommen und Abschied ist eines der bekanntesten Gedichte aus dem umfangreichen Goetheschen Werk. Goethe hat zwei Versionen des Gedichtes veröffentlicht, eine im Jahr 1775, eine zweite, überarbeitete Fassung 1789. Der hier analysierte Text entspricht dieser zweiten Fassung.

Hauptteil

Versionen des Gedichtes

Willkommen und Abschied ist regelmäßig aufgebaut, es besteht aus vier Strophen, die jeweils acht Verse umfassen. Das Gedicht ist durchgehend im Kreuzreim verfasst, weibliche und männliche Kadenzen wechseln sich ab. Von der äußeren Form her wirkt der Text also äußerst gleichmäßig und harmonisch.

Strophen, Verse, Reimschema

Diese formalen Prinzipien gelten auch für das Metrum: Ein vierhebiger Jambus zieht sich konsequent durch das gesamte Gedicht. Die Regelmäßigkeit des Takts bildet so die Situation des lyrischen Ichs nach: Das Hufgetrappel des Pferdes auf dem nächtlichen – und später morgendlichen – Ritt sowie das Herzklopfen, das zunächst aus Unruhe und Furcht und später aus Erregung durch die ersehnte Begegnung mit der Geliebten resultiert, wird imitiert.

Metrum

Willkommen und Abschied ist ein Beispiel für die Lyrik des Sturm und Drang. In der hier vorliegenden späteren Version des Gedichts (entstanden vermutlich 1785, veröffentlicht 1789) zeichnet sich allerdings bereits eine Entwicklung Goethes zur Klassik ab, was eine eindeutige Epochenzuordnung erschwert.

Epochennachweis: Erlebnislyrik des Sturm und Drang

Im Sturm und Drang stehen vor allem das Individuum und sein Gefühlsüberschwang im Zentrum der Literatur. Dies gilt insbesondere für die sogenannte Erlebnislyrik, die in dieser Zeit und besonders durch die Goethesche Dichtung entsteht. In der Erlebnislyrik werden die Stimmung und das Empfinden des lyrischen Ichs unvermittelt und damit für den Leser oder Hörer eindringlich dargestellt. *Willkommen und Abschied* ist ein typisches Beispiel für die Erlebnislyrik dieser Zeit, die sich vor allem durch sprachliche Ausdruckskraft und Bildhaftigkeit auszeichnet. Auch intensive Naturbilder, die in der Regel mit den Gefühlen und Erlebnissen des lyrischen Ichs korrespondieren – Mensch und Natur werden als Einheit verstanden –, sind charakteristisches Kennzeichen der Literatur dieser Epoche.

Inhalt / Kommunikationssituation

In den ersten beiden Strophen von Goethes Gedicht beschreibt das lyrische Ich einen Ritt durch den späten Abend, das Ziel ist zunächst noch unbekannt. Die Natur um den Reiter her verdüstert sich auf seinem Weg zunehmend, dennoch beteuert das lyrische Ich seinen Frohsinn und seine Energie. Gleich darauf, mit Beginn der dritten Strophe erfährt man den Grund hierfür: Das lyrische Ich ist am Ziel des Rittes, bei der Geliebten, angelangt. Diese dritte Strophe spiegelt folglich die harmonische Zweisamkeit des Paares wider, das nun in Liebe vereint ist. Der Morgen und damit auch der Abschied sind Thema der vierten Strophe. Die Liebenden müssen sich wieder trennen und sind entsprechend traurig. Gleichzeitig jedoch dankt das lyrische Ich bei aller Trauer abschließend für das große Glück, das es erfährt: zu lieben und geliebt zu werden.

Inhaltliche Analyse:

Das Gedicht lässt sich, wie mit der Wiedergabe des Inhalts schon angedeutet, in drei Sinnabschnitte gliedern: den Ritt vor der Begegnung, die Vereinigung der Liebenden und die erneute Trennung. Diese unterschiedlichen Situationen und die damit verbundenen Empfindungen des lyrischen Ichs spiegeln sich in der Darstellung der umgebenden Natur wider.

1. Strophe: Dunkelheit, Bedrohung

Das lyrische Ich, voller Ungeduld (vgl. V. 1 f.), macht sich in der ersten Strophe im hereinbrechenden Abend auf den Weg. Zwar „wiegt" der Abend bereits die Erde (V. 3), wie es heißt, das Bild, das damit erzeugt wird, ist aber noch ein angenehm friedliches. Schon mit dem nächsten Vers jedoch ändert sich dies: schwer und dunkel, so scheint es, „hängt" die Nacht an den Bergen (V. 4). Bis zum Ende der Strophe wird diese Abfolge vom Abend zur Nacht noch gesteigert, wenn schließlich von „Finsternis" (V. 7) die Rede ist. Die Bilder der im Düsteren in die Höhe ragenden Dinge, die Berge (V. 4), die Eiche (V. 5), das Gesträuche (V. 7) verstärken die bedrohliche Stimmung, die bereits von der Dunkelheit ausgeht, und auch die Personifikationen des Baumes und der Finsternis tragen zu diesem Eindruck bei. Die Eiche wird nicht nur einem Riesen, an sich schon ein Superlativ, gleichgesetzt, sondern dieser ist zusätzlich „aufgetürmt" (V. 6). Auch die Finsternis lauert nicht nur mit ihren Augen, es sind gleich hundert Stück und sie sind schwarz (V. 7)

– womit auch der Bildbereich der Dunkelheit wieder aufgenommen wird. Zum Ende dieser ersten Strophe erzeugen die Naturbilder, die das lyrische Ich begleiten, also eine Angst einflößende Atmosphäre. In seiner Einsamkeit fern der Geliebten erkennt der Reiter in seiner Umgebung nur Unheimliches, Beunruhigendes, das ihn bedroht, beobachtet und einschüchtert.

2. Strophe: Steigerung des Düsteren, Gefährlichen

Am Beginn der zweiten Strophe steht zunächst ein Hoffnungsschimmer: Der Mond, der das Dunkel erhellen könnte, taucht auf. Doch wiederum wird diese Möglichkeit sofort relativiert. Der Mond ist eingehüllt in einen „Wolkenhügel" (V. 9), aus dem er nur „kläglich" (V. 10) hervorzuschauen vermag. Wie schon in Strophe 1 verstärken Personifikationen den Eindruck, der Reiter sei nicht alleine in der Dunkelheit, sondern von Unheilvollem umgeben, das ihn belauert: der Mond „[s]ah" hervor (V. 10), die Winde „schwangen leise Flügel" (V. 11). Auch wird das Gefühl der Bedrohung in der zweiten Strophe durch den Einbezug weiterer Sinne nochmals gesteigert. Zu den visuellen Eindrücken und den „Augen" (V. 8) aus der ersten Strophe kommen nun der „Duft" (V. 10) und das „Ohr" (V. 12), das umsaust wird, hinzu – durch mehrere Sinne nimmt also das lyrische Ich die Anspannung der Situation wahr. Es bringt selbst zum Ausdruck, welcher Art die Atmosphäre während des Ritts ist: „schauerlich" (V. 12), und bestätigt, wiederum als Steigerung der „hundert schwarzen Augen" (V. 8), die Nacht bringe „tausend Ungeheuer" (V. 13) hervor. Eine wahre Herausforderung stellt also dieser einsame Ritt durch den späten Abend dar, die Natur um das lyrische Ich scheint nur aus düsteren Schatten und Gefahr zu bestehen.

Wende zu Entschlossenheit und Frohsinn

Und doch heißt es plötzlich auf dem Höhepunkt dieser dramatischen Schilderung: „frisch und fröhlich war mein Mut" (V. 14). Völlig unvorhergesehen bricht dieser Optimismus des Liebenden herein. Unterstrichen wird der positive Umschwung durch die Alliteration („frisch und fröhlich") sowie die in den nächsten beiden Versen folgenden leidenschaftlichen Ausrufe. Die elliptische Form der Letzteren bringt die Erregung des lyrischen Ichs zum Ausdruck, die Gestaltung als Parallelismus unterstreicht die Einheit von Körperlichkeit („Adern", V. 15) und Gefühl („Herzen", V. 16): Sehnsucht und Verlangen ‚brennen' allumfassend in ihm. Deutlich zeigt sich an dieser Stelle außerdem die charakteristische Kraft und Emphase eines typischen Subjektes des Sturm und Drang.

Nachdem die unheimlichen Naturbilder der ersten Strophen kaum nachvollziehen lassen, woraus das plötzliche „Feuer“ (V. 15) und die positive Energie des Reiters resultieren, erklärt sich dies mit dem ersten Wort der dritten Strophe: Alles nächtliche Unheil wird bedeutungslos angesichts der Nähe der Geliebten, die er nun, in Strophe 3, endlich erreicht hat. Urplötzlich verkehrt sich die finstere Nacht in ein „rosenfarbnes Frühlingswetter“ (V. 21) – ein an Symbolik reicher Ausdruck: Der Frühling, der für das Erwachen, für Wärme und Lebenskraft steht, sowie die Rose, Blume der Liebenden, versinnbildlichen die freudig-verliebten Empfindungen des vereinten Paares. Dazu passt auch das Bild der „milde[n] Freude“ (V. 17), die gleich einem Bach auf das lyrische Ich fließt (V. 18) und Angst und Sorge hinwegspült, sodass „jeder Atemzug“ (V. 20) nun wieder leicht fällt und nur für die Herzensdame ist. Das Glück des Liebenden könnte größer kaum sein, wie seine Beschreibungen der Angebeteten verraten. Verzückt ist er durch den „süßen Blick“ (V. 18), das „liebliche Gesicht“ (V. 22) und die „Zärtlichkeit“ (V. 23) der Geliebten. Ihre Anwesenheit allein hat die Macht, die gesamte Umgebung zu verwandeln.

3. Strophe: Vereinigung des Liebespaars, Wandel der Umgebung

In der vierten Strophe schließlich folgt der Abschied auf das vorherige Willkommen. Viel zu früh, „schon mit der Morgensonne“ (V. 25) müssen sich die beiden wieder trennen. Als ob die Liebenden sich den Anblick des jeweils anderen für immer einprägen wollten, dominiert das Wortfeld „sehen“ („Auge“, V. 28, „sahst“, V. 29 und 30, „Blick“, V. 30). Der Kummer des Abschieds drückt sich in einem „verengt[en]“ Herzen (V. 26) des lyrischen Ichs sowie dem „Schmerz“ (V. 28) und dem „nasse[n] Blick“ (V. 30) der Geliebten aus. Jedoch beschränkt sich die Darstellung der Trennung im Gedicht nicht auf diese leidvollen Gefühle; die Nacht der Liebe ist den beiden noch gegenwärtig. Das Nebeneinander der Empfindungen zeigt sich etwa in der wieder aufgegriffenen Stilfigur des Parallelismus. Letzterer ist aber nicht etwa konträr zu den vorfreudigen Ausrufen in Strophe 2 nun rein negativer, trübseliger Art, sondern gekennzeichnet durch beides, durch Glück („In deinen Küssen welche Wonne!“, V. 27) und durch Schmerz zugleich („In deinem Auge welcher Schmerz!“, V. 28). Auch das Bild der hellen „Morgensonne“ (V. 25) vermittelt nicht Kummer und Frust, sondern vielmehr Hoffnung auf ein baldiges Wiedersehen – wenngleich die Verse 29/30 vermuten lassen, dass der Abschied von der

4. Strophe: Schmerzlicher, aber mit Hoffnung verbundener Abschied

Geliebten endgültig ist. Letztlich ist, wie schon in den vorherigen Strophen, auch dieses Naturbild im Einklang mit dem dominierenden Gefühl des lyrischen Ichs in der Abschiedsszene: Seine abschließenden Worte sind positive und drücken Dank aus an die Götter, die ihn das Glück der Liebe erfahren lassen.

Formale Analyse:

Apostrophe des lyrischen Du

Auffällig im Hinblick auf die Form ist die direkte Ansprache des lyrischen Du in der dritten und vierten Strophe. Das lyrische Ich bekundet diesem gegenüber seine Liebe: „Dich sah ich" (V. 17), „Ganz war mein Herz an deiner Seite" (V. 19), etc. Die Präsenz der Geliebten am Ende des Gedichts wird durch diese Apostrophe formal betont und für den Leser noch deutlicher spürbar.

Sprachlich-stilistische Mittel:

Ausrufe

Die Ausrufe, die sich jeweils in den letzten beiden Versen der Strophen 2, 3 und 4 finden, verdeutlichen die Erregung und Intensität der Emotionen des lyrischen Ichs und bewirken zugleich einen Spannungsanstieg zum jeweiligen Strophenende.

Enjambements

Zahlreiche Enjambements (V. 7/8, 9/10, 17/18, etc.) im Gedicht sorgen für ein besonders intensives Mitverfolgen des Geschehens durch den Leser. Sie bringen Fluss in den Text und lassen das Gedicht beinahe wie eine Erzählung wirken. Außerdem spiegelt dieses stilistische Mittel durch das Vorantreiben von Vers zu Vers die Vorwärtsbewegung des lyrischen Ichs während seines nächtlichen Ritts wider.

Zur Intensivierung des Dargestellten nutzt Goethe, wie bereits an einigen Beispielen gezeigt wurde, vielfältige Stilmittel.

Anaphern

Sofort fällt etwa die Anapher in den ersten beiden Versen auf („Es schlug … | Es war …", V. 1 f.), die das Regelmäßige des Metrums und des Reimschemas unterstützt. Die Anapher erzeugt zugleich Spannung: Die Aufmerksamkeit wird auf das „Es" gelenkt, das jedoch zunächst undefiniert bleibt und die Frage offen lässt, worum es geht. Weitere Anaphern gehen mit Parallelismen einher (V. 15 f., V. 27 f., V. 31 f.) und wirken sich jeweils den Inhalt verstärkend aus. Zentrale Stellen des Gedichts werden so hervorgehoben wie etwa der Moment, in dem die Stimmung sich wendet (V. 15 f.). Der Parallelismus in der vierten Strophe (V. 27 f.) verdeutlicht die beiden gleichzeitig wahrgenommenen Emotionen Liebe und Trauer, unterstützt also ebenfalls den inhaltlichen Aspekt.

Parallelismen

Inversion

Auffällig ist schließlich auch eine Inversion („Dich sah ich", V. 17), mit der als Auftakt des Verses und der dritten Strophe stark betont wird, worauf das lyrische Ich die ganze Zeit zusteuert: „Dich", d. h. seine Geliebte.

Durch das ganze Gedicht hindurch, besonders in den ersten beiden Strophen, finden sich überdies Metaphern (z. B. V. 3, 4, 5 f., etc.) und Personifikationen (V. 7 f., 11 f., etc.). Sie veranschaulichen jene Naturimpressionen, die die Gefühle der Liebenden widerspiegeln, und tragen zum Entstehen der Stimmung in den jeweiligen Strophen bei, so etwa dem bedrohlich-unheimlichen Eindruck zu Beginn oder der gelöst-glücklichen Atmosphäre im späteren Teil des Textes.

Metaphern, Personifikationen

Das Gedicht *Willkommen und Abschied* ist ein Bekenntnis zur Liebe. Mit eingängigen, anschaulichen Bildern lässt Goethe den Leser die Stimmungsumschwünge des lyrischen Ichs intensiv mitempfinden. Der Text zeigt auf, wie Liebende Hindernisse zu überwinden wissen und Schwierigkeiten mit eisernem Willen begegnen, um zum Ziel zu kommen. Dem lyrischen Ich verleiht die Liebe diese Kraft, sodass es das glückliche Willkommen bei der Angebeteten erreicht. Dass ein solches auch immer wieder einen Abschied nach sich zieht, auch das wird in Goethes Gedicht deutlich. Wesentlich dabei aber ist die abschließende Erkenntnis, dass dieser Moment letztlich nicht das Glück mindern kann, das zu lieben und geliebt zu werden bedeutet.

Schluss

Macht der Liebe, Willkommen und Abschied als ewiges Prinzip

Thüringen – Besondere Leistungsfeststellung Deutsch 2011
Aufgabe 1: Nichttextgebundene Erörterung

„[…] Dem Sport ist zu allen Zeiten und vor allem von allen Regierungen aus gutem Grund immer größte Bedeutung beigemessen worden. Er unterhält und benebelt und verdummt die Massen; […].“

Thomas Bernhard (1931–1989)

Bernhard, Thomas: Die Ursache: Eine Andeutung. Residenz Verlag, Salzburg 1975.

Arbeitsauftrag

Nehmen Sie zu diesem Zitat des österreichischen Schriftstellers Thomas Bernhard Stellung und begründen Sie diese ausführlich unter Hinzuziehung eigener Beispiele und Erfahrungen.

Lösungsvorschlag

Bei dieser Aufgabe der nichttextgebundenen Erörterung sollen Sie sich mit einem nicht ganz einfachen ***Zitat*** *des Schriftstellers Thomas Bernhard auseinandersetzen. Versuchen Sie zunächst, die wesentlichen Inhalte des Textauszugs zu erfassen. Formulieren Sie die* ***Hauptaussage*** *eventuell als Hilfestellung* ***mit eigenen Worten****. Auf dieser Grundlage können Sie dann überlegen,* ***welche Position*** *Sie einnehmen möchten: Stimmen Sie Thomas Bernhard zu? Lehnen Sie seine Haltung ab? Oder nehmen Sie eine vermittelnde Haltung ein?*

Bevor Sie mit dem Schreiben beginnen, sollten Sie eine ***Stoffsammlung*** *anlegen. Suchen Sie Begründungen und Beispiele, die die Aussage des Schriftstellers stützen oder widerlegen. Bedenken Sie: Eine Stellungnahme erfordert, dass Sie das Thema* ***dialektisch*** *erörtern. Das heißt, Sie müssen sowohl* ***Pro-*** *als auch* ***Kontra-Argumente*** *finden und diskutieren.*

Schreiben Sie dann Ihren Aufsatz nach dem klassischen Muster: Einleitung – Hauptteil – Schluss.

In der ***Einleitung*** *führen Sie kurz zum Thema hin und erläutern das Zitat.*

Der ***Hauptteil*** *besteht im Wesentlichen aus Ihrer Argumentation. Beginnen Sie mit der Position, die Ihrer eigenen ferner ist. Sind Sie beispielsweise anderer Ansicht als Thomas Bernhard, notieren Sie zuerst die Argumente, die seine Meinung unterstützen. Achten Sie beim Argumentieren auf glaubwürdige und schlüssige Begründungen und veranschaulichen Sie Ihre Aussagen anhand von konkreten Beispielen.*

Zum ***Schluss*** *formulieren Sie Ihre eigene Haltung zur Aussage des Schriftstellers. Ein kurzes Fazit oder Resümee des im Hauptteil Erörterten bietet sich dazu an. Sie können Ihren Aufsatz z. B. mit einem Ausblick auf eine mögliche Weiterentwicklung der Problematik oder auch mit persönlichen Gedanken abrunden.*

Einleitung

Hinführung zum Thema

Sport – für mich ist er aus meiner Freizeitgestaltung nicht wegzudenken. Mir macht es Spaß, im Training meine Freunde zu treffen und mich dabei auszupowern. Wenn ich einmal, bedingt durch zu viele Hausaufgaben, auf die Basketballstunden verzichten muss, fühle ich mich unwohl und bin meistens sogar schlechter gelaunt. Auch einen Urlaub mit meiner Familie, egal ob am Wasser oder in den Bergen, stelle ich mir ohne sportliche Aktivitäten nur halb so schön und lustig vor.

Erläuterung des Zitats

Dass es aber auch kritischere Haltungen zum Thema Sport gibt, beweist das vorliegende Zitat Thomas Bernhards, veröffentlicht 1975 in seinem Buch „Die Ursache: Eine Andeutung.“ Der Schriftsteller äußert sich darin recht pauschal über die Bedeutung des Sports in Gesellschaft und Politik sowie über dessen negative Auswirkungen auf die Menschen. Er ist der Auffassung, dass Sport in der Gesellschaft schon immer von großer Bedeutung war und von allen Regierungen hochgehalten wurde, weil er die „Massen“ unterhalte, beneble und verdumme.

Hauptteil

Zwei Seiten des Themas

Diese Betrachtung Bernhards erscheint mir spontan etwas einseitig und zu sehr vereinfacht. Sport kann Zwietracht säen, aber auch den Zusammenhalt unterstützen, er ist anfällig für (radikal) nationalistisches Gedankengut, aber er fördert auch die Völkerverständigung, er bietet Anknüpfungspunkte für Gewalt, kann aber ebenfalls zu Fairness erziehen, er ist Ursache vieler körperlicher Sofort- und Folgeschäden, zugleich aber auch förderlich für die Gesundheit des Menschen. Schon diese offene Aufzählung zeigt, dass es zahlreiche Aspekte gibt, die man in eine Diskussion über dieses Thema einbeziehen kann. Auf einige davon werde ich im Folgenden näher eingehen.

Zustimmende Argumente zum Zitat:

Verschleierung unangenehmer politischer Wahrheiten

Es ist sicherlich richtig, dass der Sport im Laufe der Geschichte immer wieder politisch genutzt wurde, um den Menschen Sand in die Augen zu streuen oder, wie Bernhard es ausdrückt, sie zu „benebeln“. Ein Regime oder eine Regierung macht sich dabei den Unterhaltungsfaktor großer sportlicher Ereignisse zunutze, um von unangenehmen politischen Vorgängen abzulenken oder um Eindrücke zu vermitteln, die nicht den realen Gegebenheiten entsprechen. Ein bekanntes Beispiel für einen solchen Missbrauch des Sports sind die Olympischen Spiele 1936 in Berlin. Die Nationalsozialisten unter Führung Hitlers nutzten diese für ihre politische Propaganda. Die Machthaber wollten der Welt vorführen, dass Deutschland ein friedliebendes und sozial eingestelltes Land sei. Währenddessen aber rüsteten sie im Hintergrund bereits militärisch auf, um sich auf einen Krieg vorzubereiten. Außerdem sind mit fadenscheinigen Begründungen bis auf eine Ausnahme, die Fechterin Helene Meyer, alle jüdischen Teilnehmer von den Wettkämpfen ausgeschlossen worden.
Ein zeitnahes Beispiel für einen solchen politischen Missbrauch des Sports stellen die Olympischen Sommerspiele 2008 in Peking dar. Im Rahmen dieser Veranstaltung präsentierte sich China als weltoffen, freiheitsliebend und sozial. Zugleich aber herrschte im Land strikte Zensur und die Verletzung von Menschenrechten, wie beispielsweise Verurteilungen zum Tode oder die prozesslose Inhaftierung von Personen, war (und ist) an der Tagesordnung.

Immer wieder wurde der Sport von Seiten der Politik auch dafür ausgenutzt, die Stärke und Überlegenheit des eigenen Landes oder Volkes gegenüber anderen Nationen oder Volksgruppen zu demonstrieren. Erschreckend ist in diesem Zusammenhang z. B. das systematische Doping, wie es in der DDR im Rahmen von Talentförderung und Leistungssport vorgenommen wurde. Die ostdeutschen Spitzensportler wurden als Aushängeschilder des Landes gefeiert und als Helden verehrt. Sie sollten indes nicht nur den eigenen Erfolg, sondern vor allem auch den des ganzen Regimes repräsentieren. Die Zuschauer, die dabei an ehrliche Siege und herausragende sportliche Leistungen glaubten, wurden regelrecht für dumm verkauft.

Demonstration von Überlegenheit

Die Demonstration der eigenen Stärke und das damit verbundene Triumphgefühl gehören durch die Wettkampfsituation im Sport praktisch automatisch dazu. Daraus können sich aber auch außerhalb von totalitären politischen Systemen Probleme ergeben. Das zeigt sich z. B. regelmäßig bei sogenannten Derbys im Fußball oder Eishockey, wenn fanatische Anhänger regional konkurrierender Vereine aufeinandertreffen. Diese sind nicht selten vom Siegeswunsch so „benebelt“, dass es zu Handgreiflichkeiten oder Massenschlägereien kommt.

Gewalt

In vielen Sportarten identifizieren sich Begeisterte mit einer bestimmten Mannschaft oder einem bestimmten Verein. Das harmlos scheinende Angebot der Identifikation aber kann auch in einer Demokratie durch politisch radikale Gruppen, z. B. rechtsextreme, unterwandert werden. Diese nutzen dann die Loyalität der Fans für ihre Zwecke aus und rekrutieren so neue Mitglieder. Eine solche Verknüpfung von Sport und Politik zeigt sich etwa am Fußballclub Lazio Rom: Als Siegesgeste erhob der Stürmer und Mannschaftskapitän Paolo Di Canio im Stadion bereits mehrfach seinen Arm zum Hitlergruß. Scheinbar benebelt von der unterhaltenden Funktion des Fußballs, lässt die Öffentlichkeit dies durchgehen, der Spieler wurde lediglich zu einer Geldstrafe verurteilt.

Unterwanderung durch politisch radikale Gruppierungen

Schließlich lässt sich anführen, dass auch die viele Zeit, die die Menschen in den Unterhaltungsfaktor „Sport“ investieren, sie gewissermaßen „verdummen“ kann. Massen verbringen ihre Freizeit bei Public-Viewing-Events, Menschen aller Schichten sitzen stundenlang vor der Mattscheibe, um Boxkämpfe, Formel-1-Rennen oder Tour-de-France-Fahrten zu verfolgen. Statt sich mit ihrer geistigen und politischen Bildung zu befassen, wählen Unzählige solche unpolitischen und geistig kaum for-

Vernachlässigung geistiger und politischer Bildung

dernden Freizeitbeschäftigungen. Ein Mehr an kritischen und engagierten Zeitgenossen, die ihre Zeit nicht mit Sport, sondern mit Politik, Kultur, Literatur usw. verbringen, wäre dagegen sicher unbequemer für die Regierenden. Denn wenig gebildete oder schlecht informierte Bürger bieten der Politik eher die Möglichkeit, Dinge durchzusetzen, die vielleicht auf Widerstand stoßen würden, wenn sich die „Massen", d. h. die Bevölkerung, mit den entsprechenden Inhalten auseinandersetzen würden.

Ablehnende Argumente zum Zitat:

Trotzdem sehe ich auch vieles, was sich einer solch negativen Betrachtung des Sports entgegenhalten lässt.

Vorbildfunktion: Förderung von Ehrgeiz, Ansporn zu guten Leistungen → Anerkennung, Erfolgserlebnis

Unterhaltung, die durch den Sport ohne Zweifel erfolgt, muss nicht zwangsläufig etwas Negatives sein. Das Außerordentliche und Außergewöhnliche fasziniert und begeistert die Menschen. Solche besonderen Leistungen kann man im Sport in den unterschiedlichsten Disziplinen bewundern. Die Wettkampfsituation spornt an, fördert den Ehrgeiz und gibt einem die Möglichkeit, sich unter fairen Bedingungen mit anderen zu messen. Im besten Fall wird ausdauerndes Training und harte Arbeit durch ein Erfolgserlebnis und durch Anerkennung belohnt. Mancher Mitschüler beispielsweise ist froh, wenn er nach einer vergeigten Physikarbeit oder einem schlechten Vokabeltest in einem unserer Schulwettbewerbe, z. B. im Beachvolleyball-Turnier, punkten kann. Bleibt sein Erfolg im Unterricht einmal aus, erfährt er doch auf dem Spielfeld, dass Anstrengung sich lohnt. Damit erfüllt der Sport eine wichtige Vorbildfunktion, die auch andere Bereiche des Lebens beeinflussen kann, und er wird insofern zu Recht von politischer Seite unterstützt.

Ausbildung sozialer Kompetenzen: Fairness, Loyalität, Zusammenhalt

Für solche Förderung des Sports gibt es noch weitere Gründe. Neben der positiven Verbindung von Leistung und Erfolg, die er vermittelt, hilft der Sport, soziale Kompetenzen zu entwickeln. Dazu gehört beispielsweise, einen guten Umgang mit Misserfolgen zu erlernen, sich in eine Gemeinschaft einzufügen und sich auf andere zu verlassen. Auch faires, kameradschaftliches Verhalten wird in praktisch jedem Sport großgeschrieben. Wenn ich z. B. an Aktivitäten an unserer Schule denke, wie den Unicef-Lauf oder das Tischtennisturnier, fällt mir als Erstes der Zusammenhalt zwischen den Teilnehmern ein, der sich nur durch gemeinsames Sitzen im Unterricht sicher nie so entwickelt hätte.

Förderung von kultureller Integration

Auch in politischer und gesellschaftlicher Hinsicht gibt es Möglichkeiten, wie der Sport die soziale Gemeinschaft stärken kann. Als ein Beispiel wäre etwa der Rückhalt zu nennen, den viele

Sportler ausländischer Herkunft in deutschen Mannschaften und Vereinen haben. So mancher tut sich auf dem Fußballplatz leichter mit der Integration in die andere Kultur als in der Schule oder am Arbeitsplatz. Wenn die Politik den Sport dann unterstützt, kann man das sicher nicht als „Benebelung" betrachten, sondern als sinnvolle Unterstützung einer positiven Tendenz.

Sport und Gesundheit:

Förderlich für Körper und Geist

Nicht zuletzt lässt sich der hohe Stellenwert des Sports in Gesellschaft und Politik auch mit dem Stichwort „Gesundheit" begründen. Immer neue Studien fördern Erschreckendes zutage, wie z. B. die Feststellung, dass bereits jedes fünfte Kind im Grundschulalter übergewichtig ist. Auch die Zunahme von Herz-Kreislauf-Erkrankungen oder Rückenleiden in unserer Gesellschaft ist bekannt, ebenso wie der Bewegungsmangel vieler junger Leute, die zu viel Zeit vor Fernseher und Computer verbringen. All das spricht dafür, den Menschen sportliche Betätigung ans Herz zu legen. Heute weiß jeder, dass körperliche Aktivität nicht nur länger fit, sondern auch gesund hält. Bewegung fördert die Durchblutung und bewirkt so eine gute Versorgung des Körpers mit Sauerstoff, das Herz wird geschont; sie trainiert Muskeln und stabilisiert Knochen. Doch nicht nur der Körper, auch der Geist profitiert, wenn wir Sport treiben: Koordination und Konzentration verbessern sich. Gerade nach langem Stillsitzen oder Lernen z. B. spürt man, wie gut es tut, eine Stunde zu schwimmen oder durch den Wald zu laufen. Der Kopf wird frei und man kann sich anschließend ausgeglichener und konzentrierter an seine Arbeit setzen. Ein gewisses Maß an Sportbegeisterung führt also keinesfalls zwingend zur Verdummung, sondern kann im Gegenteil die geistige Leistungsfähigkeit sogar erhöhen.

Schluss

Resümee und eigene Position: eher ablehnende Haltung

Zusammenfassend kann ich der Aussage Bernhards nur bedingt zustimmen. Es gab und gibt in der Tat Möglichkeiten, durch die der Sport die Massen benebelt oder verdummt, was von der Politik in übler Weise ausgenutzt wurde oder wird. Pauschal aber lässt sich die große Bedeutung des Sports in der Gesellschaft damit nicht begründen. Wie in meinen Ausführungen deutlich wird, geben zahlreiche positive Aspekte des Sports Anlass, ihn als wichtigen Bestandteil der Gemeinschaft anzusehen und zu fördern. Ich persönlich möchte auf den Spaß, den ich beim Jubeln im Stadion habe, wenn meine Mannschaft gewinnt, ebenso wenig verzichten wie auf das gute Gefühl, wenn ich drei Bälle hintereinander im Korb versenkt habe. Darin sehe ich weder etwas gefährlich „Benebelndes" noch etwas „Verdummendes".

Persönliche Gedanken

Thüringen – Besondere Leistungsfeststellung Deutsch 2011
Aufgabe 2: Textgebundene Erörterung

Noten im Internet

„Es ist inzwischen ein Sport, gute Bewertungen zu sammeln."

Jeffrey Wimmer, Professor für Medienwissenschaft an der TU Ilmenau

Filme, Lehrer, Handwerker – im Internet wird alles bewertet. Warum machen die Menschen das?
Neue Medien wie das Internet haben den Menschen schon immer das Gefühl gegeben, sich emanzipieren zu können, sei es als Konsumenten oder als Bürger. Hinzu kommen ein Mentalitäts- und Kulturwandel: Die Hemmschwelle, Privates öffentlich zu machen, ist gesunken. Es macht vielen Menschen nichts mehr aus, in einer Hotelbewertung zu schreiben, wo und wann sie mit ihrer Familie im Urlaub waren.

Melden sich nun mehr und andere Menschen zu Wort als früher?
Theoretisch kann jeder mitmachen, unabhängig von Bildung, Alter oder Geschlecht. Auch ohne Hochschulabschluss kann man Literaturkritiken auf Amazon.de schreiben. Meistens beteiligen sich aber die ohnehin Aktiveren. Wer bereits sozial und kulturell engagiert ist, nutzt auch das Internet intensiver. Die überwiegende Mehrheit der Gesellschaft ist eher passiv und immer noch nicht alle haben Zugang zum Netz. Das wird sich ändern, wenn die heute 12- bis 13-Jährigen ins Berufsleben eintreten: Dann werden wir eine Netzwerkgesellschaft haben.

Warum soll ich mich auf Bewertungen und Tipps von Fremden verlassen?
Weil es eine große Kraft der Selbstregulierung gibt. Die Nutzer kontrollieren sich gegenseitig. Das ist wie bei Wikipedia, dem Internetlexikon, da hat man anfangs auch gedacht, das wird nie funktionieren – tatsächlich korrigieren die Nutzer Fehler in Minutenschnelle.

Wie muss eine Internetgemeinschaft, also eine Community, aussehen, damit ich ihr vertrauen kann?
Man sollte vor allem darauf achten, ob die Beurteilungen über eine längere Zeit konstant ausgefallen sind. Und: Viele Nutzer, die lockere Beziehungen zueinander haben, erlauben mehr unabhängige Perspektiven – und damit eine höhere Qualität der Urteile.

Wie bitte, schwache Bindungen sollen besser sein als enge?
Ja, das ist wie mit guten Freunden: Die können bei Entscheidungen manchmal auch nicht helfen, weil sie die gleichen Informationen haben wie man selbst. [...]

Die Deutschen sind berüchtigt dafür, viel zu meckern – auch im Internet?
Nein. In großen Communitys gibt es Ehrenkodizes[1] und Selbstverpflichtungen, die man unterschreiben muss. Zu viel meckern ist nicht erlaubt. Man will ja auch selbst gut bewertet werden. Bei Ebay oder Amazon ist es ein Sport, gute Bewertungen zu sammeln. Reputation ist sehr wichtig. Wer ohne Grund meckert, fällt ein- oder zweimal auf. Aber sobald andere Nutzer den Schwindel aufdecken, kann er sogar gezwungen sein, sich aus der Gemeinschaft abzumelden.

Wimmer, Jeffrey: Noten im Internet. http://www.chrismon.de/4554.php; 05. 10. 2010
Fragen: Imke Plesch

1 Kodize(s): Pluralform von Kodex

Arbeitsauftrag

Beschreiben Sie die Haltung von Prof. Wimmer und legen Sie Ihre Auffassung zur Problematik *Bewertungen im Internet* dar.

Lösungsvorschlag

Nach dem ***genauen Lesen*** *des vorgegebenen Textes sollten Sie zunächst mithilfe des Wörterbuchs* ***unbekannte Begriffe*** *(z. B. Reputation) klären. Schreiben Sie danach Ihre textgebundene Erörterung nach dem klassischen Muster:*
In der ***Einleitung*** *sollten Sie kurz und gezielt* ***zum Thema hinführen****. Es eignen sich z. B. ein passendes Beispiel oder auch allgemeine Aussagen. Am Ende der Einleitung nennen Sie die üblichen* ***Basisinformationen*** *zum Text, d. h. Textsorte, Titel, Verfasser, Quelle und das Thema, das behandelt wird (Arbeitshypothese).*
In Ihrem ***Hauptteil*** *ist es sinnvoll, der Strukturierung des Textes zu folgen. Versuchen Sie also zunächst, diese zu erkennen, und notieren Sie sich die jeweiligen* ***Sinnabschnitte****. Durch die Fragen der Reporterin ist in diesem Fall der Text schon vorstrukturiert.*
Entsprechend Ihrer Einteilung geben Sie dann den ***Inhalt des Textes*** *in eigenen Worten wieder und beschreiben die* ***Position Prof. Wimmers****. Achten Sie dabei auf klare Formulierungen und auf den Gebrauch des Konjunktivs in der indirekten Rede.*
Setzen Sie sich *anschließend mit der Position und den Aussagen des Befragten* ***auseinander****. Bedenken Sie dabei den dreiteiligen Aufbau eines* ***Arguments:*** *Es besteht aus einer These, einer überzeugenden Begründung und möglichst einem anschaulichem Beispiel (oder mehreren).*
Am ***Schluss*** *Ihrer Erörterung formulieren Sie ein* ***Fazit/Resümee****. Vergleichen Sie z. B. Ihre eigene Einschätzung mit der Prof. Wimmers oder nehmen Sie eine Bewertung des Textes etwa hinsichtlich seiner Überzeugungskraft und Machart vor.*

Einleitung
Hinführung zum Thema

Sehe ich mich in meinem Bekanntenkreis einmal um, findet sich kaum ein Jugendlicher oder Erwachsener, der nicht nahezu täglich in seiner Freizeit das Internet nutzt. Ob zur Kontaktpflege in sozialen Netzwerken, zum Ansehen von Clips auf Videoplattformen, ob zum Schreiben von E-Mails, zum Vorbereiten von Hausaufgaben, zur Informationsrecherche oder zum Online-Shopping – die Nutzung des Internets gehört heute bei den meisten Menschen zum täglichen Medienprogramm.

Titel, Textsorte, Verfasser, Quelle, Thema

Mit einer ganz bestimmten Möglichkeit der Internetnutzung befasst sich auch der informierende Sachtext „Noten im Internet“, der am 5. 10. 2010 auf der Internetseite von chrismon.de veröffentlicht wurde. Bei dem Text handelt es sich um ein Interview mit Jeffrey Wimmer, Professor für Medienwissenschaft an der TU Ilmenau, über das Thema der Abgabe von Bewertungen im Internet. Der Wissenschaftler vergleicht das Sammeln guter Noten bei den verschiedensten Online-Portalen mit einer Art sportlichem Wettkampf, wie schon aus dem dem Text vorangestellten Zitat hervorgeht. Insgesamt sind die Einschätzungen Wimmers zu dem Thema eher positiv.

Hauptteil
Strukturierung des Textes: Vier Sinnabschnitte

Der Text ist durch die Fragen der Interviewerin bereits vorstrukturiert; er lässt sich thematisch in vier Abschnitte einteilen: Im ersten (Z. 1–8) erfragt die Journalistin die Gründe für den Trend, Dinge im Internet zu bewerten. Mit der zweiten Frage samt Antwort (Z. 9–16) wird geklärt, welchen Personenkreis das Phänomen betrifft. Im dritten und längsten Abschnitt (Z. 17–30) werden der Nutzen und die Vertrauenswürdigkeit von Online-Bewertungen erörtert. Am Ende des Interviews (Z. 31–37) geht es um mögliche negative Aspekte, die mit dem Online-Bewerten einhergehen könnten.

Haltung Wimmers:

1. Abschnitt:

Motivation für Online-Beurteilungen:

– Mentalitäts- und Kulturwandel

Die im ersten Absatz erfragte Motivation der Menschen für Online-Beurteilungen („Warum machen die Menschen das?“, Z. 2) beruht nach Einschätzung von Professor Wimmer auf einer Veränderung der Gesellschaft. Er spricht von einem „Mentalitäts- und Kulturwandel“ (Z. 5): Während die Menschen früher eher wenig von ihrem Privatleben preisgegeben haben, gibt es heute immer weniger Hemmungen, private Vorlieben, Abneigungen oder weitere Details an die Öffentlichkeit zu tragen (vgl. Z. 5–8). Einen zweiten Grund für die Zunahme von Bewertungen im Internet sieht der Medienwissenschaftler in dem Wunsch der Menschen, „sich [zu] emanzipieren“ (Z. 4). Sie möchten unabhängiger sein, mehr mitreden und freier entscheiden können, sowohl in Fragen der Politik und Umwelt, „als Bürger“, als auch im Privaten, „als Konsumenten“ (Z. 4). Das scheint durch neue Medien wie das Internet möglich zu sein.

– Emanzipation der Menschen

2. Abschnitt:

Personengruppe der Online-Kritiker:

– Jeder kann teilnehmen

Denn, wie Professor Wimmer im zweiten Abschnitt bestätigt, das Internet bietet eine Plattform, auf der sich jeder äußern kann, „unabhängig von Bildung, Alter oder Geschlecht“ (Z. 10). Die Zeiten, in denen also z. B. Ansichten von eher jungen Menschen oder von Personen mit eher geringer Bildung nicht gehört wurden, scheinen damit vorbei zu sein. Für die Abgabe einer Meinung im Netz spielt es keine Rolle, ob man männlich oder weiblich, Bauarbeiter oder Anwalt, 13 oder 73 Jahre alt ist. Allerdings schränkt Herr Wimmer diese Idealvorstellung etwas ein: Wenn es um die Wortmeldungen im Internet geht, stellt man fest, dass es in erster Linie die Jüngeren und die Aktiveren der Gesellschaft sind, die sich am Austausch beteiligen.

– Vor allem Junge und Aktive

Wenn es nachfolgend um den Nutzen der Online-Bewertungen geht, erklärt Prof. Wimmer zunächst, dass es sich dabei tatsächlich um eine relativ zuverlässige Informationsquelle handle, da es eine „große Kraft der Selbstregulierung" (Z. 18) gebe. Als Beispiel nennt er das Internetlexikon *Wikipedia*, wo sich die Nutzer gegenseitig in Minutenschnelle korrigieren. Die wettkampfähnliche Situation wirkt sich hier also positiv aus. Diese Aussage über die Zuverlässigkeit von Internetgemeinschaften lässt der Wissenschaftler jedoch nicht völlig uneingeschränkt, sondern er führt zwei Kriterien an, auf die man achten sollte: Zum einen sollten Bewertungen „über eine längere Zeit konstant" ausfallen (Z. 24 f.) und sie sollten zum anderen von möglichst vielen Nutzern stammen, die untereinander nicht zu eng vernetzt sind (vgl. Z. 25 f.). Dadurch ergebe sich nämlich eine unabhängigere Sichtweise und somit „eine höhere Qualität der Urteile" (Z. 26 f.).

3. Abschnitt:

Zuverlässigkeit von Bewertungen im Internet:

– Nutzer korrigieren sich gegenseitig

– Kriterien einer vertrauenswürdigen Community

Abschließend wird ein mögliches Problem einer Community, die Bewertungen abgibt und sammelt, thematisiert: das Problem von zu viel ‚Meckerei', wofür laut Interviewerin „die Deutschen [...] berüchtigt" seien (Z. 31). Prof. Wimmer aber erklärt, dass sich dieses Vorurteil im Internet nicht bestätige, da ein guter Ruf dort sehr viel zähle. Wer unbegründet schlechte Kommentare abgebe, verstoße gegen „Ehrenkodizes und Selbstverpflichtungen" (Z. 32), die es in den meisten Internetgemeinschaften gebe. Als Konsequenz müsse der Meckerer nicht nur selbst wenig gute Bewertungen befürchten, sondern im schlimmsten Fall sogar mit Ausschluss aus der Community rechnen. Diese Art von negativem Einfluss ist daher laut Professor Wimmer auf Internetplattformen, wo Produkte oder Leistungen beurteilt werden, nicht allzu häufig.

4. Abschnitt:

Mögliche Probleme:

– Vorurteil des Meckerns bestätigt sich nicht

– Durch Selbstverpflichtungen wird Missbrauch vorgebeugt

Alles in allem lässt sich somit eine recht positive Einschätzung des neuen „Internetsports", Noten zu verteilen, von Seiten des Medienwissenschaftlers feststellen.

Positives Gesamturteil Wimmers

Ich selbst schließe mich dieser Auffassung grundsätzlich an. Allerdings gibt es meiner Meinung nach auch einige Punkte, die in dem Interview nicht zur Sprache kommen, die man aber ebenfalls berücksichtigen sollte, wenn man über dieses Thema spricht.

Eigene Auffassung:

Zustimmung, aber mit Einschränkung

Dass immer mehr Menschen ihr Privates zum Öffentlichen machen, wie es Prof. Wimmer beschreibt, lässt sich an vielen Stellen in unserer Gesellschaft beobachten: Auf privaten Fernseh-

Zunehmende Veröffentlichung von Privatem:

sendern zeigen uns Fremde, wie sie ihre Wohnung einrichten oder wie sie ihr Essen kochen, in Internetgemeinschaften erfahren wir, welche Musik sie mögen oder wie sie Partys feiern. Dass die Hemmungen in dieser Hinsicht sinken, kann zwar einerseits nützlich sein, etwa wenn ich ein gutes Café besucht habe und das veröffentliche, um anderen einen Tipp zu geben. Bei vielen Beiträgen im Internet ist der Nutzen allerdings fraglich und es scheint mir, als gehe es dabei eher um Eitelkeit und Geltungssucht. Denn wer profitiert davon, wenn andere jeden meiner Schritte online bewerten oder wenn ich selbst zu allem, was ich sehe oder lese, anklicke, ob es mir gefällt oder nicht gefällt. Eine solche allgemeine Bewertung sagt höchstens etwas über meinen persönlichen Geschmack aus – und davon hat zunächst niemand etwas. Möchte ich dagegen anderen mit meinen Erfahrungen weiterhelfen, wie im Falle des Cafébesuches, und gebe dazu detaillierte Informationen weiter, ist das durchaus positiv. Allerdings sollte man auch dann gründlich überlegen, ob man lustige Momentaufnahmen vom besten Club am Urlaubsort online stellt, um diesen für künftige Besucher zu beschreiben. Wer weiß, ob diese Fotos nicht eines Tages auch ein Personalchef entdeckt und sie einem dann im Berufsleben nicht zum Nachteil werden. Man sollte daher gut darüber nachdenken, welche privaten Details man für alle Welt zugänglich machen will und bei welcher Information es sich lohnt, sie zu bewerten. Möchte ich eine Beurteilung abgeben, ist es sinnvoll, Einzelheiten zu nennen und es nicht bei einem unbegründeten „gut" oder „schlecht" zu belassen.

– Nützlich bei Tipps, aber: häufig überflüssige Beiträge und Bewertungen

– Detaillierte Bewertungen hilfreich, aber: nicht jedes Detail online stellen

→ Darauf achten, was man veröffentlicht und bewertet

→ Bei Bewertungen auf Einzelheiten eingehen

Wenn man sich auf Online-Beurteilungen stützt, sollte man auch bedenken, wer diese abgegeben haben könnte. Wie aus dem Interview hervorgeht und ich auch aus meiner persönlichen Erfahrung bestätigen kann, sind es vermehrt junge Leute, die das Internet nutzen und in Online-Communitys aktiv sind. Das kann aber zu einer bestimmten Tendenz bei Bewertungen führen. Nimmt man z. B. die Beurteilung von Urlaubsorten oder die Rezension eines Films, kann diese sehr unterschiedlich ausfallen, je nachdem wie alt oder erfahren der Kritiker ist oder welche Vorlieben er hat. Andererseits kann es natürlich auch ein Vorteil sein, dass im Internet nicht nur ausgewiesene Experten zu Wort kommen, sondern z. B. auch ein „Außenseiter" seine Sichtweise darlegen kann. So kommt man vielleicht auch selbst einmal auf neue Ideen. Man sollte aber immer im Hinterkopf be-

Bewertungen abhängig von der urteilenden Person:

– Kann sich einseitig auswirken

– Kann zu neuen Anregungen führen

halten, dass eine abgegebene Meinung immer auch subjektiv ist, und sollte deshalb die Informationen, die sie enthält, auch kritisch hinterfragen.

→ Subjektivität von Bewertungen bedenken

Eine solche kritische Betrachtung ist im Internet allerdings nicht immer ganz leicht. Meist kann man nicht einfach beim Kritiker nachfragen, wenn etwas unklar ist. Auch ist nicht immer ersichtlich, ob die abgegebenen Bewertungen über einen langen Zeitraum erfolgt sind oder wie viele Nutzer etwas beurteilt haben, was Prof. Wimmer als Kriterien der Verlässlichkeit angibt. Diese Undurchsichtigkeit und die Anonymität, die auf vielen Bewertungsplattformen vorherrschen, sind meines Erachtens ein großes Problem. Sind es zum Beispiel zwei Personen, die ein Produkt als sehr schlecht bewertet haben, ist es dennoch möglich, dass es 200 andere Menschen gibt, die gegenteiliger Meinung sind, die aber auf der Internetseite nicht erfasst sind. So kann es leicht zu Fehleinschätzungen kommen.

Undurchsichtigkeit und Anonymität im Internet

→ Fehleinschätzungen möglich

Noch gravierender ist es, wenn sich ein Nutzer, der ein Urteil abgibt, dabei von Gefühlen leiten lässt statt von Objektivität. Niemand kann im ‚geschützten Raum' des Internets später nachvollziehen, ob eine Bewertung aus einer Laune oder Enttäuschung heraus entstanden ist. Auch zieht keiner einen Nutzen aus einer so abgegebenen Beurteilung. Fühlt sich ein Schüler beispielsweise nach einer mündlichen Kontrolle oder einer Klassenarbeit ungerecht behandelt und verleiht seinem Ärger mit einer negativen Bemerkung über den Lehrer auf einer entsprechenden Plattform Ausdruck, verbessert er dadurch weder seine eigene Situation noch die des Lehrers oder irgendeines anderen Schülers. Vielleicht handelte es sich eigentlich nur um ein Missverständnis. Auf diese Weise aber wurde dann einer weiteren Person unnötig geschadet.

Evtl. keine Objektivität der Urteilenden

→ Bewertung nutzlos

→ Kann Personen schaden

Bei all den Möglichkeiten, im Internet seine Meinung abzugeben, wird die persönliche Kommunikation inzwischen oft vergessen oder vernachlässigt. Möglicherweise ließe sich das Problem des Schülers mit dem Lehrer durch ein persönliches Gespräch leicht aus der Welt schaffen. Eine miese Bewertung im Internet dagegen führt nur zu Frust auf allen Seiten oder zur Zuspitzung der Situation. Suchen meine Eltern einen guten Handwerker, kann ihnen vielleicht ein Nachbar, der eine konkrete Arbeit zeigen oder detailliert von eigenen Erfahrungen erzählen kann, vermutlich besser weiterhelfen als ein wenig aussagekräftiges Punktesystem im Netz.

Bedeutung persönlicher Kommunikation

Als gewinnbringend kann sich die Möglichkeit, Online-Bewertungen zu nutzen, allerdings dann erweisen, wenn ich in meinem direkten Umfeld nicht weiterkomme. Möchte man z. B. etwas im Internet kaufen, ohne dabei betrogen zu werden, möchte man wissen, ob ein Hotel das hält, was es im Katalog verspricht, kann die größere Reichweite des Internets eventuell weiterhelfen, mehr über den Verkäufer oder die Urlaubsunterkunft zu erfahren. In solchen Fällen stellen Bewertungsplattformen im Internet eine sinnvolle Ergänzung zum direkten Austausch mit dem persönlichen Umfeld dar.

Größere Reichweite des Internets

→ Internetbewertungen als Ergänzung zum direkten Umfeld sinnvoll

Insgesamt sehe ich den Trend zum Online-Bewerten genau wie Prof. Wimmer eher als etwas Gutes und in vielen Fällen Sinnvolles an. Allerdings ist es meiner Meinung nach erforderlich, dabei auf einige ‚Stolperfallen' zu achten: Beim Abgeben von Urteilen sollte man sich nicht von persönlichen Gefühlen leiten lassen, sondern überlegen, wem die Einschätzung weiterhelfen könnte. Wo es die Möglichkeit zum direkten Austausch gibt, ist es ratsam, diesen zu nutzen. Und wenn man sich auf eine Einschätzung aus dem Internet stützt, empfiehlt es sich, möglichst viele Informationen über die abgegebenen Stimmen einzuholen und zu bedenken, dass nicht jede Meinung eine objektive Beurteilung darstellen muss. Berücksichtigt man diese Punkte, kann einem der ein oder andere Online-Tipp den Alltag sicherlich erleichtern und das Medium Internet dazu beitragen, auch ‚Normalbürgern' Gehör zu verschaffen.

Schluss
Fazit:
Online-Noten in bestimmten Fällen sinnvoll und hilfreich

Aber: einige Kriterien zu beachten

Wolfgang Bächler (1925–2007): **Stadtbesetzung**

Schwarze Wälder belagern die Stadt, haben sie lautlos umzingelt. Längst haben sie Vorposten an die Einfallstraßen gestellt, Spähtrupps, Vorhuten, Fünfte Kolonnen[1] bis in den Stadtkern geschickt. Jetzt dringen sie nachts in die Vororte ein, schlagen sie Breschen in Villenviertel, stoßen an die Ufer des Flusses, die Böschungen der Kanäle vor und säumen alle Gewässer ein.

Pappelkolonnen sperren die Straßen ab, gliedern die Alleebäume ein, schließen zu dichteren Reihen auf, marschieren im Gleichschritt weiter. Tannen und Eschen befreien Gefangene in den Gärten und Parks, Friedhöfen und Hinterhöfen. Eichen und Buchen besetzen die Kreuzungen, Knotenpunkte, die großen Plätze, verbrüdern, verschwistern sich mit den Ulmen, Linden, Kastanienbäumen, sprengen die Ketten parkender Autos, drängen die Baumaschinen, Bauzäune, Grundmauern, Gerüste, Geländer zurück, schlagen Wurzeln in Gruben und Gräben.

Fichten umstellen die Amtsgebäude, das Rathaus, den Rundfunk, den Bahnhof, die Polizeiinspektionen, Gerichte, Gefängnis, das Arbeits- und das Finanzamt. Die Pappelfront hat die Kaserne erreicht, verteilt sich um die Gebäude. Ahornbäume füllen die Lücken, schreiten durchs Tor in den Hof. Machtlos klettern die Wachen mit ihren Gewehren die Äste hinauf in die Kronen, sehen vor lauter Bäumen die Stadt nicht mehr.

Geräuschlos, kampflos, ohne Verluste haben die Wälder die Stadt besetzt, erobern sie Heimatboden zurück, besiegen sie Steine, Stahl und Beton, verdrängen Verdrängte ihre Verdränger.

Bächler, Wolfgang: Stadtbesetzung. Fischer, Frankfurt a. M. 1979, S. 143.

1 Fünfte Kolonne: heimliche Gruppierung, deren Ziel der Umsturz einer bestehenden Ordnung im Interesse einer fremden aggressiven Macht ist

Arbeitsauftrag

Interpretieren Sie den Text.

Lösungsvorschlag

Der Arbeitsauftrag ist recht allgemein formuliert. Schreiben Sie deshalb ausgehend von einer Textanalyse Ihre Interpretation in der üblichen Form:
- *Einleitung mit Basisinformationen;*
- *Hauptteil: Inhaltsangabe; Textanalyse (Analyse von Inhalt und Aufbau, von Sprache und Stil) mit anschließender Deutung;*
- *Schluss: Resümee, Botschaft des Autors und evtl. persönliche Bemerkungen/ Schlussfolgerungen.*

Leiten Sie den Text ein, indem Sie zum Thema hinführen. Es bietet sich als ***Einstieg*** *z. B. an, Gedanken zum Titel des Textes zu äußern. Benennen Sie in Ihrer Einleitung anschließend Titel, Textsorte, Verfasser, Erscheinungsjahr und Thema. Den* ***Hauptteil*** *beginnen Sie mit einer* ***Inhaltsangabe****. Achten Sie darauf, dass Sie den Inhalt sachlich und distanziert im Präsens mit eigenen Worten formulieren. Bei der folgenden* ***Analyse und Interpretation*** *bietet es sich an, abschnittsweise vorzugehen. Teilen Sie dazu den Text in* ***Sinnabschnitte*** *ein und gehen Sie jeweils deutend auf den* ***Inhalt*** *ein. Dabei gilt es, auch* ***sprachlich-stilistische Besonderheiten*** *zu berücksichtigen und deren* ***Wirkung*** *zu ergründen. Denken Sie an die Verwendung der notwendigen Fachbegriffe (Erzähler, rhetorische Figuren wie z. B. Alliteration, Pars pro Toto etc.).*
Belegen Sie Ihre Ausführungen durch Zeilenverweise am Text oder zitieren Sie wichtige Textstellen, um Ihre Behauptungen zu beweisen.
Überprüfen Sie am ***Ende****, ob sich die eingangs formulierte Thematik des Textes bestätigt hat. Mit fachübergreifenden oder allgemeinen Gedanken zum Thema, einer Bewertung des Textes oder persönlichen Bemerkungen können Sie Ihre Interpretation abschließen.*

Einleitung
Assoziationen zur Überschrift

„Stadtbesetzung" – der Titel des vorliegenden literarischen Textes erzeugt beim ersten Lesen negative, möglicherweise angsteinflößende Assoziationen: Eine Stadt wird von Fremden bzw. Feinden besetzt, d. h. militärisch eingenommen.

Thema, Titel, Textsorte, Verfasser, Erscheinungsjahr

Tatsächlich geht es in dem surrealistischen Prosatext um die Einnahme einer Stadt – durch zum Leben erwachte Bäume. Der kurze Text „Stadtbesetzung" stammt von Wolfgang Bächler und wurde im Jahr 1979 veröffentlicht. Der Prozess der Vereinnahmung der Natur durch den Menschen wird darin in einer fiktiven Umkehrung beschrieben.

Hauptteil
Inhaltsangabe

Ein neutraler Erzähler beschreibt fast berichtend eine Art Feldzug der Natur gegen die menschliche Zivilisation. Die Protagonisten Mensch und Natur stehen sich antithetisch gegenüber, wobei der Mensch nur einmal ausdrücklich in Erscheinung tritt und sonst durch seine technischen Erzeugnisse und Ergebnisse der Verstädterung repräsentiert wird. In chronologischer Abfolge wird von den einzelnen Phasen der erfolgreichen Aktion zur Besetzung der Stadt berichtet. Große Wälder breiten sich immer weiter aus, sodass Straßen und Vororte und letztlich der Stadtkern und die Institutionen des öffentlichen Lebens erobert werden. Verschiedene Baumarten sind aktiv beteiligt. Zum Schluss hat es die Natur geschafft, die Stadt einzunehmen, sich die Zivilisation zu unterwerfen.

Textanalyse und Interpretation

1. Sinnabschnitt (Z. 1–5):

Ohne Einleitung wird der Leser sogleich mitten ins Geschehen versetzt. Zu diesem Zeitpunkt des Einstiegs in die Handlung haben „schwarze Wälder" die Stadt bereits „lautlos umzingelt" (Z. 1). Schon dieser erste Satz der Geschichte ruft eine äußerst bedrohliche Stimmung hervor durch die Personifizierung der aktiv handelnden Wälder – es sind gleich mehrere, das heißt eine Unmenge von Bäumen –, durch die düstere Farbe Schwarz und das „lautlos[e]" (Z. 1) Agieren sowie die Verben „belagern" und „umzingeln" (Z. 1), die das Geschehen wiedergeben. Es entsteht der Eindruck, als stünden die Bäume bereit, als lauerten sie im Dunkeln und in der Stille, um im nächsten Moment zuzuschlagen. Im Text wird so Spannung aufgebaut. Mit dem nächsten Wort, „Längst" (Z. 1), bestätigt sich das planvolle Vorgehen der Wälder. Es scheint, als ob niemand bemerkt habe, wie sie taktisch klug bereits „Vorposten", „Spähtrupps" und „Vorhuten" (Z. 2) positioniert haben „bis in den Stadtkern" (Z. 3) hinein. Nach dieser Lagebeschreibung beginnt mit dem folgenden „Jetzt" (Z. 3) die eigentliche Handlung, die nächtliche Übernahme der bewohnten Gebiete. Strategisch werden zunächst ruhige „Vororte" (Z. 3), „Villenviertel" (Z. 4) und Randgebiete eingenommen bis dorthin, wo noch Natur vorhanden ist: bis an „die Ufer des Flusses, die Böschungen der Kanäle" (Z. 4 f.). Menschen tauchen dabei nicht auf, sie sind nur indirekt präsent in Form der Erscheinungen ihrer Zivilisation.

Bedrohliche Stimmung von Anfang an

Personifizierung der Wälder

Spannungsaufbau

Planvolles Vorgehen der Wälder

Beginn der aktiven Stadtbesetzung

Die Verwendung von militärischem Vokabular für die Beschreibung der angsteinflößenden Vorgänge in diesem ersten Abschnitt („belagern", „umzingeln", Z. 1; „Spähtrupps, Vorhuten, Fünfte Kolonnen", Z. 2 f.; „schlagen sie Breschen", Z. 4; usw.) setzt sich auch im zweiten Absatz fort.

Militärischer Wortschatz

2. Sinnabschnitt (Z. 6–12):

Es kann nun keinen Zweifel mehr an den Absichten der Besetzer geben: Zuerst sperren sie die wichtigsten Straßen (vgl.

Z. 6) und verhindern eine Versorgung der Stadt ebenso wie eine Flucht aus ihr. Strategisch schließen die Bäume zu „dichteren Reihen" auf und „marschieren im Gleichschritt" voran (Z. 7), wie man es von Soldaten kennt. Zunehmend detailliert wird der folgende Handlungsverlauf beschrieben. Die unbestimmte Menge des Waldes spaltet sich auf in einzelne Baumarten, von denen jede wie Einheiten beim Militär ihre eigene Aufgabe zu haben scheint. In einer Aufzählung, die dem Leser keine Atempause lässt und die sich bis in den nächsten Absatz hinein fortsetzt, werden die einzelnen Aktionen wiedergegeben: „Tannen und Eschen befreien Gefangene" (Z. 7 f.), „Eichen und Buchen besetzen die Kreuzungen, Knotenpunkte, die großen Plätze" (Z. 8 f.). Verstärkt wird die Eindringlichkeit dieser Aufzählung durch sprachliche Mittel wie zahlreiche Alliterationen („Gefangene in den Gärten", Z. 8; „Kreuzungen, Knotenpunkte", Z. 9; „Baumaschinen, Bauzäune, Grundmauern, Gerüste, Geländer" Z. 11 f.; „Gruben und Gräben", Z. 12) und Assonanzen („Eichen und Buchen", Z. 8 f.; „sprengen die Ketten", Z. 10 f.). Das Spiel mit den Verben „verbrüdern, verschwistern" (Z. 9 f.) lenkt die Aufmerksamkeit auf das Zusammenwachsen der verschiedenen Baumarten zu einer großen, nicht aufzuhaltenden Gemeinschaft. Die Aktionen der Bäume wirken militärisch exakt organisiert, die feindliche Übernahme zieht zunehmend engere Kreise und scheint auf einen Höhepunkt zuzusteuern. Die Besetzung erstreckt sich zunächst auf Formen der von Menschen kultivierten Natur wie Gärten und Parks (vgl. Z. 8), über wichtige Kreuzungen und Plätze (vgl. Z. 9), die die Ausbreitung des Menschen versinnbildlichen, und reicht bis hin zur Zerstörung von Autos und Baugeräten (vgl. Z. 11), die für das Fortschreiten menschlichen Vordringens in die Natur stehen. Am Ende des Absatzes schließlich „schlagen [die Bäume] Wurzeln" (Z. 12) und bekräftigen so ihre Standhaftigkeit, ihre Entschlossenheit, sich von dort nicht wieder beseitigen zu lassen. Schrittweise, zielgerichtet und scheinbar unaufhaltsam erobert sich die Natur ihr ursprüngliches Terrain zurück.

Den Höhepunkt erreicht diese Aktion im dritten Abschnitt, in dem die Einnahme der Bereiche des öffentlichen Lebens beschrieben wird. Nachdem die Besetzung bis dahin Infrastruktur und Außenanlagen betraf, gehen die Bäume nun noch einen Schritt weiter und gegen Gebäude vor. Genannt werden dabei all

Fortsetzung der strategischen Einnahme der Stadt

Baumarten „handeln" wie militärische Einheiten

Detaillierte Aufzählung der Handlungen

Sprachliche Mittel:

Alliterationen

Assonanzen

Wortspiel

Inhaltliche Steigerung der feindlichen Übernahme

3. Sinnabschnitt (Z. 13–18):

Höhepunkt: Einnahme von Gebäuden des öffentlichen Lebens

diejenigen, die den Kern und das Funktionieren der menschlichen Gesellschaft ausmachen: „[D]ie Amtsgebäude, das Rathaus, den Rundfunk, den Bahnhof, die Polizeiinspektionen, Gerichte, Gefängnis, das Arbeits- und das Finanzamt“ (Z. 13 f.) werden umstellt. Auch hier unterstreichen Alliterationen die düstere Aussage. Um die Stadtbesetzung erfolgreich abzuschließen und eine eventuelle Gegenwehr zu verhindern, ist letztendlich „die Kaserne“ (Z. 15) an der Reihe, die für die militärische Macht der Menschen steht. Letztere tauchen an dieser Stelle das einzige Mal direkt auf, sind jedoch, wie die Inversion des Satzes betont, „machtlos“ (Z. 16) und widersetzen sich den Bäumen nicht. Ohne Gegenwehr klettern die „Wachen mit ihren Gewehren“ (Z. 17) in die Baumkronen, wo sie „vor lauter Bäumen die Stadt nicht mehr“ (Z. 17 f.) sehen. Mit der Umkehrung der Redensart wird das Resultat der beschriebenen militärischen Aktion benannt: Die Stadt ist durch die Bäume besetzt. Zugleich lässt sie sich als Verweis darauf deuten, dass die Menschen das Offensichtliche anscheinend nicht erkennen: ihren fatalen und überheblichen Umgang mit der Natur und die Möglichkeit, dass sich dies eines Tages rächen könnte. Im Text ist das auf äußerst drastische Weise bereits geschehen.

Alliterationen

Kaserne als letzte Bastion der Menschen wird erobert

Inversion

Umkehrung der Redensart

Im letzten Sinnabschnitt fallen Analogien zum Beginn auf, wodurch der Prosatext eine Art Rahmen erhält: Die Bäume bilden nun als „Wälder“ (Z. 19) wieder eine einheitliche Menge, die anfängliche Stille (vgl. Z. 1) wird mit dem Adjektiv „[g]eräuschlos“ (Z. 19) wieder aufgegriffen, der Titel wird bestätigt, „die Stadt [ist] besetzt“ (Z. 19). Zusammenfassend formuliert der Erzähler das Ergebnis der Aktion der Bäume: „Geräuschlos, kampflos, ohne Verluste […] erobern sie Heimatboden zurück“ (Z. 19 f.). Die Steigerung erzeugt eine Siegesatmosphäre, der Ausdruck „Heimatboden“ (Z. 20) legitimiert diesen Triumph, da offenbar etwas zurückerobert worden ist, das den Siegern bereits gehört hatte. Die Natur hat ihren ursprünglichen Besitz zurückerkämpft, hat sich gegen „Steine, Stahl und Beton“ (Z. 20) behauptet, gegen die massivsten Baumaterialien des Menschen, die dessen zivilisatorische Ausbreitung symbolisieren. Bildhaft und eindringlich führt die Alliteration im letzten Teilsatz, „verdrängen Verdrängte ihre Verdränger“ (Z. 20 f.), Ziel und Resultat des Geschehens noch einmal vor Augen: Die Verdrängten, die Bäume als Pars pro Toto für die Natur insgesamt, haben ihre Verdränger – die Städte, die Technik und letztlich die Men-

4. Sinnabschnitt (Z. 19 – 21): Bezüge zum Anfang → Rahmen

Ergebnis der Handlung: Triumph der Besetzer

Alliteration

Pars pro Toto

schen – aktiv und planmäßig verdrängt, genauso, wie es ihnen in der Vergangenheit ergangen ist.

Schluss

Offenes Ende

Passend zu dem unvermittelten Einstieg in den surrealistischen Text ist auch der Schluss ein offener: Ob die Besetzung und der Sieg der Natur von Dauer ist, was mit den Menschen passiert – diese Fragen zu dem fiktiven Szenario bleiben unbeantwortet.

Fazit / Botschaft des Textes

Die Umkehrung wirklicher Vorgänge lässt die absurd wirkenden Bilder der Geschichte entstehen und vermittelt so letztlich die Botschaft des Textes: Dem Leser soll bewusst werden, wie militant und erbarmungslos der Mensch tatsächlich oft gegen die Natur vorgeht. Die Geschichte warnt auf diese Weise vor einem allzu überheblichen Umgang mit der Natur, die der Mensch sich Untertan macht und oftmals gedankenlos aus seiner modernen Welt verdrängt.

Persönliche Gedanken

Aktualität des Textes

Auch mich persönlich regt der Text zum Nachdenken über einen behutsamen Umgang mit unserer Umwelt an. Angesichts immer wieder neuer Schreckensmeldungen über Naturkatastrophen wie Erdbeben und Tsunamis oder über Folgen des Klimawandels wie das Schmelzen des Polareises erscheint mir die aufrüttelnde Geschichte heute aktueller denn je.

Robert Gernhardt (1937–2006)

WAS ES ALLES GIBT (1999)

Da gibt es die, die schlagen
Da gibt es die, die rennen
Da gibt es die, die zündeln
Da gibt es die, die brennen

Da gibt es die, die wegsehn
Da gibt es die, die hinsehn
Da gibt es die, die mahnen:
Wer hinsieht, muss auch hingehn

Da gibt es die, die wissen
Da gibt es die, die fragen
Da gibt es die, die warnen:
Wer fragt, wird selbst geschlagen

Da gibt es die, die reden
Da gibt es die, die schweigen
Da gibt es die, die handeln:
Was wir sind, wird sich zeigen.

Gernhardt, Robert: Gesammelte Gedichte. 1954 – 2004.
S. Fischer, Frankfurt a. M. 2005, S. 540.

Arbeitsauftrag

Interpretieren Sie das Gedicht.

Lösungsvorschlag

*In der Aufgabenstellung werden keine konkreten Hinweise zur Analyse des Gedichts gegeben. Somit können Sie die wesentlichen Kriterien für Ihre Interpretation selbst bestimmen. Es empfiehlt sich, die üblichen Aspekte einer Gedichtinterpretation, **Inhalt und Aufbau**, **Form**, **sprachliche Gestaltung** und **Deutung**, zu berücksichtigen.*

*Formulieren Sie zunächst eine kurze **Einleitung**, die zum Thema hinführt. Hierfür kommen z. B. aktuelle Bezüge, Gedanken zum Autor oder allgemein zum angesprochenen Themenkomplex in Betracht. Am Schluss der Einleitung nennen Sie die üblichen Basisinformationen zu Textsorte, Titel, Verfasser, Quelle und Thema.*

*Den **Hauptteil** beginnen Sie mit einer kurzen **Inhaltsangabe**. Gehen Sie im Weiteren auf die **Form** des Gedichts ein (Strophen, Verse, Reimschema etc.) und widmen Sie sich anschließend der detaillierten **inhaltlichen Analyse**. Ein strophenweises Vorgehen ist dabei sinnvoll. Achten Sie auf einen sachlichen Stil und die Formulierung mit eigenen Worten. Untermauern Sie wesentliche Aussagen durch Textbelege. Im Folgenden untersuchen Sie die **sprachliche Gestaltung** des Gedichtes (rhetorische Mittel, Satzbau, Wortwahl etc.). Diese Aspekte sollten immer auch auf den Inhalt bezogen und hinsichtlich ihrer Funktion und Wirkung hinterfragt werden. Das bloße Benennen stilistischer Mittel genügt nicht. Kommen Sie am Ende des Hauptteils zu einer abschließenden Vermutung über die **Gesamtaussage** und **Interpretation** des Gedichts.*

*Für den **Schluss** eignen sich z. B. ein persönlicher Bezug zum Thema, ein Fazit oder Aussagen zur Aktualität der Thematik, um so Ihren Aufsatz abzurunden.*

Einleitung
Hinführung zum Thema „Zivilcourage“

„Schule ohne Rassismus – Schule mit Courage“: Mehr als 800 Schulen bundesweit führen diesen Titel. In unserer Schule beispielsweise arbeiten schon seit mehreren Jahren zahlreiche Schüler in dieser Projektgruppe. Sie halten Kontakt zu einem Asylbewerberheim und beschäftigen sich in ihrer Freizeit mit den dort lebenden Kindern. Auch werden Veranstaltungen wie z. B. eine Rocknacht organisiert, deren Erlös dem Heim zugutekommt. Dieses Projekt ist ein Beispiel für direktes Engagement in unserer Gesellschaft und passt insofern zu dem vorliegenden Gedicht *WAS ES ALLES GIBT* von Robert Gernhardt, das 1999 in „Gesammelte Gedichte. 1954–2004“ veröffentlicht wurde. Auch darin geht es um das Thema Gewalt und (Zivil-)Courage:

Basisinformationen

Hauptteil
Inhaltsangabe

Ein lyrischer Sprecher schildert in dem Gedicht, wie eine Gruppe von Menschen aggressiv oder zerstörerisch handelt und wie andere, wiederum anonyme Dritte, darauf reagieren bzw. damit umgehen. Verschiedene Möglichkeiten dafür werden im Gedicht genannt. Im letzten Vers schließlich wird ein nicht näher bestimmtes „Wir“ eingeführt. So wird am Ende der Leser indirekt angesprochen und miteinbezogen, er fühlt sich möglicherweise herausgefordert, zu überlegen, wie er selbst in bestimmten Situationen handeln würde.

Formale Analyse:

Strophen, Verse, Metrum, Reimschema

Das Gedicht besteht aus vier Strophen zu je vier Versen und ist im dreihebigen Jambus verfasst. Dieser erzeugt beim Lesen eine eingängige, vielleicht auch „vorwärts drängende“ Wirkung: Schnell handeln, nicht lange überlegen – das könnte ein möglicher Deutungsansatz sein. In allen Strophen reimen sich der zweite und der vierte Vers, das Reimschema ist also *abcb defe* usw. Die Kadenzen aller Verse sind weiblich.

Inhaltliche Analyse: Titel

Der Titel des Gedichts stellt eine Ellipse in Form eines Nebensatzes dar. Es könnte z. B. ergänzt werden: Ich zähle nun auf, ich mache mir Gedanken darüber, „was es alles gibt“. Der Leser erwartet demnach eine Art Bestandsaufnahme, eine Inventur. Der Gegenstand dieser ist allerdings durch die allgemeine Formulierung völlig offen. Die Beantwortung der Ergänzungsfrage erfolgt im Verlauf des Gedichtes.

Strophe 1: Ausgangssituation: Täter und Opfer

In der ersten Strophe wird gewissermaßen eine Ausgangssituation beschrieben, auf der die folgenden Strophen aufbauen. Zwei gegensätzliche Gruppen von Handelnden stehen sich gegenüber, was durch die abwechselnden Verben im Präsens deutlich wird: Auf der einen Seite finden sich diejenigen, die Gewalt ausüben, „die schlagen“ (V. 1) und „die zündeln“ (V. 3); auf der anderen Seite ist die Rede von den Opfern, die (vor dem Angriff davon-) „rennen“ (V. 2) oder die bereits „brennen“ (V. 4). Es geht, so viel steht fest, um eine bedrohlich-bedrückende Lage.

Strophe 2: Mögliche Reaktionen antithetische Struktur

Ab der zweiten Strophe werden sodann mögliche Reaktionen von Menschen auf eine solche bedrohliche Situation thematisiert. Dabei wird die antithetische Struktur beibehalten: Es wird von Leuten berichtet, die „wegsehn“ (V. 5), und von solchen, die dagegen „hinsehn“ (V. 6). Das passive Mahnen mancher (vgl. V. 7) wird dem aktiven Hingehn (vgl. V. 8) gegenübergestellt. Auffällig ist, dass nicht die Rede von Personen ist, die Letzteres tatsächlich tun, sondern dass diese mögliche Form der Hilfe lediglich als das genannt wird, was man tun müsste. Statt also in einer Notsituation hinzusehen und hinzugehen, also einzuschreiten, beschränken sich viele lieber auf das Reden darüber („mahnen“, V. 7). Hervorgehoben wird diese Aussage dadurch, dass hier erstmalig das starre Schema von Parallelismen und Anaphern im Satzbau durchbrochen wird, das bis dahin, also von Vers 1 bis 7, identisch ist.

Strophe 3: Weitere Reaktionen

Das antithetische Schema der zweiten Strophe findet sich auch in der dritten wieder: Die eher Passiven, Wissenden, treffen auf die, die aktiv nachfragen (vgl. V. 9 f.). Analog zu den Personen, die in der vorherigen Strophe mahnten, wird nun sogar vor übermäßigem Aktivismus gewarnt (vgl. V. 11): „Wer fragt, wird selbst geschlagen" (V. 12). Dieser Satz, der wieder als Strophenende die vorangehenden Parallelismen unterbricht, steht zusätzlich als einziger im Passiv. Somit spiegelt sich syntaktisch die beschriebene Situation, in der auch die (unbequemen) Fragesteller einem Gewaltakt ausgeliefert sind, wieder und wird dadurch hervorgehoben.

Fortsetzung und Steigerung der gegensätzlichen Struktur

Passiv

Strophe 4: Abweichungen vom Muster

Schließlich setzt sich das nun schon bekannte Muster auch in der vierten und letzten Strophe fort, mit kleinen Abweichungen allerdings: Der erste Vers der Strophe endet in diesem Fall mit dem eher positiv besetzten, Aktivität ausdrückenden Verb: „reden" (V. 13). Das entgegenstehende Schweigen der ‚Erdulder' folgt erst darauf (vgl. V. 14). Das letzte Verb, das der lyrische Sprecher in der immer gleichen „Da gibt es die"-Satzstruktur auflistet, „handeln" (V. 15), erhält durch diese Position besonderes Gewicht. Ihm wird kein gegensätzliches Pendant hinzugefügt, es bleibt, abweichend vom bisherigen Schema, uneingeschränkt stehen. Diese Besonderheiten können als Hinweis darauf verstanden werden, dass es genau das ist, was in einer Situation, wie sie zu Beginn beschrieben wird, angebracht wäre.

Höhepunkt

Schlussappell

Der letzte Vers schließt daran mit einer Art indirektem Appell an. Im Gegensatz zum Rest des Gedichtes steht dieser Satz nicht im Präsens, sondern im Futur, weist also über den Ist-Zustand hinaus. Außerdem werden die allgemeinen, unpersönlichen Bezeichnungen für das handelnde Subjekt „die" oder „wer" zugunsten eines den Leser aufrüttelnden „Wir" aufgegeben: „Was wir sind, wird sich zeigen." (V. 16)

Steigernder Aufbau des Gedichts

Insgesamt lässt sich somit ein steigernder Aufbau des Gedichts erkennen: Während in der ersten Strophe die Beschreibung möglicher Szenarien erfolgt, in denen jemand Hilfe brauchen könnte, werden in den Strophen zwei bis vier denkbare Reaktionen gegensätzlicher Art benannt. Am Schluss wird subtil auf die Notwendigkeit, zu handeln, hingewiesen und der Leser durch das Pronomen „wir" in das Geschehen einbezogen. Die indirekte

Frage danach, „was wir sind" (V. 16), regt zu der Überlegung an, auf welcher Seite man selbst wohl stünde und wie sich der Einzelne letztlich verhielte, wenn er mit einer Gewalttat konfrontiert wäre.

Sprachlich-stilistische Analyse: Wiederholungen, Parallelismen, Anaphern

Gernhardts Gedicht *WAS ES ALLES GIBT* weist eine auffällige Gestaltung auf. Sofort springen die zahlreichen Wiederholungen und der starre Aufbau ins Auge. Parallele Satzstrukturen und Anaphern sind charakteristisch für das Gedicht. Ein Vers beginnt jeweils mit demselben Hauptsatz („Da gibt es die …"), den zweiten Teil bildet ein Nebensatz (Relativsatz). Diese Monotonie – man könnte auch etwas Refrainartiges darin erkennen – erhöht die Eindringlichkeit der Aussage.

Syntax

Variiert wird das starre Schema, wie bereits erwähnt, lediglich in den Schlussversen der zweiten, dritten und vierten Strophe (V. 8, 12, 16). Die Formulierung weicht von dem bekannten Parallelsatz ab, die Satzstruktur ist verändert (der Hauptsatz folgt dem Nebensatz). Diese syntaktisch-formale Auffälligkeit unterstreicht jeweils die kritische inhaltliche Aussage.

Dass in überwiegend gleich konstruierten und formulierten Sätzen des Gedichtes immer nur das Verb am Versende wechselt, sorgt auch für eine nur sehr vage Beschreibung der jeweiligen Situation. Dieses Fehlen von konkreten Details stellt eine gewisse Beliebigkeit her: Nicht eine spezielle Tat oder ein bestimmter Vorgang ist gemeint, sondern die geschilderte Situation und damit der thematisierte Sachverhalt ist verallgemeinerbar.

Pronomen

Passend dazu werden die Personen, die im Gedicht handeln, mit den verallgemeinernden Pronomen „die" und „wer" bezeichnet. Hier kann von jeder beliebigen Person die Rede sein. Die Verwendung solcher pauschalisierender Formulierungen macht deutlich, dass die beschriebenen Situationen jederzeit und überall vorkommen können und die Frage des Handelns einen jeden betrifft. Daneben erzeugen die anonymen Pronomen beim Lesen auch eine gewisse Distanz: „Die" – das ist man nicht selbst, das sind die anderen. Umso stärker tritt daher der Kontrast des letzten Verses („wir", V. 16) hervor, mit dem der Leser aufgefordert wird, sich auch selbst mit der Thematik auseinanderzusetzen.

Interpretation, Gesamtaussage

Robert Gernhardts Gedicht handelt von Gewalt und von Zivilcourage. Da gibt es die Gruppe der Täter, die angreifen, Gewalt anwenden und Panik verbreiten (vgl. Strophe 1). Demgegenüber werden Außenstehende beschrieben, die das Geschehen möglicherweise ignorieren, die nicht einmal hinsehen oder aber solche, die sensationslüstern zuschauen, aber nicht eingreifen und stattdessen Warnungen aussprechen (vgl. Strophe 2 und 3). Es werden aber nicht zuletzt auch mutige Helfer angeführt, die z. B. kritisch nachfragen (vgl. Strophe 3) und letztlich auch handeln (vgl. Strophe 4), wenn andere bedroht werden, und so vielleicht sogar Leben retten. Dass mehr Menschen ein solches Verhalten zeigen sollten, lautet meines Erachtens die Botschaft des Textes und so verstehe ich das Gedicht als einen Aufruf zur Zivilcourage: Es sind nicht „die" anonymen anderen, die in einer kritischen Situation verantwortlich sind. Wir alle sind gefragt!

Schluss

Gedanken zum Hintergrund,

Robert Gernhardt schrieb dieses Gedicht 1999, im selben Jahr wurde in Wien der Verein ZARA (Zivilcourage und Anti-Rassismus-Arbeit) gegründet. Den Menschen, die sich dort engagieren, geht es darum, sich für jemanden einzusetzen, dem Unrecht geschieht – ein Ziel, das meiner Meinung nach jeder verfolgen sollte.

zum Autor,

Gernhardt ist oft als Nonsens-Lyriker beurteilt worden. Ich denke aber, dass dieses Gedicht ihn als anzuerkennenden Gegenwartsliteraten ausweist, dessen Texte Missstände in der Gesellschaft aufzeigen, wie hier z. B. die Problematik der oft fehlenden Zivilcourage.

zur Aktualität

Ob es um rassistische Übergriffe oder jugendliche S-Bahn-Schläger geht – es ist ein Thema, das an Aktualität nicht verliert und die Menschen immer wieder aufs Neue beschäftigt.

Thüringen – Besondere Leistungsfeststellung Deutsch 2012
Aufgabe 1: Nichttextgebundene Erörterung

„Die größte Gefahr für den modernen Menschen ist,
daß seine Verantwortung rascher wächst als sein Verantwortungsgefühl.“

Ernst Reinhardt (geb. 1932)

Reinhardt, Ernst: Gedankensprünge. Basel 2003.

Arbeitsauftrag

Erörtern Sie, inwiefern die Aussage von Ernst Reinhardt zutrifft.

Lösungsvorschlag

Diese Aufgabe verlangt eine ***linear*** *angelegte Erörterung. Es müssen Argumente (Belege, Beweise, Beispiele) gefunden werden, die Ernst Reinhardts Äußerung stützen, denn Sie sollen zeigen,* ***inwiefern das Zitat „zutrifft“****.*
Thematisch geht es um die ***Verantwortung und das Verantwortungsgefühl im Spannungsfeld rasant fortschreitender Entdeckungen und Entwicklungen*** *auf allen Gebieten des industriellen, militärischen, ökonomischen, sozialen, privaten und sonstigen Zusammenlebens. Reinhardt behauptet, dass der moderne Mensch einer „größte[n] Gefahr“ ausgeliefert ist. Sie ergebe sich aus dem* ***Missverhältnis von wachsendem Fortschritt*** *und damit einhergehender* ***zunehmender Verantwortung*** *sowie dem* ***Verantwortungsgefühl des Einzelnen****.*
Über eine ***Einleitung****, den* ***Überleitungssatz*** *und die Klärung* ***zentraler Begriffe*** *kommen Sie zum* ***Hauptteil*** *Ihrer Erörterung. Damit Sie Ihre Sicht überzeugend darlegen können, sollte Ihre Argumentation zum Nachweis der Richtigkeit von Reinhardts Aussage* ***steigernd angelegt*** *sein.*
Zur Bewältigung dieser Aufgabe ist es hilfreich, wenn Sie mit ethischen Fragestellungen vertraut sind und naturwissenschaftliche und aktuelle politische Entwicklungen in den Medien verfolgt haben.
Zum ***Schluss*** *können Sie Vorschläge zur Lösung des Ungleichgewichts von Fortschritt und Verantwortungsgefühl machen, die Sie an einem konkreten Fall exemplarisch darstellen, oder einen Appell verfassen.*

Einleitung
Hinführung zum Thema

Seit Anbeginn der Menschheit ist jedes Individuum verschiedensten Gefahren ausgesetzt. Waren es am Anfang vor allem Naturgewalten, so sind es seit dem Beginn der Industrialisierung im 18. Jahrhundert die technischen und später die medialen Errungenschaften, die zunehmend bedrohlichen Einfluss auf Körper, Geist und Seele des Einzelnen und der Menschheit insgesamt nehmen. Deshalb begegnet uns das Wort „Gefahr“ auch heutzutage mit großer Häufigkeit, da es in fast allen Lebensbereichen verwendet wird: Staugefahr, Unwettergefahr, Ansteckungsgefahr, Explosionsgefahr, Suchtgefahr, Seuchengefahr, Kriegsgefahr usw.

Überleitungssatz

Welche Gefahr ist nun am größten? In seinem Werk „Gedankensprünge“, das 2003 in Basel erschienen ist, schreibt Ernst Reinhardt (geb. 1932), er sehe diese gerade darin, dass der moderne Mensch zunehmend Verantwortung tragen müsse. Allerdings sei er nicht ausreichend darauf vorbereitet, sie auch ethisch und moralisch auszuüben.

Der Autor bezieht seine Aussage auf den modernen Menschen und sieht in diesem, philosophisch und kulturell, vermutlich den Menschen des 20./21. Jahrhunderts. Dieser Auffassung schließe ich mich an. Insbesondere könnte der Mensch in den westlichen und neuerdings auch in den asiatischen Industrieländern gemeint sein.

Klärung zentraler Begriffe und ihrer Beziehung zueinander

Reinhardt trennt die Begriffe „Verantwortung" und „Verantwortungsgefühl" bewusst voneinander: „Verantwortung" meint die Pflicht, in jeder Situation zum Wohl der Gesellschaft und der Umwelt zu handeln. Über das „Verantwortungsgefühl" wird sich der Mensch seiner Verantwortung bewusst. Er zeigt sich bereit, eventuelle Folgen seiner Taten mitzubedenken und für sie einzustehen. Die Gefahr, die der Autor aufgrund jahrzehntelanger Lebenserfahrung und Beobachtungen des Zeitgeschehens des 20. Jahrhunderts sieht, liegt im Missverhältnis zwischen wachsender Verantwortungspflicht und vernachlässigtem Verantwortungsgefühl. Er betrachtet dies als bedrohliche, jedoch noch nicht als endgültig gegebene Gefahr von so großer Bedeutung, dass er sie mit einem Superlativ bezeichnet.

Hauptteil

Prämisse

In meinen anschließenden Überlegungen folge ich der Auffassung Reinhardts und vertrete wie er die Ansicht, dass der moderne Mensch in größter Gefahr lebt, und zwar weil sich sein Verantwortungsgefühl nur zögerlich mit der Zunahme der Verantwortung mitentwickelt.

Argumentation mit Zahlenbeweis

Begründung

Betrachten wir den derzeitigen Stand von Wissen und Erkenntnis, so können wir festhalten, dass die Ursachen für den immer rascheren Wissenszuwachs im Industriezeitalter seit dem 18. Jahrhundert zu finden sind. Hinzu kommen die zunehmende weltweite Vernetzung aller Lebensbereiche und die globale Zusammenarbeit. Während noch bis zum 19. Jahrhundert 100 Jahre vergehen mussten, ehe sich das Wissen verdoppelte, so gelten heute ganz andere Zeiträume.

Beispiel

Rückblickend für die 1990er-Jahre ist festzustellen, dass sich das weltweit verfügbare Wissen alle fünf bis sieben Jahre verdoppelte. Und während man im Jahr 2000 schon nach zwei Jahren von einer Verdopplung ausging, rechnet man heute bereits nach sechs Monaten damit.

Fazit

Für diese gigantische Entwicklung musste und muss es Menschen geben, die in irgendeiner Form Verantwortung tragen. Haben sie aber Zeit und Gelegenheit, ganz „nebenbei" ihr Verantwortungsgefühl zu entwickeln? Wohl kaum, denn noch bevor die Folgen umfassend und tiefgründig erkannt werden können, ergeben sich auf Grundlage des neu erworbenen Wissens bereits weitere Möglichkeiten. Somit ist es rein faktisch gar nicht möglich, Verantwortungsgefühl in allen Lebensbereichen nachhaltig wirksam werden zu lassen.

Im Bereich von Naturwissenschaft und Literatur gab und gibt es, vor allem seit dem Einsatz der Atombombe in Japan, zahlreiche Wissenschaftler und Dichter, die an konkreten Einzelfällen zeigen, dass man Verantwortung und Verantwortungsgefühl immer nur in Verbindung mit persönlichen Nachteilen oder größter Gefahr ausüben könne. Andernfalls müsste der Mensch seine Verantwortung zugunsten persönlicher Vorteile bzw. der Forschung vernachlässigen.

Argumentation mit Autoritätsbeweis

Begründung

Friedrich Dürrenmatt thematisiert Verantwortung und Verantwortungsgefühl in seiner Komödie „Die Physiker“. Darin kommt er zu dem Schluss, dass der Einzelne gegen die Übermacht von Interessensgruppen nichts ausrichten kann, wenn diese ihre Macht verantwortungslos und allein zu ihrem Vorteil ausüben wollen. Der Protagonist Möbius ist sich der Größe und der Gefahr seiner Entdeckungen und seiner persönlichen Verantwortung bewusst. Er will die folgenschwere Ausbeutung seiner Forschung verhindern, indem er in eine Irrenanstalt flüchtet, um sein Wissen für sich behalten zu können. Selbst das misslingt, weil seine Entdeckungen den Wettstreit um die Weltherrschaft beenden und dem Sieger alle Mittel zur Machtausübung in die Hände geben könnten. Diese Chance will sich keiner entgehen lassen. Auch Dürrenmatt sieht wie Reinhardt das Problem nicht im Wissen an sich, sondern im Umgang damit. Sein Lösungsvorschlag lautet: gemeinsames Bewältigen von Anfang an mit größter moralischer und ethischer Verantwortung.

Beispiele

Neben den Literaten gibt es zahlreiche Wissenschaftler, die vor den Gefahren reiner Forschung ohne Übernahme von Verantwortung warnen. So hat Werner Heisenberg, „Vater der deutschen Atombombe“, gemeinsam mit anderen Atomforschern aufgrund der Erfahrung und der Schuld des Zweiten Weltkriegs gegen die Aufrüstung der Bundeswehr mit Atombomben protestiert. Er hat erkannt, dass man Verantwortung zwar übernehmen, aber nicht mit dem erforderlichen Verantwortungsgefühl innerhalb der Armee ausüben kann.

In unserer Zeit gab und gibt es Persönlichkeiten, die als Autoritäten gelten und wie Ernst Reinhardt der Meinung sind, dass die Ergebnisse individueller Forschung und gemeinschaftlicher Projekte genau geprüft werden müssen, damit sie nicht zu einer Gefahr für die Menschheit werden. Ein Zwiespalt zwischen Verantwortung und Verantwortungsgefühl darf gar nicht erst entstehen. Fazit

Doch nicht alle Wissenschaftler sind dieser Meinung. Viele treten für freie Forschung ein, unabhängig davon, in welche Richtung ihre Forschungsergebnisse gehen. Sie sehen zwar die Gefahren, fühlen sich aber nicht verantwortlich für die Anwendung der Ergebnisse. Argumentation mit Faktenbeweis Begründung

Gefahren durch Gentechnik, die Eingriffe in das Erbgut von Pflanzen, Tieren und Menschen zulässt, sind unzählig bekannt, so etwa die Gefährdung der biologischen Vielfalt oder unüberschaubare Wechsel- und Nebenwirkungen. Und dennoch weiß man von nicht genehmigten oder fälschlich erschlichenen Projekten der Firma Monsanto zur Entwicklung von Saatgut, Herbiziden und gentechnisch veränderten Feldfrüchten. Beispiele

Doch nicht nur in den Naturwissenschaften besteht höchste Gefahr, sondern auch in der Wirtschaft. Seit einiger Zeit erleben wir einen weltweiten Bankencrash, der seine Ursache im gewissenlosen Umgang mit Aktien und Geldern hat. Wären nur einzelne Banken wie die „Hypo Real Estate“ oder die „Lehmann Brothers“ bankrott, so gäbe es noch kein Entsetzen. Aber angesichts der immensen Höhe der weltweit verspekulierten Geldmengen aus privaten und öffentlichen Einlagen wird deutlich, dass die Verantwortlichen ihre Verantwortung nicht wahrgenommen haben. Sie haben kein Verantwortungsbewusstsein gegenüber Anlegern, Sparern, Unternehmen und letztendlich der Gesellschaft gezeigt.

Des Weiteren ermöglichen die Methoden der Massenproduktion und die Technisierung einen wirtschaftlich lukrativen, jedoch zu (flächen-)intensiven Anbau und eine Massentierhaltung. Mais, Raps und Weizen, eigentlich Grundnahrungsmittel, die der Bekämpfung des Hungers auf der Welt dienen sollten, sind als Energielieferanten zu Spekulationsobjekten an den internationalen Börsen geworden.

Soziale Verantwortung und Verantwortungsgefühl geraten somit oftmals in Konkurrenz zu ökonomischem Gewinnstreben. Fazit

Die angeführten Argumente zeigen, dass die „größte Gefahr", nämlich die Vernichtung des Lebens, vom modernen Menschen ausgeht. Das größte Problem besteht darin, dass er zwar begrenzte Verantwortung übernommen hat und übernimmt, aber aus unterschiedlichen Gründen kein oder wenig Verantwortungsgefühl entwickelt: Ob Arbeitsplätze verlorengehen, Menschen verhungern, Ersparnisse verschwinden, spielt keine Rolle. Ob Arten verschwinden, Regenwälder in großem Ausmaß gerodet werden, Zivilisationskrankheiten zunehmen, spielt keine Rolle. Ob militärische Einsätze mit neuen Waffensystemen oder Giftstoffen Zivilbevölkerung töten, spielt keine Rolle. Es gibt nichts Gefährlicheres als die Vernichtung des Lebens auf der Erde, wenn das Gewissen keine Rolle spielt und nur der Profit zählt. Daraus folgt, dass das Verantwortungsgefühl durch Verlangsamung der Entwicklung und durch gemeinsame Übernahme von Verantwortung gestärkt werden muss. Am Ende könnte ein sehr bekanntes Goethe-Zitat, das nichts an Bedeutung verloren hat, zur Richtschnur für das Verhalten auch des modernen Menschen werden: „Edel sei der Mensch, hilfreich und gut …". **Schluss**

Nathalie Klüver (geb. 1980): **Keine Party ohne Facebook**

Ohne soziale Netzwerke scheint nichts mehr zu gehen im Alltag. Manchmal läuft das Ganze auch aus dem Ruder, wie bei der Geburtstagsparty von Thessa aus Hamburg. Doch die meisten Jugendlichen haben das Netzwerk gut im Griff.

„Zum Abendbrot Nudelsalat ;-)". Vier Leuten gefällt das. Einer schreibt „Bei mir Pizza". Doppel-Smiley. Wann man morgens aufgestanden ist, was man am Wochenende macht und welches Musikvideo man gut findet – es gibt nichts, was man nicht mit seinen Freunden teilt. Selbst im Urlaub werden die Neuigkeiten Tag für Tag übers Handy verfolgt. Ohne soziale Netzwerke scheint nichts mehr zu funktionieren. Freunde kennenlernen, sich verabreden, flirten – selbstverständlich mit Hilfe von Facebook und Co. Statt wie früher Einladungskarten zum Geburtstag zu basteln, wird einfach über Facebook eine Einladung gepostet.

Verbot von Facebook-Partys gefordert

Das dachte sich auch Thessa aus Hamburg, die zu ihrem 16. Geburtstag über die Internetplattform einlud und ihre Adresse bekannt gab. Eine Einladung, die nur ihre Freunde sehen konnten – dachte sie zumindest. Aus Versehen hatte sie diese Einladung jedoch öffentlich gemacht. Die Folge: verwüstete Vorgärten, niedergetrampelte Zäune, brennende Mülleimer, 100 Polizisten im Einsatz, ein verletzter Polizist, elf Festnahmen statt einer netten Geburtstagsparty. Thessa selbst flüchtete sich mit ihrer Familie an einen anderen, geheimen Ort. So hatte sie sich ihren 16. Geburtstag ganz bestimmt nicht vorgestellt. 1 500 Jugendliche kamen zu Thessas Elternhaus und feierten wüst, obwohl das Mädchen die Party vorher sogar abgesagt hatte, als sich im Internet schon ankündigte, wie die Sache enden könnte. Thessas misslungene Geburtstagsfeier ist kein Einzelfall. Seitdem luden immer wieder Jugendliche zu Facebook-Partys ein – viele sogar ganz absichtlich öffentlich. Städte wie Wuppertal verboten diese Partys sogar und die Innenminister von Bayern, Niedersachsen und Nordrhein-Westfalen gingen sogar so weit, ein Verbot von Facebook-Partys zu fordern.

Kira Niehaus würde nicht zu so einer Party gehen. „Ich habe schon öfter davon gehört, wie solche Feiern aus dem Ruder laufen", sagt die 17-Jährige. Sie schaut täglich bei Facebook rein, um mit Freunden zu chatten oder sich kurzfristig zu treffen. „Außerdem kann man durch die Veranstaltungen sehen, wo am Wochenende was los ist und wer noch auf der Party ist, wo man vielleicht hin möchte. Ich gucke mir auch ganz gerne die Fotos meiner Freunde an." Ihr ist es wichtig, nur Anfragen von wirklichen Freunden zu bestätigen, aber manchmal nimmt sie auch

Anfragen von flüchtigen Bekannten auf, sagt sie. Aber zum Flirten oder Leute Kennenlernen komme das Netzwerk auf keinen Fall infrage. Das findet auch Pia Ihling. Die 17-Jährige benutzt Facebook vor allem, um mit Menschen aus anderen Ländern oder Städten in Kontakt zu bleiben, die sie bei einem Schüleraustausch kennengelernt hat. „Aber natürlich ist es auch gut, um manche Phasen der Langeweile zu überbrücken", gesteht sie. Auch für sie gehört Facebook zum Alltag dazu – wie bei ihren meisten Freunden. Einige Leute kenne sie, die kein Facebook benutzen. Kiras Freunde benutzen eigentlich alle Facebook, erzählt sie.

Führerschein für Facebook?

Mehr als 20 Millionen Nutzer hat das größte Netzwerk mittlerweile in Deutschland, die meisten zwischen 18 und 34 Jahren. Das Online-Portal ist so präsent, dass Politiker wie die rot-grüne Landesregierung in Nordrhein-Westfalen mittlerweile sogar „Facebook-Führerscheine" fordern, um Schülern den richtigen Umgang damit beizubringen. Doch wenn man Kira und Pia hört, die sehr auf ihre Privatsphäre bedacht sind und darauf achten, wem sie was mitteilen oder sichtbar machen, dann sieht man, dass viele Jugendliche schon selbst ganz genau wissen, welche Vorteile und Nachteile das weltweite Netz bietet.

Klüver, Nathalie: Keine Party ohne Facebook. In: UNICUM. ABI. Heft 8/9 (2011), S. 33.

Arbeitsauftrag

Erörtern Sie auf der Grundlage der Positionen im Text und eigener Erfahrungen die Forderung nach einem „Facebook-Führerschein".

Lösungsvorschlag

*Aus der Aufgabenstellung geht hervor, dass es sich hier um eine **Erörterung** handelt, **die über den Text hinausgeht**, denn Sie sollen auf der Basis des Textes Ihre eigene Sichtweise zum Thema „**Facebook-Führerschein**" darlegen. Um zu einer **eigenen Schlussfolgerung** zu kommen, ist es vorteilhaft, wenn Sie mit Facebook und/oder anderen sozialen Netzwerken vertraut sind bzw. die Berichterstattung über **Facebook-Partys** in den Medien verfolgt haben.*
*Als erstes müssen Sie sich intensiv mit dem Beitrag auseinandersetzen. Lesen Sie sich den Text genau durch und verschaffen Sie sich einen Überblick über seine **äußere (Aufbau) und innere (Inhalt) Struktur**. Achten Sie auch auf **sprachliche Besonderheiten**. Da es sich um einen **journalistischen Beitrag** handelt, lohnt es sich, auch hier das Zielpublikum des Textes zu berücksichtigen. Nachdem Sie die zentralen Aussagen des Textes ermittelt und überprüft haben, müssen Sie sowohl die Positionen im Text als auch Ihre eigenen Überlegungen begründet darlegen. Ordnen Sie Ihre **Pro- und Kontra-Argumente** den Positionen im Text zu.*
*In Ihrer Erörterung folgen Sie am besten der Struktur des Textes. Ob Sie Ihre eigene Ansicht zum Thema unmittelbar auf die Positionen der Autorin folgen lassen **(dialektische Struktur)** oder erst den Text analysieren und dann Ihre Haltung insgesamt verdeutlichen **(reihende Struktur)**, spielt keine Rolle. Wichtig ist, dass Sie am Ende zu einem überzeugenden **Fazit** gelangen.*

Einleitung

Hinführung zum Thema

Wer von uns träumt nicht davon, endlich den Führerschein zu besitzen? Leider gibt es ihn erst im Alter von 16 beziehungsweise 18 Jahren. Warum? Was sagt er über seinen Besitzer aus? Streng genommen ist der Führerschein eine amtliche Urkunde, welche die behördliche Genehmigung dokumentiert, auf öffentlichen Straßen ein Kraftfahrzeug führen zu dürfen. Voraussetzung für die Erteilung der Fahrerlaubnis ist eine bestandene theoretische und praktische Prüfung. Nachgewiesenes Wissen, praktische Fertigkeiten, erste Erfahrungen im Straßenverkehr und eine gewisse geistige und moralische Reife – daher die Alterseinschränkung – kommen folglich durch den Erhalt des Führerscheins zum Ausdruck. Gleiches gilt auch in anderen Bereichen, beispielsweise für die Erteilung von Angel-, Jagd- oder Segelscheinen.

Bezug zur Fragestellung

Im Jahr 2011 erhoben einige Politiker die Forderung, einen sogenannten Facebook-Führerschein einzuführen. Dadurch soll unter den überwiegend jugendlichen Nutzern ein bewusster und verantwortungsvoller Umgang mit dem sozialen Netzwerk gewährleistet werden. Diese Idee wirft eine Reihe von Fragen auf: Warum ausgerechnet ein Führerschein für Facebook und nicht für die Internetnutzung im Allgemeinen? Welche Kenntnisse und Fertigkeiten bringt dieser Führerschein zum Ausdruck? Ist er tatsächlich notwendig?

Diese Fragen möchte ich anhand des Artikels von Nathalie Klüver „Keine Party ohne Facebook" erörtern, der 2011 in der Zeitschrift „UNICUM. ABI" erschienen ist.

Angaben über Titel, Textsorte, Verfasser, Thema, Aufbau

Die Autorin zeigt am Beispiel von Facebook-Partys – Partys, deren Gäste über Facebook eingeladen werden –, wie Jugendliche mit dem sozialen Netzwerk umgehen und wie es zur Forderung nach einem Führerschein dafür kommen konnte. Der Titel ist eine einprägsame Schlagzeile, die auf übertriebene Weise generalisiert und polarisiert, um den Leser zur weiteren Beschäftigung mit dem Beitrag anzuregen. Gleich in der Einführung (sog. Lead, Z. 1–3) wird jedoch deutlich, dass Facebook für „soziale Netzwerke" (Z. 1) im Allgemeinen steht und nur als prominentestes Beispiel dient. Das zeigt sich auch in der Formulierung „Facebook und Co." (Z. 10). Demnach ist Facebook als pars pro toto für eine ganze Reihe von sozialen Netzwerken anzusehen, z. B. SchülerVZ, Twitter oder Myspace.

Hauptteil

Textstruktur

Im Leadtext werden bereits die drei Hauptteile des Beitrags zusammengefasst: Klüver geht im ersten Abschnitt allgemein auf die Bedeutung des Netzwerkes Facebook für die Nutzer ein. Im zweiten beschreibt sie unbeabsichtigte öffentliche Einladungen zu Massenpartys als mögliches Risiko und im dritten Teil stellt sie die Frage, ob ein Facebook-Führerschein notwendig ist.

Adressatenbezug

Einleitend gibt Klüver eine typische Facebook-Plauderei wieder. Indem die Autorin Kurzsätze wie „Vier Leuten gefällt das" (Z. 4) oder häufig verwendete Icons wie „Doppel-Smiley" (Z. 5) nennt, wird deutlich, dass sich ihr Artikel an ein junges Publikum richtet, dem die Abläufe auf Facebook geläufig sind. Zu Recht, denn „UNICUM. ABI" wird vor allem an Gymnasien verteilt. Außerdem berichtet Klüver von den Erfahrungen 16- und 17-jähriger Mädchen, was ebenfalls zur Zielgruppe passt.

Position 1 der Autorin

Im ersten Abschnitt (Z. 4–11) zählt die Autorin auf, welche Informationen Jugendliche austauschen und wofür sie das Netzwerk verwenden: „Freunde kennenlernen, sich verabreden, flirten" (Z. 9) und vor allem mehr oder weniger bedeutsame Neuigkeiten austauschen, und zwar von jedem möglichen (Urlaubs-) Ort aus. Klüver stellt dabei fest, dass „[o]hne soziale Netzwerke [...] nichts mehr zu funktionieren" (Z. 8 f.) scheint. Die pauschale Aussage wird durch das Verb „scheint" etwas abgemildert, der Eindruck vom überragenden Einfluss sozialer Netzwerke bleibt jedoch bestehen.

Die Allgegenwart des sozialen Netzwerkes im Alltag Jugendlicher und die zahlreichen Anwendungen stützen zunächst die Forderung nach einem Facebook-Führerschein. Von allen sozialen Netzwerken hat Facebook das umfangreichste Angebot: Nachrichten senden, Chatten, Spiele spielen sowie Personalisierungsmöglichkeiten mittels Videos und Bildern, Angabe von Hobbys und Einladung zu Veranstaltungen. Die Vernetzung erfolgt über Freunde, Freunde von Freunden bis hin zu allen Nutzern. Ausschlaggebend für die spätere Sicherheit ist die Einrichtung des eigenen Profils. Der Nutzer muss hier schon eine ganze Reihe von Entscheidungen treffen, die ein Bewusstsein dafür voraussetzen, was passiert, wenn man dieses oder jenes zulässt. So muss ihm etwa klar sein, dass jeder Facebook-Besucher, bis hin zu den eigenen Lehrern oder Vorgesetzten, bei entsprechender Einstellung die peinlichsten Partyfotos betrachten kann. Ein solcher gesunder Menschenverstand kann aber meiner Meinung nach von jedem Facebook-Nutzer durchaus erwartet werden, auch ohne Facebook-Führerschein. Auch im „realen" Leben muss ich schließlich darauf achten, wem ich meine Telefonnummer, meine Adresse, meine Kontonummer etc. mitteile.

Eigene These 1

Der zweite Teil des Artikels (Z. 12–42) trägt folgenden Untertitel: „Verbot von Facebook-Partys gefordert" (Z. 12). Dieser längere Teil besteht aus zwei gegensätzlichen Abschnitten: Im ersten Absatz (Z. 13–27) zeigt Klüver anschaulich, dass derjenige, der öffentlich über Facebook zu Partys einlädt, mit unkalkulierbaren Risiken rechnen muss. Am Beispiel der Geburtstagsparty der 16-jährigen Thessa aus Hamburg-Bramfeld im Juni 2011 schildert die Autorin die katastrophalen Auswirkungen: Insgesamt „1 500 Jugendliche kamen zu Thessas Elternhaus" (Z. 20 f.). „Die Folge: verwüstete Vorgärten, niedergetrampelte Zäune, brennende Mülleimer, 100 Polizisten im Einsatz, ein verletzter Polizist, elf Festnahmen" (Z. 16 ff.). Laut Klüver ist Thessa „kein Einzelfall" (Z. 23), da auch danach immer wieder Jugendliche zu Facebook-Partys eingeladen hätten (vgl. Z. 23 f.) – mit ähnlichen Konsequenzen. Nicht zuletzt durch die Berichterstattung in den Medien wurde Thessas „misslungene Geburtstagsparty" (Z. 23) zum Präzedenzfall für die Gefahren von sozialen Netzwerken in Deutschland; neben „UNICUM. ABI" haben zum Beispiel der „Spiegel" und „Die Zeit" darüber berichtet.

Position 2 der Autorin

Der abschließende Hinweis, dass einige Politiker daraufhin sogar „ein Verbot von Facebook-Partys“ (Z. 27) gefordert haben, macht die gesellschaftliche Relevanz der Problematik deutlich, was sich auch an heftigen Diskussionen um die öffentliche Sicherheit und die Finanzierung von Polizei- und Feuerwehreinsätzen ablesen lässt.
Laut Autorin ist Thessa selbst schuld an den Vorgängen, denn sie hatte ihre Einladung öffentlich gemacht, wenn auch „[a]us Versehen“ (Z. 15). Ihre Unwissenheit oder zumindest ihr fahrlässiger Umgang mit dem Netzwerk leisten der Forderung nach einer Benutzerschulung ähnlich wie beim Pkw-Führerschein Vorschub.
Jedoch ändert sich die Struktur des Netzwerks relativ häufig, sodass eine Schulung gar nicht so einfach wäre. Außerdem wird Facebook nicht nur von Jugendlichen, sondern auch von zahlreichen Erwachsenen genutzt – sollten diese dann auch alle geschult werden? Das ist wohl kaum möglich und sinnvoll.

Eigene These 2

Nach dem Negativbeispiel Thessas lässt Nathalie Klüver im zweiten Absatz (Z. 28–42) zwei Jugendliche zu Wort kommen: Kira Niehaus (17) und Pia Ihling (17) erzählen von ihren eigenen Erfahrungen und ihrem Umgang mit Facebook. In Fortführung der im ersten Absatz vertretenen Position lautet die Aussage hier: Wer einen bewussten Umgang mit Facebook pflegt, kennt die Risiken und würde nicht öffentlich zu einer Party einladen. Entscheidend ist ein durch Aufklärung ausgeprägtes Problembewusstsein, das den selbstbestimmten Umgang mit dem Netzwerk ermöglicht. Die beiden Mädchen nutzen das Netz sehr intensiv: Kira „schaut täglich bei Facebook rein“ (Z. 29 f.) und auch für Pia „gehört Facebook zum Alltag dazu“ (Z. 40 f.). Indem Kira verlauten lässt, sie „habe schon öfter davon gehört, wie solche Feiern aus dem Ruder laufen“ (Z. 28 f.), zeigt sie, dass sie über die Folgen informiert ist. Beide setzen ihrer eigenen Facebook-Nutzung Grenzen, wenn es für sie zu unsicher ist. Und „zum Flirten oder Leute Kennenlernen komme das Netzwerk auf keinen Fall infrage“ (Z. 35 f.).

Position 3 der Autorin

Am Beispiel von Kira Niehaus und Pia Ihling wird gezeigt, dass Jugendliche durchaus in der Lage sind, die Risiken und Grenzen von Facebook einzuschätzen. Einen Facebook-Führerschein benötigen sie dafür nicht. Gesunder Menschenverstand und Nachdenken, bevor man etwas tut, sind auch hier der beste Schutz vor einer Dummheit. Man könnte einwenden, dass Kira und Pia

Eigene These 3

bereits siebzehn Jahre alt sind und damit um einiges „reifer“ als Neueinsteiger. Dass Alter jedoch auch bei Facebook nicht vor Torheit schützt, hat Thessa bewiesen, die immerhin schon sechzehn war, als ihr das „Missgeschick“ passierte. Meiner Erfahrung nach lernen die meisten Neueinsteiger den Umgang mit dem Netzwerk durch den persönlichen Austausch mit erfahrenen Facebook-Nutzern wie Freunden, Bekannten oder älteren Geschwistern. In meinem Fall saßen meine Eltern anfangs häufig mit mir gemeinsam vor dem Computer und gaben mir Hinweise, worauf zu achten ist. Insofern kann ich der Autorin nur recht geben, dass „die meisten Jugendlichen [...] das Netzwerk gut im Griff“ (Z. 3) haben.

Position 4 der Autorin

Das ist auch ihr Fazit im dritten Absatz des Artikels (Z. 43–51). Er beginnt mit der Frage: „Führerschein für Facebook?“ (Z. 43). Eingangs belegt Klüver die Allgegenwärtigkeit von Facebook, indem sie auf die „20 Millionen Nutzer“ in Deutschland (Z. 44) hinweist, und führt diese Tatsache als Begründung dafür an, warum Politiker Facebook-Führerscheine fordern, nämlich „um Schülern den richtigen Umgang damit beizubringen“ (Z. 47 f.). Doch macht sie zusammenfassend deutlich, dass sie dies nicht für notwendig hält: „Doch wenn man Kira und Pia hört, die sehr auf ihre Privatsphäre bedacht sind und darauf achten, wem sie was mitteilen oder sichtbar machen, dann sieht man, dass viele Jugendliche schon selbst ganz genau wissen, welche Vorteile und Nachteile das weltweite Netz bietet“ (Z. 48–51). Die Kürze der Ausführungen und der Schlusssatz der Autorin lassen erkennen, dass ihre einleitend gestellte Frage (Z. 43) eigentlich eine rhetorische ist, zumal sie diese durch die positiven Beispiele von Kira und Pia bereits indirekt beantwortet hat.

Eigene These 4

Dem kann ich nur zustimmen. Meiner Meinung nach wäre es besser, an den Schulen generell mehr Verantwortungsbewusstsein zu lehren, als aufgrund von Einzelfällen alle jugendlichen Facebook-Nutzer pauschal für unmündig zu erklären.

Zusammenfassung, Fazit

Der von Politikern geforderte Facebook-Führerschein soll Schülern einen selbstbestimmten Umgang mit sozialen Netzwerken ermöglichen. Dafür sprechen die Mitgliederzahl, die intensive und allumfassende Nutzung sowie offensichtliche Gefahren, wie sie sich durch ausufernde Facebook-Partys manifestiert haben. Die Einführung des Führerscheins wird für Schüler der 8. Klasse gefordert. Das entspricht in etwa dem Einstiegsalter bei Facebook, Tendenz jedoch fallend: Viele melden sich mit fal-

schem Geburtsdatum an, da man erst ab einem Alter von 13 Jahren teilnehmen darf. Ein Führerschein ab der 8. Klasse könnte also eventuell sogar zu kurz greifen.
Grundsätzlich teile ich die Ansicht von Nathalie Klüver, die in ihrem Artikel dargelegt hat, dass Jugendliche die nötigen Kenntnisse genauso gut ohne einen Facebook-Führerschein erwerben können.

Kritik am Text

Die gewählten Beispiele und ihr Fazit lassen erkennen, dass die Verfasserin den Facebook-Führerschein für überflüssig hält, auch wenn sie das nicht direkt äußert. Zahlreiche einschränkende Adjektive wie „die meisten" (Z. 3) oder „viele" (Z. 50) zeigen, dass sie sich nicht festlegen möchte. Mein Eindruck beim Lesen war, dass sich die Autorin sehr um ihr Zielpublikum bemüht. Kein Wunder: Sie ist selbst erst Anfang 30, gehört also vermutlich zur Hauptnutzergruppe von Facebook. Mit Sätzen wie „Manchmal läuft das Ganze auch aus dem Ruder" (Z. 1 f.) reduziert sie vorhandene Probleme auf einen Ausnahmefall. Außerdem sind Facebook-Partys nur eine von vielen Gefahren, der Schutz vor „falschen" Freunden beispielsweise gehört ebenso dazu.

Schluss

Tatsächlich bewegt sich das Alter der meisten Facebook-Nutzer „zwischen 18 und 34 Jahren" (Z. 45), verfügen also bereits über das nötige Verständnis von Nutzen und Gefahren. Der Begriff „Facebook-Führerschein" ist sehr medienwirksam, trifft aber nicht den Kern der Sache. Um einen Führerschein im amtlichen Sinne kann es schon deshalb nicht gehen, weil es keinerlei Kontrollmöglichkeiten gibt. Jeder kann sich bei Facebook anmelden, sogar unter falschem Namen. Mit Facebook-Führerschein ist eigentlich ein „Führerschein" für soziale Netzwerke gemeint. Letztendlich geht es um Medienkompetenz. Um diese zu vermitteln, gibt es schon zahlreiche Angebote, zum Beispiel an Schulen, wo Computer heute zur Grundausstattung gehören, in Jugendzeitschriften oder bei der Elterninitiative „Schau hin!".
Eines jedenfalls haben Onlineausflüge am Schreibtisch und Autofahrten durchs Land gemeinsam: Vorausschauendes Handeln, Umsicht und Rücksichtnahme sind im sozialen Netzwerk genauso geboten wie im Straßenverkehr.

Thüringen – Besondere Leistungsfeststellung Deutsch 2012
Aufgabe 3: Interpretation eines Prosatextes

Heinrich von Kleist (1777–1811): **Das Bettelweib von Locarno**

Am Fuße der Alpen, bei Locarno im oberen Italien, befand sich ein altes, einem Marchese gehöriges Schloß, das man jetzt, wenn man vom St. Gotthard kommt, in Schutt und Trümmern liegen sieht: ein Schloß mit hohen und weitläufigen Zimmern, in deren einem einst, auf Stroh, das man ihr unterschüttete, eine alte kranke Frau, die sich bettelnd vor der Thür eingefunden hatte, von der Hausfrau aus Mitleiden gebettet worden war. Der Marchese, der, bei der Rückkehr von der Jagd, zufällig in das Zimmer trat, wo er seine Büchse abzusetzen pflegte, befahl der Frau unwillig, aus dem Winkel, in welchem sie lag, aufzustehen, und sich hinter den Ofen zu verfügen. Die Frau, da sie sich erhob, glitschte mit der Krücke auf dem glatten Boden aus, und beschädigte sich, auf eine gefährliche Weise, das Kreuz; dergestalt, daß sie zwar noch mit unsäglicher Mühe aufstand und quer, wie es vorgeschrieben war, über das Zimmer ging, hinter den Ofen aber, unter Stöhnen und Ächzen, niedersank und verschied.

Mehrere Jahre nachher, da der Marchese, durch Krieg und Mißwachs, in bedenkliche Vermögensumstände gerathen war, fand sich ein florentinischer Ritter bei ihm ein, der das Schloß, seiner schönen Lage wegen, von ihm kaufen wollte. Der Marchese, dem viel an dem Handel gelegen war, gab seiner Frau auf, den Fremden in dem obenerwähnten, leerstehenden Zimmer, das sehr schön und prächtig eingerichtet war, unterzubringen. Aber wie betreten war das Ehepaar, als der Ritter mitten in der Nacht, verstört und bleich zu ihnen herunter kam, hoch und theuer versichernd, daß es in dem Zimmer spuke, indem etwas, das dem Blick unsichtbar gewesen, mit einem Geräusch, als ob es auf Stroh gelegen, im Zimmerwinkel aufgestanden, mit vernehmlichen Schritten, langsam und gebrechlich, quer über das Zimmer gegangen, und hinter dem Ofen, unter Stöhnen und Ächzen, niedergesunken sei.

Der Marchese erschrocken, er wußte selbst nicht recht warum, lachte den Ritter mit erkünstelter Heiterkeit aus, und sagte, er wolle sogleich aufstehen und die Nacht, zu seiner Beruhigung, mit ihm in dem Zimmer zubringen. Doch der Ritter bat um die Gefälligkeit, ihm zu erlauben, daß er auf einem Lehnstuhl, in seinem Schlaf-Zimmer übernachtete; und als der Morgen kam, ließ er anspannen, empfahl sich und reiste ab.

Dieser Vorfall, der außerordentliches Aufsehen machte, schreckte auf eine dem Marchese höchst unangenehme Weise, mehrere Käufer ab; dergestalt, daß, da sich unter seinem eigenen Hausgesinde, befremdend und unbegreiflich, das Gerücht erhob, daß es in dem Zimmer, zur Mitternachtsstunde, umgehe, er, um es mit einem entscheidenden Verfahren niederzuschlagen, beschloß, die Sache in der nächsten Nacht selbst zu untersuchen. Demnach ließ er, beim Einbruch der Dämmerung, sein Bett in dem besagten Zimmer aufschlagen, und erharrte, ohne zu schlafen, die Mitternacht. Aber wie erschüttert war er, als er in der That, mit dem Schlage der Geisterstunde, das unbegreifliche Geräusch wahrnahm; es war, als ob ein Mensch sich von Stroh, das unter ihm knisterte, erhob, quer über das Zimmer ging, und hinter dem Ofen, unter Geseufz und Geröchel, niedersank. Die Marquise, am andern Morgen, da er herunter kam, fragte ihn, wie die Untersuchung abgelaufen; und da er sich, mit scheuen und ungewissen Blicken, umsah und, nachdem er die Thür verriegelt, versicherte, daß es mit dem Spuck seine Richtigkeit habe: so erschrack sie, wie sie in ihrem Leben nicht gethan, und bat ihn, bevor er die Sache verlauten ließe, sie noch einmal, in ihrer Gesellschaft, einer kaltblütigen Prüfung zu unterwerfen. Sie hörten aber sammt einem treuen Bedienten, den sie mitgenommen hatten, in der That, in der nächsten Nacht, dasselbe unbegreifliche, gespensterartige Geräusch; und nur der dringende Wunsch, das Schloß, es koste was es wolle, los zu werden, vermochte sie, das Entsetzen, das sie ergriff, in Gegenwart ihres Dieners zu unterdrücken, und dem Vorfall irgend eine gleichgültige und zufällige Ursache, die sich entdecken lassen müsse, unterzuschieben. Am Abend des dritten Tages, da beide, um der Sache auf den Grund zu kommen, mit Herzklopfen wieder die Treppe zu dem Fremdenzimmer bestiegen, fand sich zufällig der Haushund, den man von der Kette losgelassen hatte, vor der Thür desselben ein; dergestalt, daß beide, ohne sich bestimmt zu erklären, vielleicht in der unwillkührlichen Absicht, außer sich selbst noch etwas Drittes, Lebendiges, bei sich zu haben, den Hund mit sich in das Zimmer nahmen. Das Ehepaar, zwei Lichter auf dem Tisch, die Marquise unausgezogen, der Marchese Degen und Pistolen, die er aus dem Schrank genommen, neben sich, setzen sich, gegen elf Uhr, jeder auf sein Bett; und während sie sich mit Gesprächen, so gut sie vermögen, zu unterhalten suchen, legt sich der Hund, Kopf und Beine zusammen gekauert, in der Mitte des Zimmers nieder und schläft ein. Drauf, in dem Augenblick der Mitternacht, läßt sich das entsetzliche Geräusch wieder hören; jemand, den kein Mensch mit Augen sehen kann, hebt sich, auf Krücken, im Zimmerwinkel empor; man hört das Stroh, das unter ihm rauscht; und mit dem ersten Schritt: tapp! tapp! erwacht der Hund, hebt sich plötzlich, die Ohren spitzend, vom Boden empor, und knurrend und bellend, grad' als ob ein Mensch auf ihm eingeschritten käme, rückwärts gegen den Ofen weicht er aus. Bei diesem Anblick stürzt die Marquise, mit sträubenden Haaren, aus dem Zimmer; und während der Marchese, der den Degen ergriffen: wer da? ruft und, da ihm niemand antwortet, gleich einem Rasenden nach allen Richtungen die Luft durchhaut, läßt sie anspannen, entschlossen, augenblicklich nach der Stadt abzufahren. Aber ehe sie noch einige Sachen zusammengepackt und nach Zusammenraffung einiger Sachen aus dem Thore herausgerasselt, sieht sie schon das Schloß ringsum in

Flammen aufgehen. Der Marchese, von Entsetzen überreizt, hatte eine Kerze genommen, und dasselbe, überall mit Holz getäfelt wie es war, an allen vier Ecken, müde seines Lebens, angesteckt. Vergebens schickte sie Leute hinein, den Unglücklichen zu retten; er war auf die elendiglichste Weise bereits umgekommen, und noch jetzt liegen, von den Landleuten zusammengetragen, seine weißen Gebeine in dem Winkel des Zimmers, von welchem er das Bettelweib von Locarno hatte aufstehen heißen.

(1810)

In: Kleist, Heinrich von: Sämtliche Werke. Brandenburger Ausgabe. Band 2.5. Basel, Frankfurt/M. 1997, S. 9–15.

Arbeitsauftrag

Interpretieren Sie die Erzählung.

Lösungsvorschlag

Die Aufgabe fordert die Interpretation des Prosatextes, bei dem es sich um eine kurze ***Erzählung aus dem 18. Jahrhundert*** *handelt. Der Operator „Interpretieren Sie" verlangt die deutende Erschließung des Texts, d. h., der Text ist* ***zu untersuchen, zu beschreiben und zu deuten****. Folgende Fragen sollten Sie bei der Erschließung des Textes beantworten:* ***Was wird erzählt? In welcher Abfolge wird erzählt?*** *(Gliederung des Textes, chronologisches Erzählen, Rückblick, Vorausschau.)* ***Wie wird erzählt?*** *(Sprachliche Gestaltung, Erzählperspektive, erzählte Zeit – Erzählzeit, Bildlichkeit, Metaphern, Vergleiche, Symbole.)*

Die von Ihnen beobachteten stilistischen und sprachlichen Besonderheiten sollten möglichst in ihrer ***Wirkung auf den Leser*** *beschrieben werden. Ihre Deutungen sollten* ***am Text belegbar*** *sein. Achten Sie darauf, Ihre Interpretation im* ***Präsens*** *zu verfassen.*

Die Textsorte ist in der Aufgabenstellung mit „Erzählung" angegeben. Möglicherweise haben Sie den Text als ***Novelle*** *kennengelernt. Einige Merkmale weisen darauf hin: Kürze, Berichten eines ungewöhnlichen, als wahr dargestellten Ereignisses, Höhe- bzw. Wendepunkt, zentraler Konflikt und einsträngige, straff berichtete Handlung. Man kann durchaus* ***„eine sich ereignete unerhörte Begebenheit"*** *(Goethe) im Handlungsgeschehen des Textes erkennen.*

Eine kurze ***Zusammenfassung des Inhalts*** *sollte sich auf jeden Fall an den* ***Einstieg*** *anschließen, der Inhalt kann aber auch während der Interpretation wiedergegeben werden.*

Zur Verdeutlichung Ihrer eigenen Position sollten Sie die ***Haltungen der Figuren*** *nicht nur darstellen und erläutern, sondern auch werten. Zur Untermauerung Ihrer Ansichten sind Textzitate geschickt in Ihre Darlegungen einzufügen.*

Bedenken Sie die Gestaltung des ***Schlusses****, der einerseits die wesentlichen Erkenntnisse Ihrer Interpretation zusammenfasst, andererseits etwa auch einen weiterweisenden Gedanken oder einen* ***Vergleich mit ähnlichen Erzählungen*** *(z. B. C. F. Meyer: „Die Füße im Feuer") enthalten kann.*

Einleitung
Hinführung zum Thema

Der Beginn von Heinrich von Kleists (1777–1811) gespenstischer Erzählung „Das Bettelweib von Locarno" (1810) könnte einem alten Reiseführer entnommen sein. Dem Leser wird ein bestimmter Ort, nämlich eine Schlossruine „[a]m Fuße der Alpen, bei Locarno im oberen Italien" (Z. 1) vorgestellt, welche man, vom St. Gotthard kommend, sehen muss. Unmittelbar nach diesen neugierig machenden Worten erfährt der Leser, welch besondere Bewandtnis es mit dem heute „in Schutt und Trümmern" (Z. 3) liegenden Schloss hat.

Hauptteil

Inhaltsangabe
1. Sinnabschnitt (Z. 1–13)

Der Erzähler taucht mit der Geschichte in eine nicht näher benannte, aber längst vergangene Zeit („einst", Z. 4; vgl. auch die Begriffe „Marchese" und „Ritter", die ebenfalls auf vergangene Epochen hinweisen) ein. Vor vielen Jahren sei etwas geschehen, das sich wegen seiner weitreichenden Folgen auch noch in der Gegenwart des Erzählers im Gedächtnis der Menschen der Region um Locarno hält: Eine alte kranke Bettlerin bekommt von der mitleidigen Herrin des Schlosses ein Nachtlager in einem der Zimmer zugewiesen. Der vom Jagdausflug zurückgekehrte Hausherr jedoch fühlt sich von der Bettlerin gestört und fordert sie auf, sich hinter den Ofen zu begeben. Auf dem Weg dahin rutscht die alte Frau aus, verletzt sich schwer am Rücken und stirbt, nachdem sie unter großen Schmerzen das ihr zugewiesene Lager erreicht hat.

2. Sinnabschnitt (Z. 14 – 31)

Das tragische Missgeschick des Bettelweibs ist die Basis für das sich „[m]ehrere Jahre nachher" (Z. 14) ereignende und vom selben Erzähler wiedergegebene Geschehen, in dem sich die unbarmherzige Tat des Marchese an diesem fürchterlich rächt. Es ist allerdings fraglich, ob er die tragischen Folgen seines Verhaltens wirklich so gewollt und vorhergesehen hat. Von daher erscheint seine „Bestrafung" im Lauf der Erzählung überaus hart: Der in finanzielle Schwierigkeiten geratene Marchese muss das Schloss verkaufen und hat in einem Ritter aus Florenz einen ersten Interessenten gefunden. Ihm wird für die Nacht ausgerechnet dasjenige Zimmer zugewiesen, in dem das Bettelweib zu Tode gekommen ist. Nachdem der Ritter mitten in der Nacht „verstört und bleich" (Z. 20) aus seinem Schlafgemach geflüchtet ist, berichtet er dem betretenen Ehepaar von einem Spuk, dessen Zeuge er soeben gewesen sei. Seiner Beschreibung nach handelt es sich um das verunglückte Bettelweib, das ihren Unfall nun als Gespenst aufs Neue inszeniert. Sicherlich ahnt der Marchese bereits, auf welchen Vorfall der Ritter anspielt. Trotz des gräflichen Angebots, die Nacht gemeinsam im „Gespensterzimmer" zu verbringen, zieht der Ritter eine Übernachtung im Schlafzimmer des Marchese vor und reist am folgenden Morgen unverzüglich ab.

3. Sinnabschnitt (Z. 32 – 42)

Weil der Vorfall einiges Aufsehen erregt und Gerüchte über einen mitternächtlichen Spuk im Schloss potenzielle Käufer abschrecken, beschließt der Hausherr nach einigen Tagen, „die Sache in der nächsten Nacht selbst zu untersuchen" (Z. 36 f.). „Aber wie erschüttert" (Z. 39) ist er, als er Schlag Mitternacht das unheimliche Geräusch wahrnimmt und den vom Ritter geschilderten Spuk nun seinerseits miterlebt (Z. 40 ff.).

4. Sinnabschnitt (Z. 42 – 54)

Als sich die Marquise am folgenden Morgen nach der Untersuchung erkundigt, schaut er sich „mit scheuen und ungewissen Blicken" (Z. 44) um, verriegelt die Tür und bestätigt der ebenso erschrockenen Frau, „daß es mit dem Spuck seine Richtigkeit habe" (Z. 45 f.). Warum hat er so große Angst davor, dass jemand seinen Bericht hören könnte? Vielleicht befürchtet er, wegen seines Geisterglaubens verspottet zu werden, möglicherweise aber hat er Angst davor, dass seine Unbarmherzigkeit der alten Frau gegenüber entdeckt und verurteilt werden könnte. Denn er ahnt einen Zusammenhang zwischen beiden Geschehnissen. Um die Angelegenheit noch einmal möglichst mit klarem Kopf zu prüfen, wartet das Ehepaar diesmal gemeinsam und in Begleitung eines „treuen Bedienten" (Z. 48) die Mitternachtsstunde in besagtem Zimmer ab. Erwartungsgemäß wiederholt sich das gruselige Geschehen. Auch wenn das Ehepaar dem Diener gegenüber sein Entsetzen unterdrückt und die Angelegenheit herunterspielt, so gilt es nun, das Schloss noch dringender loszuwerden, „koste es was es wolle" (Z. 51). Verständlicherweise wollen sie die für sie unangenehme Angelegenheit mit dem Verkauf ihres Schlosses hinter sich lassen.

5. Sinnabschnitt (Z. 54 – 83)

Um endgültige Gewissheit zu erhalten, dass nicht vielleicht doch die überreizten Nerven und die Einbildung ihnen einen Streich spielen und das mitternächtliche Geschehen vortäuschen, beschließen die Eheleute, eine weitere Nacht im bewussten Zimmer zu wachen.

Spannungserzeugung durch Klimax

An dieser Stelle erreicht Kleists Erzählung den höchsten Punkt an Spannung. Denn der Leser erwartet, dass in dieser weiteren Nacht nun etwas besonders Außergewöhnliches geschieht. Kleist hat die einzelnen Spuknächte ansteigend angeordnet (Klimax): In der ersten Nacht erlebt ein Unbeteiligter (Ritter aus Florenz), in der zweiten der unmittelbar Betroffene (Marchese) den Spuk und in der dritten Nacht treten mit der Marquise und dem Diener zwei weitere Zeugen des Geschehens hinzu. Eigentlich, so wird der Leser für sich denken, muss den Schlossbesitzern mittlerweile klar geworden sein, dass sie tatsächlich vom Geist des verunglückten Bettelweibs heimgesucht werden. Dafür gibt es immerhin vier Zeugen. Kleist stellt die unheimlichen Geschehnisse so dar, dass sie sich immer mehr zuspitzen. Trotz der Wiederholung verliert die Erzählung dadurch nicht an Brisanz.

Eine zusätzliche Spannungssteigerung erreicht Kleist durch den Tempuswechsel: Mit Beginn der dritten Nacht bis zu Z. 77 berichtet der Erzähler von den Geschehnissen im Präsens. Dadurch wird für den Leser die weit in der Vergangenheit liegende Handlung „präsenter". Der Leser wird durch das Präsens quasi zum Augenzeugen einer höchst spannenden Situation und kann das Verhalten der Figuren besser nachvollziehen. Zudem geht der Erzähler an dieser Stelle im Handlungsverlauf weniger rasch vor. Er schildert das Geschehen im Vergleich zu früheren Passagen zeitlich ausgedehnter und ausführlicher, wenn er z. B. das Verhalten des Hundes (Z. 68–70) beschreibt. Erst als der Erzähler den Grund für den Brand im Schloss erläutert, wechselt er wieder ins Präteritum, also zu einem Zeitpunkt, als das Unglück des Grafen bereits besiegelt ist.

Spannungserzeugung durch Tempuswechsel

Als das gräfliche Paar also „[a]m Abend des dritten Tages" (Z. 54), mit zusätzlicher Kerzenbeleuchtung und Bewaffnung, wieder zum Spukzimmer hinaufsteigt, trifft es seinen Hund vor der Tür des Zimmers an. Die beiden nehmen das Tier mit hinein, das sich „in der Mitte des Zimmers" (Z. 64) hinlegt und bald eingeschlafen ist. Möglicherweise hoffen beide, dass sich der Spuk im Beisein des Tieres nicht ereignen würde, auf jeden Fall aber könnte der Hund ihnen ein Gefühl von Sicherheit geben. Jedoch verhindert die Anwesenheit des Hundes nicht, dass das Ehepaar erneut Zeuge des entsetzlichen Spuks wird, und auch der Hund erwacht beim ersten hörbaren Schritt der Erscheinung: Er „hebt sich plötzlich, die Ohren spitzend, vom Boden empor" (Z. 68 f.), knurrt und bellt und weicht, „grad' als ob ein Mensch auf ihm eingeschritten käme, rückwärts gegen den Ofen" (Z. 69 f.) aus. Das Verhalten des unschuldigen Tiers macht der Gräfin schlagartig klar, dass der Spuk keine Einbildung sein kann. Während die Marquise vor Entsetzen aus dem Zimmer stürmt und anspannen lässt, um „augenblicklich nach der Stadt abzufahren" (Z. 74), steckt der Marchese, „müde seines Lebens" (Z. 79), das Schloss mit den Kerzen in Flammen und kommt darin um. Die Hilfe, die ihm die Marquise zu seiner Rettung schickt, kommt zu spät.

Eine „Gespenstergeschichte" wie die vorliegende Erzählung beinhaltet eine Begebenheit, die außerhalb der rational erklärbaren Wirklichkeit liegt. Das Interesse des Lesers daran kann der Erzähler jedoch nur dann aufrechterhalten, wenn sich die Ge-

Erzählstrategie Kleists

schichte nicht völlig überprüfen lässt. Gleichzeitig darf sie aber auch nicht an Glaubhaftigkeit verlieren.

Auktorialer Erzähler

Kleist entschied sich deshalb für einen auktorialen Erzähler, der das Geschehen „von oben“, quasi als „Außenseiter“ betrachtet. Ein personaler Erzähler hätte die Geschichte aus der subjektiven Sicht einer Figur (Marchese, Marquise, Bedienter usw.) erzählt. Diese Perspektive ist jedoch angreifbar und kann vom Leser leicht hinterfragt werden: „Das, was die Figuren erleben, haben sie sich doch nur eingebildet oder sogar erfunden!“ So erscheint der von Kleist eingesetzte Erzähler als unbeteiligter „Berichterstatter“, der scheinbar Tatsachen vorträgt, soweit sie ihm vorliegen.

Ortsangaben

Gerade dadurch, dass der Erzähler seinen „Bericht“ mit vielen geografischen Daten (vgl. Z. 1–3) unterfüttert, erzeugt er Glaubwürdigkeit. Theoretisch könnte sich der Leser dank dieser Angaben auf die Suche nach dem Schloss begeben und würde es eventuell auch vorfinden. Die „Rahmenbedingungen“ wirken somit real, was jedoch im Schloss selbst passiert, ist Teil von Gerüchten und subjektiven Eindrücken. Hierbei ist es die Ausgestaltung von seltsamen Begebenheiten und der Reiz, an die Grenzen des Rationalen zu stoßen, die den Leser mitreißen. Das Schloss bei Locarno liegt gegenwärtig in Schutt und Asche. Verwunschene Schlösser, die der Leser aus den Märchen kennt, sind oftmals eng mit Geschichten und Legenden aus dem Reich der Fantasie verbunden. Auch das Schloss bei Locarno kann daher nicht einfach so zerfallen sein; dies muss einen ganz besonderen Grund haben.

Figurennamen und Zeitangaben

Damit die Spukgeschichte jedoch nicht bis ins Letzte überprüfbar wird, nennt der Erzähler weder Figurennamen noch macht er Zeitangaben. Mit „einst“ (Z. 4) verlagert er die Handlung in eine unbestimmbare Vergangenheit. Der Leser weiß nicht, um welches Schloss im Besitz welches Marchese und um welches Jahrhundert es sich handelt oder welcher florentinische Ritter am Kauf Interesse zeigte.

Schluss

Die Botschaft, die Kleists Erzählung vermitteln möchte, ist vom Leser selbst herauszuarbeiten; der Erzähler sagt nichts dazu: Die völlig unnötige und unbarmherzige Tat der Zurechtweisung des Bettelweibs rächt sich auf tragische Weise an ihrem Verursacher. Seine „weißen Gebeine“ liegen noch jetzt passenderweise „in dem Winkel des Zimmers, von welchem er das Bettelweib von Locarno hatte aufstehen heißen“ (Z. 81 ff.). Ein ordentliches Begräbnis ließ die zu Mitleid fähige Marquise ihrem hartherzigen und leicht reizbaren Ehemann scheinbar nicht zuteilwerden. Unklar ist bis zum Schluss, ob die Frau überhaupt von dem Vorfall mit dem Bettelweib wusste; auch ein reuiges Tateingeständnis von Seiten des Marchese ist dem Text nicht zu entnehmen.

An einigen Stellen wirkt die kurze novellenartige Erzählung mit einsträngiger Handlung um „eine sich ereignete unerhörte Begebenheit" (Goethe) reichlich konstruiert und dadurch nur wenig glaubwürdig: Zufälligerweise trägt der Marchese seiner Frau auf, den florentinischen Ritter ausgerechnet im Unglückszimmer zu beherbergen. Zufälligerweise hat man den Hund, der sich ausgerechnet vor die Tür des Spukzimmers setzt, gerade in der Unglücksnacht von der Kette genommen. Und ausgerechnet zu dem Zeitpunkt, als der Marchese das Schloss aus finanzieller Not heraus verkaufen muss, wird es vom Geist des Bettelweibs heimgesucht. Hier fügen sich viele kleine Begebenheiten zur verhängnisvollen „Bestrafung" des Marchese zusammen. Letztlich bleibt außer der Ruine des Schlosses und der gespenstischen Geschichte keine Erinnerung an den Schlossherren. Er kann ebenso vergessen werden, wie er einst das Bettelweib und seine Schuld an ihrem Tod verdrängt hat.

Diese Geschichte, die beim ersten Lesen wie eine Spuk- oder Gespenstergeschichte erscheint, ist mehr als das. Sie führt dem Leser vor Augen, welch weitreichende Folgen unbedachtes, egoistisches Verhalten für andere und für einen selbst haben kann. Der Marchese war als Angehöriger des Adels einer seiner angestammten Aufgaben, der Nächstenliebe und der Barmherzigkeit, nicht nachgekommen, er missachtete die uralten Pflichten eines Ritters, indem er die alte Bettlerin schikanierte. So sühnt sein letztendlich selbst verschuldeter Tod den des Bettelweibs von Locarno.

Joachim Ringelnatz (1883–1934): **Ein Nagel saß in einem Stück Holz**

EIN Nagel saß in einem Stück Holz.
Der war auf seine Gattin sehr stolz.
Die trug eine goldene Haube
Und war eine Messingschraube.
Sie war etwas locker und etwas verschraubt,
Sowohl in der Liebe, als auch überhaupt.
Sie liebte ein Häkchen und traf sich mit ihm
In einem Astloch. Sie wurden intim.
Kurz, eines Tages entfernten sie sich
Und ließen den armen Nagel im Stich.
Der arme Nagel bog sich vor Schmerz.
Noch niemals hatte sein eisernes Herz
So bittere Leiden gekostet.
Bald war er beinah verrostet.
Da aber kehrte sein früheres Glück,
Die alte Schraube wieder zurück.
Sie glänzte übers ganze Gesicht.
Ja, alte Liebe, die rostet nicht!

Ringelnatz, Joachim: Das Gesamtwerk in sieben Bänden.
Band 1: Gedichte. Zürich 1994, S. 77.

Arbeitsauftrag

Interpretieren Sie das Gedicht unter besonderer Berücksichtigung der sprachkünstlerischen Gestaltung.

Lösungsvorschlag

Die Aufgabenstellung verlangt von Ihnen, dass Sie das Gedicht vor allem unter dem Aspekt der ***sprachkünstlerischen Gestaltung*** *interpretieren. Damit ist Ihnen ein entscheidender Hinweis gegeben, sodass Sie die Aufgabe im Prinzip auch ohne Kenntnisse über Joachim Ringelnatz bearbeiten können. Voraussetzung ist eine systematische Analyse und Auseinandersetzung mit dem Text bezüglich* ***Form und Inhalt****. Lassen Sie sich zunächst vom Text, seinen Wortspielen und seinem Rhythmus inspirieren. Notieren Sie alle Assoziationen, Auffälligkeiten und Querverbindungen. Als Einstieg bietet sich der* ***Kontrast zwischen dem Thema gescheiterte Liebesbeziehung und den Protagonisten****, einem Nagel und einer Messingschraube, an. Einige Anmerkungen zum Autor und zu seinem Umgang mit Sprache können folgen, sind aber nicht zwingend notwendig. Beschreiben Sie als Erstes die* ***äußere Form*** *und die* ***inhaltliche Gliederung****. Danach erläutern Sie die einzelnen Gliederungsabschnitte, wobei Sie besonders auf die* ***sprachlich-stilistischen Besonderheiten*** *eingehen. Achten Sie darauf, diese stets in Verbindung mit den inhaltlichen Ausführungen darzulegen, und beweisen Sie Ihre Aussagen, indem Sie häufig zitieren. Fassen Sie dann Ihre Ergebnisse zusammen und nehmen Sie eine* ***abschließende Deutung*** *vor, bei der Sie auch auf die* ***Aussageabsicht des Autors*** *eingehen.*

Einleitung

Sie sind ein ungleiches Paar, aber er liebt sie abgöttisch. Sie betrügt ihn und verlässt ihn für einen Jüngeren. Am Ende kehrt sie zurück. Mit diesen Worten lässt sich das Geschehen in dem Gedicht „Ein Nagel saß in einem Stück Holz" zusammenfassen. In ironisch-melancholischem Ton erzählt Joachim Ringelnatz eine Geschichte, wie das Leben sie schreibt. Die Protagonisten: ein Nagel und seine Frau, die Messingschraube. Auf dem Prüfstand: das bekannte Sprichwort „Alte Liebe rostet nicht".

Verfasserbezug

Der Verfasser, Hans Bötticher, der sich ab 1919 Joachim Ringelnatz nannte, ist für seine einfache, ungekünstelte Alltagssprache und seine skurrilen Sprachspiele bekannt.

Hauptteil

Äußere Form

Wie nah Ernst und Humor, Tiefsinn und Unsinn in Ringelnatz' Werk beieinanderliegen, zeigt sich auch in „Ein Nagel saß in einem Stück Holz". Das Gedicht besteht aus achtzehn Zeilen. Strukturgebend sind ein durchgehendes Reimschema aus Paarreimen und die Verwendung von Parataxen. Dadurch wird der Text leicht lesbar und verständlich. Die insgesamt neun Reimpaare bilden Sinneinheiten. Meist sind es zugleich syntaktische Einheiten, es kommt aber auch vor, dass Verse einen vollständigen Satz enthalten. Dementsprechend sind Enjambements nur innerhalb der Reimpaare zu finden. Einzige Ausnahme sind V. 11/12 und 13/14, die durch ein Enjambement von V. 12 zu V. 13 miteinander verbunden sind, wodurch sie, vom üblichen Schema abweichend, zu einer Sinneinheit verschmelzen. Die Zeilensprünge wirken sich jedoch nicht auf den Lesefluss aus. In seinem Rhythmus wird der Text von drei- bzw. vierhebigen Jamben bestimmt, die an einer oder mehreren Stellen durch eine zusätzliche Senkung unterbrochen sind. Unterstützt durch die parataktische Satzstruktur erhält das Gedicht dadurch einen schwungvollen Charakter. Die schlichte Reimstruktur (Paarreime) und die beinahe plump daherkommenden Versmaße erzeugen die Wirkung einer naiven und zum Lachen anregenden Unbeholfenheit, die im Gegensatz zur tragischen Liebesgeschichte von Nagel und Messingschraube steht. Rhythmische Zäsuren bilden die Versanfänge „Kurz“ (V. 9), „Da“ (V. 15) und „Ja“ (V. 18), denn sie beginnen mit einer stark betonten Silbe. Daraus ergibt sich ein kurzes Innehalten im Lesefluss, dem ein Resultat (V. 9), eine überraschende Wende (V. 15) und eine Bestätigung (V. 18) folgen.

Innerer Aufbau

Für den inneren Aufbau des Gedichts ist neben den Reimpaaren als Sinneinheiten ein weiteres Merkmal von Bedeutung: Die Geschichte des Nagels und seiner Frau wird in der Vergangenheitsform wiedergegeben, in der letzten Zeile wechselt Ringelnatz jedoch ins Präsens, um mit dem Fazit „Ja, alte Liebe, die rostet nicht!“ (V. 18) das Gedicht in leichter Abwandlung des Sprichworts zu beenden.

Inhaltliche Analyse

1. Reimpaar

Im ersten Reimpaar werden der Nagel und seine Frau eingeführt. Der erste Vers des Gedichts, zugleich sein Titel, beginnt mit einer einfachen Feststellung. Durch den unbestimmten Artikel in „EIN Nagel“ (V. 1) wird angezeigt, dass es sich um einen nicht näher charakterisierten männlichen Protagonisten handelt. Unklar ist noch, worum es geht, denn dass Nägel „in einem Stück Holz“ (V. 1) sitzen, ist nichts Ungewöhnliches. V. 2 macht durch die Nennung menschlicher Eigenschaften (Personifikation) deutlich, dass der Nagel eine „Gattin“ hat, auf die er „sehr stolz“ ist. Damit ist die Ausgangssituation benannt. Gleichzeitig bekommt das Gedicht zwei Sinnebenen: die Realität des Nagels und die der Menschen. Aus den Überlagerungen von wortwörtlicher Text- und zu erschließender Deutungsebene (menschliches Miteinander) bezieht das Gedicht seinen Reiz. Neben dem Nagel sind folglich auch „Messingschraube“ (V. 4) und „Häkchen“ (V. 7) als Personifizierungen anzusehen.

Das zweite Reimpaar beschreibt die äußerliche Erscheinung der „Gattin" (V. 2) des Nagels. Ihre „goldene Haube" (V. 3) bestätigt zunächst ihre Stellung als Ehefrau, denn sie ist buchstäblich „unter der Haube", das heißt verheiratet. Schließlich folgt die Information, dass sie eine „Messingschraube" (V. 4) ist. Gold und Messing bilden Gegensätze: Sie ähneln sich in der Farbe, aber Gold ist wertvoller. Die „Haube" (V. 3) ist nur der messingfarbene Schraubenkopf. Gemäß dem Sprichwort „Es ist nicht alles Gold, was glänzt" lässt sich schlussfolgern, dass die Dame ein wenig oberflächlich, eitel und prunksüchtig sein könnte. 2. Reimpaar

Im dritten Reimpaar wird ihr Charakter näher beleuchtet. Der Autor spielt mit den unterschiedlichen Sinnebenen, wenn er die Schraube als „etwas locker und etwas verschraubt" (V. 5) zugleich bezeichnet. Die Aufzählung mit der Wiederholung von „etwas" deutet an, dass die Antithese von „locker" und „verschraubt" nur auf der Textebene besteht. Ein Gegenstand kann nicht lose und fest zugleich sein. Auf der Deutungsebene löst sich der Gegensatz auf, denn lockere, d. h. freizügige Ansichten in Liebesdingen zu haben und von „überdrehter" oder „verdrehter" Natur zu sein, ist durchaus möglich. Das bestätigt die Erläuterung nach dem Enjambement in Form einer Klimax: „Sowohl in der Liebe, als auch überhaupt" (V. 6). Folglich lässt sich für den Charakter der Frau festhalten, dass sie von fragwürdiger Moral ist, lebenslustig, eigensinnig und, ebenfalls doppeldeutig, in gewisser Weise „verschraubt", d. h. von kompliziertem Charakter. 3. Reimpaar

Das unterstreichen die nächsten beiden Verse, die von einer Affäre der Schraube berichten: Die Liebe zwischen Nagel und Schraube hat offenbar einen Haken, wobei die Verkleinerungsform („Häkchen", V. 7) andeuten könnte, dass es sich um einen jüngeren Liebhaber handelt, der das Eheglück zerstört. Mit diesem trifft sich die Schraube in einem „Astloch" (V. 8), das als Liebesnest fungiert. 4. Reimpaar

Reimpaar 5 fasst mit „eines Tages entfernten sie sich" (V. 9) das Resultat der Affäre zusammen und leitet zum Nagel über. Mit der Betonungsverschiebung auf „Kurz" (V. 9) wird der Lesefluss unterbrochen. Das unterstreicht die Schwere des Schicksalsschlags für den „armen Nagel" (V. 10), der „im Stich" (V. 10) gelassen wird. 5. Reimpaar

Die zusammengehörigen Reimpaare 6 und 7 zeigen die Auswirkungen des Verlusts, wobei die wiederholte Bezeichnung als „arme[r] Nagel" (V. 11) dessen tragisches Schicksal unter- 6./7. Reimpaar streicht. Mit „Der arme Nagel bog sich vor Schmerz“ (V. 11) und „Bald war er beinah verrostet“ (V. 14) konstatieren V. 11 und V. 14 jeweils in einem Aussagesatz die äußerlichen Veränderungen, während die mittleren, durch ein Enjambement verbundenen Verse 12 und 13 das innere Leiden beschreiben. In der Formulierung „sein eisernes Herz“ (V. 12) überschneiden sich erneut Text- und Deutungsebene, denn ein „Herz aus Eisen“ drückt für gewöhnlich Gefühlskälte aus. Hier ist jedoch die materielle Beschaffenheit des Nagels gemeint. Interessanterweise wird der schmerzgebeugte Nagel (vgl. V. 11) gleichfalls zu einem Haken und ähnelt sich damit seinem Rivalen an.

8. Reimpaar

Das achte Reimpaar beginnt wieder mit einer Zäsur. Vom Rhythmus her stark betont, leitet „Da“ (V. 15) die Wendung zum Positiven ein: die Rückkehr der Schraube. Ausschließlich helle Vokale in „früheres Glück“ (V. 15) und „wieder zurück“ (V. 16) unterstreichen die freudige Stimmung.

9. Reimpaar

Die Formulierung „alte Schraube“ (V. 16) scheint im Gegensatz zum darauffolgenden Vers zu stehen, mit dem das neunte und letzte Reimpaar beginnt und in dem es heißt: „Sie glänzte übers ganze Gesicht“ (V. 17); d. h., die Schraube ist mit der Zeit gealtert, sieht jedoch immer noch gut aus. Aufgelöst wird der Widerspruch im letzten Vers, der ins Präsens wechselt. Die Wiederholung von „alte“ zeigt zunächst an, dass „alte Schraube“ (V. 16) und „alte Liebe“ (V. 18) identisch sind. Als Erklärung für ihr frisches Aussehen dient das bekannte Sprichwort, dessen Aussage jedoch emphatisch gesteigert wird: zum einen durch den bereits erwähnten Betonungswechsel auf „Ja“ (V. 18), das wie ein Ausruf anmutet, zum anderen durch die Einführung eines Nebensatzes und seine Einleitung mit „die“ (V. 18). Das Ausrufezeichen am Ende macht den Ausspruch schließlich zum unumstößlichen Beweis für das Gesagte.

Zusammenfassung

In „Ein Nagel saß in einem Stück Holz“ beweist Joachim Ringelnatz seine Kunstfertigkeit im Umgang mit sprachlichen Mitteln. Es ist ein Spiel mit Worten und Wortbedeutungen, deren Vielseitigkeit und Vielschichtigkeit sich durch den ungewöhnlichen Kontext (Metallgegenstände) offenbaren. Dabei lösen bestimmte Reizwörter verschiedene Assoziationen aus, wie am Beispiel „goldene Haube“ (V. 3), „Astloch“ (V. 8) und „eisernes Herz“ (V. 12) gezeigt wurde. Es ist gleichfalls ein Spiel mit geläufigen Redewendungen, die, obwohl nicht so offensichtlich wie im letzten Vers, hintergründig mitschwingen und den Aussagen zusätzliche Bedeutungsebenen verleihen. Neben den bereits genannten provoziert beispielsweise die Kombination von „locker“ und „verschraubt“ in V. 5 den Ausspruch „eine Schraube locker haben“, was auf den Nagel und auf die Schraube zutreffen könnte. Aus „Nagel“ und „Stich“ in V. 10 ergibt sich: „jemandem einen Stich versetzen“. Das kontrastiert damit, dass Nägel selbst (Ein-)Stiche hinterlassen. Beides zwingt den Leser, sich jedes Wort buchstäblich auf der Zunge zergehen zu lassen, um die Tragweite des Textes zu erfassen. Das Spiel mit wörtlicher und übertragener Bedeutung in Formulierungen wie „Haube“ (V. 3), „verschraubt“ (V. 5) und „eisernes Herz“ (V. 12) erzeugt Komik, da zwei Bereiche – Nägel, Schrauben, Haken auf der einen, Liebe, Treue und Ehebruch auf der anderen Seite – zusammenkommen, die an sich nichts miteinander zu tun haben. Gleichzeitig regt es den Leser zum Nachdenken an. Vor diesem Hintergrund muss auch der Schlussvers kritisch betrachtet werden, dessen überschwängliche, geradezu euphorische Note im Rückblick einen ironischen Beigeschmack offenbart. Der augenscheinlich positive Ausgang wird dadurch infrage gestellt: Denn hier wird die zweifelhafte Lebensweisheit, dass alte Liebe nicht rostet, an Metallgegenständen veranschaulicht, die von ihrer materiellen Beschaffenheit her durchaus rosten können.

Schluss

Abschließende Deutung

Mit dem Mittel der Ironie legt Ringelnatz die dem menschlichen Streben und Sehnen innewohnende Tragikomik bloß. Er überprüft den Wahrheitsgehalt des Sprichworts „Alte Liebe rostet nicht“, indem er es von seiner wortwörtlichen Seite betrachtet. Auf der Textebene ist der Ausspruch zutreffend: Die „alte Liebe“ (V. 18), alias die „alte Schraube“ (V. 16), ist nicht verrostet, denn sie glänzt (vgl. V. 17). Sprichwörter und Redewendungen haben jedoch immer auch eine übertragene Bedeutung, hier: „Wahre Liebe vergeht nicht“. Auf der Deutungsebene stellt sich das Ergebnis daher anders dar, denn zur Liebe gehören beide Partner. Der Nagel ist aber „beinah verrostet“ (V. 14), d. h., er ist nur noch altes Metall und kommt auch in den folgenden Versen nicht mehr vor. Wie es mit den beiden – Nagel und Schraube – nach der Affäre weitergeht, wird nicht gesagt. Auch glänzt die Schraube vermutlich nicht wegen ihrer alten Liebe, dem Nagel, sondern wegen ihrer Affäre mit dem jungen Häkchen, die eheliche Liebe ist also wohl doch eingerostet. Am Ende beweist Ringelnatz, dass Sprichwörter oft leicht dahingesagte Allgemeinplätze sind, die häufig mit einer konkreten Situation wenig zu tun haben.

Ihre Meinung ist uns wichtig!

Ihre Anregungen sind uns immer willkommen. Bitte informieren Sie uns mit diesem Schein über Ihre Verbesserungsvorschläge!

Titel-Nr.	Seite	Vorschlag

Bitte hier abtrennen

Bitte hier abtrennen

Zutreffendes bitte ankreuzen!

Die Absenderin/der Absender ist:

- ☐ Lehrer/in in den Klassenstufen: ____
- ☐ Fachbetreuer/in
  Fächer: ____
- ☐ Seminarlehrer/in
  Fächer: ____
- ☐ Regierungsfachberater/in
  Fächer: ____
- ☐ Oberstufenbetreuer/in
- ☐ Schulleiter/in
- ☐ Referendar/in, Termin 2. Staatsexamen: ____
- ☐ Leiter/in Lehrerbibliothek
- ☐ Leiter/in Schülerbibliothek
- ☐ Sekretariat
- ☐ Eltern
- ☐ Schüler/in, Klasse: ____
- ☐ Sonstiges: ____

Unterrichtsfächer: **(Bei Lehrkräften!)**

____

STARK Verlag
Postfach 1852
85318 Freising

22-VDN

Bitte ausfüllen und im frankierten Umschlag an uns einsenden. Für Fensterkuverts geeignet.

Kennen Sie Ihre Kundennummer?
Bitte hier eintragen.

Absender **(Bitte in Druckbuchstaben!)**

Name/Vorname

Straße/Nr.

PLZ/Ort/Ortsteil

Telefon privat

Geburtsjahr

E-Mail

Schule/Schulstempel **(Bitte immer angeben!)**